VERLAG ANTJE
KUNSTMANN

Susanne Wiborg

DER GLÜCKLICHE HORIZONT

Was uns Landschaft bedeutet

Verlag Antje Kunstmann

Umschlaggestaltung: Heidi Sorg und Christof Leistl
Titelmotiv: © gettyimages / Florian Parchem
Typografie und Satz: frese-werkstatt.de
Druck und Bindung: Pustet, Regensburg
ISBN 978-3-95614-538-4

INHALT

VORWORT: DER RHYTHMUS DER LANDSCHAFT

»Es besteht kein Grund, vor jedem Fleck Deutschlands in die Knie zu sinken und zu lügen: wie schön! Aber es ist da etwas allen Gegenden Gemeinsames – und für jeden von uns ist es anders. Wenn da einer seine Heimat hat, dann hört er ihr Herz klopfen. Das ist in schlechten Büchern, in noch dümmeren Versen und in Filmen schon so verfälscht, daß man sich beinahe schämt, zu sagen: man liebe seine Heimat. Wer (aber) den Rhythmus einer Landschaft spürt, nein, wer gar nichts anderes spürt, als dass er zu Hause ist: daß das da sein Land ist, sein Berg, sein See – auch wenn er nicht einen Fuß des Bodens besitzt … es gibt ein Gefühl jenseits aller Politik, und aus diesem Gefühl heraus lieben wir dieses Land.«

Landschaft spiegelt sich in jedem, der sie wahrnimmt. In seiner Satire »Deutschland, Deutschland über alles« wurde Kurt Tucholsky da ganz deutlich: Die deutsche Politik bedeutete ihm nichts. Die deutschen Landschaften alles. Er liebte sie. Da war er nicht allein, im Gegenteil: Die Verbundenheit zu unserer engsten Umgebung stand lange jenseits jeder Diskussion, über jeder Ideologie. Sie war einfach ein selbstverständlicher Teil aller Lebensqualität. Das macht es so reizvoll, auch lange zurückliegende literarische Streifzüge durch verschiedene Landschaftstypen zu verfolgen: Sie spiegeln immer auch menschliche Gefühle, menschliche Geschichte und menschliche Schicksale, im Kleinen wie im Großen.

Über Jahrhunderte blieb diese Verbindung eng und gut dokumentiert, erst mit dem Kulturbruch des Ersten Weltkrieges riss die Kontinuität ab. Plötzlich kamen Landschaft und Natur zugunsten des Urbanen aus der Mode. Sie gerieten ins Abseits, und bald geschah ihnen auch, wovor Tucholsky so eindringlich gewarnt hatte: Sie wurden politisch missbraucht, Stichwort »Blut und Boden«. Was, als perfide Langzeitwirkung, die gesellschaftliche und literarische Abwendung nach 1945 noch einmal beschleunigte. Bis sich die Landschaft mit Umweltproblemen ins öffentliche Bewusstsein zurückmeldete – und dabei sehr schnell klarmachte, wie viel mehr sie nach wie vor zu bieten hat. Mit diesem Comeback der Nähe sind auch die Texte wieder aktuell, die sie so über so lange Zeit für uns konserviert und gespiegelt haben. Jede Landschaft ist ein lebendes Archiv, und diese vielfältigen Beschreibungen ergeben eine Chronik, so alt wie das geschriebene Wort. Mit dem Anbruch der Moderne halten sie dramatischen Wandel fest: aus der verrufen kargen Heide wird ein Tourismus-Hotspot, das unheimliche Moor avanciert zur trendigen Künstleroase. Meer und Berge, einst ängstlich gemiedener Inbegriff bedrohlicher Naturgewalt, machen Karriere als Urlaubsziele. Das gerade noch Abgelegene, Weltentrückte wandelt sich zum Freizeitpark – und das bedeutet dann wieder ein neues Kapitel in der jahrtausendelangen Geschichte der Kulturlandschaft.

Landschaft und Mensch sind in unseren Breiten immer untrennbar gewesen. Eine aus und für sich selbst existierende, ursprüngliche Wildnis gibt es hier schon sehr lange nicht mehr. Stattdessen leben wir in einer uralten, sich ständig entwickelnden Symbiose von Natur und Kultur, die oft lebende Gesamtkunstwerke ergibt. Allen Klagen, sogar allen menschlichen Zerstörungs-Anstrengungen zum Trotz hat die Landschaft um uns herum ihre Seele noch nicht verloren. Manchmal braucht es ein bisschen Zeit, sie zu entdecken, manchmal nur einen kurzen, ruhigen Spaziergang, manchmal reicht sogar ein besonders einfühlsamer Text. Ob in der Literatur oder im wirklichen Leben, das Grundthema bleibt immer gleich: Es geht ums Hinsehen, ums Kennenlernen, um persönliche Beziehungen. Und wie alle Beziehungen kann auch diese durchaus ihre Tücken haben:

Still ruht die Stadt. Es wogt die Flur.
Die Menschheit geht auf Reisen
oder wandert sehr oder wandelt nur.
Und die Bauern vermieten die Natur
zu sehenswerten Preisen.

Sie vermieten den Himmel, den Sand am Meer,
die Platzmusik der Ortsfeuerwehr
und den Blick auf die Kuh auf der Wiese.
Limousinen rasen hin und her
und finden und finden den Weg nicht mehr
zum Verlorenen Paradiese.

Im Feld wächst Brot. Und es wachsen dort
auch die zukünftigen Brötchen und Brezeln.
Eidechsen zucken von Ort zu Ort.
Und die Wolken führen Regen an Bord
und den spitzen Blitz und das Donnerwort.
Der Mensch treibt Berg- und Wassersport
und hält nicht viel von Rätseln.

Er hält die Welt für ein Bilderbuch
mit Ansichtskartenserien.
Die Landschaft belächelt den lauten Besuch.
Sie weiß Bescheid.
Sie weiß, die Zeit
überdauert sogar die Ferien.

Sie weiß auch: Einen Steinwurf schon
von hier beginnt das Märchen.
Verborgen im Korn, auf zerdrücktem Mohn,
ruht ein zerzaustes Pärchen.
Hier steigt kein Preis, hier sinkt kein Lohn.
Hier steigen und sinken die Lerchen …

Seit Erich Kästner dieses Gedicht 1955 schrieb, hat sich wenig verändert: Das verlorene Paradies suchen wir immer noch, und immer noch rasen wir oft daran vorbei. Dabei ist das Geheimnis einer Landschaft selten das Sensationelle, Auffällige, Atemberaubende. Es ist ihre Atmosphäre, ihre Wirkung auf uns. Frei nach Tucholsky, mit einem ganz großen Wort: Es ist ihr Herz, oder vielmehr: ihre Seele – und die hat auch ein Mais-Stoppelfeld im Herbstnebel.

Aber wer lässt sich auf so etwas noch ein, wenn so viel Spektakuläres so leicht verfügbar ist? Anscheinend nicht einmal mehr die Klimaschützer, immerhin an der Umwelt zumindest theoretisch überdurchschnittlich interessierte Mitbürger. Sonst wäre ein Satz wie »Deine Möhren sind nicht wichtiger als unser Klima. Sorry«, nicht denkbar. So reagierte der Berliner Grünenabgeordnete Georg Kössler 2019 auf die Fassungslosigkeit von Landwirten, durch deren Getreide- und Gemüsefelder Aktivisten auf einer Demo breite Schneisen getrampelt hatten.

Im Kleinen zeigt sich hier der Verlust jeden Bewusstseins für die Umgebung, von der wir alle abhängen. Kein Gespür mehr für Tucholskys »Rhythmus der Landschaft«, und erst recht keinen Funken Ahnung von der Ironie, die hier den Flurschaden zum Symptom macht: Das Klima ist genau da, wo es ist, weil wir die Möhren nicht mehr achten. Wer die eigene Umgebung buchstäblich mit Füßen tritt, für den ist auch das große Ganze höchstens virtuell. Wie glaubhaft ist der Einsatz für ein Universum weit weg, während man das nahe Feld achtlos zertritt? Besonders beklemmend, weil da weniger böse Absicht mitspielt als achselzuckende Gleichgültigkeit, weil man das, was man da plattmacht, nicht einmal mehr kennt. Kein Respekt mehr, weil die persönliche Bindung zur Umwelt abgerissen ist? Tatsächlich: Ende Gelände?

Das wäre neu in der gesamten Menschheitsgeschichte. Früher – und dieses »früher« erstreckte sich über Jahrtausende – war zwar mitnichten alles grüne Harmonie. Die gab es nie und nirgends, solche Romantik ist Illusion. Aber es gab ein kollektives Bewusstsein, nämlich das von existenzieller Abhängigkeit. Die erzeugte Achtung, nicht nur vor der mächtigen See, sondern auch vor der zierlichen Gerste und sogar vor den unscheinbaren Möhren. Sie alle standen das Große, das Globale, oft sogar das Göttliche, nämlich für die Landschaft, für den Lebensraum rundum, der ernährte, schützte, wärmte, aber auch jederzeit mit Katastrophen vernichten konnte. Für die Macht, die die unmittelbare Nähe hatte, galt ihr ein Respekt, der in einer global vernetzten, selbstverständlich satten Konsumgesellschaft schnell abhandenkommt. Doch das ist ein Grundirrtum: Es geht immer um die Landschaft vor dem Horizont und ihren Bezug zu der dahinter, kurz: Es geht ums Klima *und* um die Möhren. Beide gehören zusammen, und wir gehören dazu. Nicht nur aus existenziellen Gründen, sondern auch, weil diese Beziehung so viel Freude macht: Es bleibt immer ein großes Vergnügen, sie wieder aufzunehmen, sei es real oder literarisch, und dabei staunend festzustellen, wie weit und tief die eigenen Wurzeln reichen können. Alles Ansichtssache, alles individuell, alles ein persönlicher Gewinn. Und, klar: Goethe hat das immer schon gewusst:

Und es ist das ewig Eine,
Das sich vielfach offenbart;
Klein das Große, groß das Kleine,
Alles nach der eignen Art,
Immer wechselnd, fest sich haltend;
So gestaltend, umgestaltend –
Zum Erstaunen bin ich da.

DIE MÄCHTIGE LANDSCHAFT: BERGE

»Man steht am Ende der Welt und zugleich an ihrem Ursprung, an ihrem Anbeginn und in ihrer Mitte. Gewaltiger silberner Rahmen, im Halbrund geschlossen, nach Süden von Schneegipfeln in einer Anordnung von unerklärlicher Harmonie, nach Westen von einer Kette gotischer Kathedralentürme. Zuerst kann man da nur hinaufschauen, es verschlägt einem den Atem. Dann sieht man vor sich den Ort Saas-Fee, in weit ausschwingende Matten eingebettet, von ansteigenden Lärchen- und Arbenwäldern gesäumt und von soviel Himmel überwölbt, daß man – ähnlich wie auf der offenen See – nach allen Seiten Freiheit und Weite verspürt. Dieser Himmel blühte jetzt, am Abend, in einem tiefen, fast violett getönten Dunkelblau, während es auf den Schneefirnen noch blitzte und wetterte vom Widerstrahl der schon gesunkenen Sonne. Die Luft war von Heu durchsüßt und von einer prickelnden, eisgeborenen Reinheit. ›Hier‹, sagte dann einer von uns – ›wenn man hier bleiben könnte!‹«

Er blieb, für den Rest seines Lebens. Carl Zuckmayer, vom NS-Regime ausgebürgert, zog sich nach seiner Rückkehr aus dem Exil in die Schweizer Alpen zurück. Ein Haus am

Hang, Abgeschiedenheit dicht am Unendlichen, eine Zuflucht über allen Dingen und unter einem Himmel, »den die hohen Berge nicht einengen, sondern wunderbar umrahmen und tragen« – das war ein passendes letztes Zuhause für einen Schriftsteller zwischen allen Stühlen. Es passte auch zu der Rolle, die die Berge immer gespielt haben: erhebend und verkleinernd, beschützend und bedrohlich zugleich. Hier bestimmt das Bewusstsein eben doch das Sein: Keine andere Landschaft wird so unterschiedlich erlebt. Was der eine unwiderstehlich anziehend findet, wirkt auf den anderen abweisend, einengend und bedrückend. Die Amerikanerin Betty MacDonald zog schon als ganz junge Frau ins Gebirge, und auch sie erlebte die Landschaft als überwältigend. Nur eben ganz anders:

> »Die Berge machten nicht den Eindruck, als sei ihnen daran gelegen, Schutz zu spenden. Trat ich vor die Türe oder schaute zum Fenster hinaus, ragte vor mir eine hohe, weiße Kuppe auf, blickte hochmütig über mich Erdenwurm hinweg und gab mir deutlich zu verstehen, dass alles Land hier herum einst in erhabener Einsamkeit geruht hatte und den hohen Herrschaften das Blut in Wallung geriet, weil sie jetzt das profane Menschengeschmeiß zu ihren Füßen dulden mußten. Wir hatten uns nun einmal breitgemacht, daß sie uns aber auch noch willkommen heißen oder gar schöntun sollten, war, weiß Gott, zuviel verlangt. Mit Freude wären sie bereit gewesen, die Hälfte ihres Baumbestandes zu opfern, hätten sie uns kurzerhand mit einer hübschen, mittleren Lawine das Lebenslicht ausblasen können.«

Der Mensch und die Berge – eine Geschichte, die zu einer schon in sich widersprüchlichen Landschaft passt. Dass sich hier Idylle so jäh zur Vorhölle wandeln kann, ist vielleicht kein Zufall: Berge sind der versteinerte Zusammenprall divergierender Kräfte, Stein gewordene Gewalt. Die Alpen zum Beispiel, eine vergleichsweise junge geologische Formation, verdanken ihre Existenz der Kollision zweier Kontinente. Sie entstanden vor etwa 50 Millionen Jahren aus dem Zusammenstoß Europas und Afrikas. Die Gegeneinander-Bewegung der beiden Kontinentalplatten türmte das Gestein immer weiter aufeinander, in Falten und Verwerfungen, die an vielen Bergflanken deutlich zu erkennen sind. Ein Prozess übrigens, der immer noch nicht beendet ist: Noch immer wachsen die Alpen mehrere Millimeter im Jahr. Allerdings verlieren sie durch Erosion bedeutend mehr an Masse und wären ohne diese ständige Abtragung mehrere Tausend Meter höher. Weite Teile der Voralpen bestehen aus Kalkstein, die Gebirge der West- und Zentralalpen meist aus kristallinen Gesteinen wie Gneis oder Granit. Sie entstanden durch Druck und Hitze oder durch die Kristallisation von Magma im Erdinnern, sind also Tiefengesteine und gelangen nur durch schwere tektonische Verwerfungen an die Oberfläche.

Ihr heutiges Gesicht verdanken die Alpen den Eiszeiten: Abschmelzende Gletscher rissen Täler ein, verbreiterten sie ständig und schliffen die Berge glatt. Durch die enormen Temperaturwechsel in diesem Lebensraum konnte sich auf dem Steinsockel nur schwer Erdreich bilden, denn es wurde und wird immer wieder weggerissen. Gehalten wird der Boden in höheren Lagen von einer festen Grasnarbe, die durch Tritt und Verbiss von Weidevieh entsteht und erhalten wird, in tieferen vom Wald, der als Schutzwald die Täler vor Lawinen und Erdrutschen abschirmt. Die Vegetation des Gebirges ist in deutliche Stufen eingeteilt: Laubwald in Höhen zwischen 800 und 1000 Meter, anschließend die Nadelwaldstufe. Zwischen 1500 und 2200 Höhenmetern ist der Wald zu Ende, läuft in verkrüppeltes Krummholz und in die Mattenstufe aus, auf der die Almen liegen, die Weiden hoch am Berg. Sie sind ungewöhnlich artenreiche Biotope ebenso wie ein Lawinenschutz für das darunterliegende Land: kurz gefressenes, festgetretenes Gras bremst Schneerutsche oder lässt sie gar nicht erst entstehen. Ausgewucherte, umgekippte Vegetation ist dagegen eine ideale, beschleunigende Gleitbahn für Lawinen. Den Almen folgt die Fels- und Eisstufe bis zum Gipfel, der Bergspitze.

Diese ganze Landschaft ist ein Crescendo, das in ständigem Anstieg auf die hohen Gipfel zuführt. Es beginnt mit der Voralpenidylle, wie Jörg Mauer sie in seinem Alpenkrimi »Föhnlage« schildert:

> »Die Tür, aus der sie herausgetreten waren, befand sich an der Rückseite der Polizeidienststelle, und es war die Bühnentür zum Glück. Eine Wiese von einem brauereireklamesatten Grün reichte ein paar hundert Meter bis zu einem Waldrand, der Wald selbst stieg leicht an, die Wipfel bewegten sich lyrisch und eichendorffartig im Wind, dahinter ragten schroffe Felswände hoch. Nichts fehlte zum strotzend gesunden Bild einer oberbayerischen Sommerfrische, auch wenn sie hinter dem Polizeirevier lag. Es fehlte nicht die würzige Luft, die

von irgendwo herwehte und sentimentale Erinnerungen an Sommerferien und Freibadromanzen mit sich trug. Es fehlte nicht der unausbleibliche Duft von Heu, es fehlten nicht die bayerischen Kühe, die da und dort grasten und glockig rumorten, es fehlte nicht das Summen der Bienen und das flüchtige Spiel der Quellwolken, es war ein Kalenderblatt, das Bayern hieß.«

Diese Landschaft, lieblich, sanft und grün, ist eine zeitlose Verkörperung von Sommer und Ferienglück. Thomas Mann besaß dort ein Landhaus, und sein Sohn Klaus schwärmte noch Jahrzehnte später:

»Ja, dies ist Sommer. Der Grund, auf dem wir gehen, ist weich und elastisch, es ist sumpfiger Boden: daher die Üppigkeit der Vegetation, das tiefe Grün des saftig wuchernden Grases, das flammende Gold der Butterblumen, der reiche Purpur des Mohns. Dies ist der Sommerhimmel: in seinem Blau schwimmen weiße, flockige Wolken, die sich zwischen den alpinen Gipfeln zu barocken Formationen ballen. Die Luft riecht nach Sommer, schmeckt nach Sommer, klingt nach Sommer. Die Grillen singen ihr monoton-hypnotisierendes Sommerlied. Zu unserer Rechten liegt das Sommer-Städtchen, Tölz mit seinen bemalten Häusern, seinem holprigen Pflaster, seinen Biergärten und Madonnenbildern. Um uns breitet sich die Sommerwiese; vor uns ragt das Gebirge, gewaltig getürmt, dabei zart, verklärt im Dunst der sommerlichen Mittagsstunde. Seht, und da ist unser Sommer-Weiher, ein kleiner, runder Teich mit hohem Schilf am Ufer. Weiße Wasserrosen, beinah tellergroß, schwimmen auf seiner regungslosen, dunklen Fläche. Das Moorwasser, es ist gold-schwarz in meiner Erinnerung, atmet einen kräftig-aromatischen, dabei etwas fauligen Geruch. Es ist von seltsamer Substanz, das Wasser des Klammerweihers, sehr klar trotz seiner dunklen Färbung, von fast öliger Weichheit, und so schwer, daß man das eigene Gewicht kaum spürt, solange man sich seiner goldenen Tiefe anvertraut.«

In so einem blaugoldenen Sommer ist dann auch der Berg selbst zunächst von der verlockenden Opulenz, die die britische Schriftstellerin Elizabeth von Arnim anzog:

»Wenn man sich gen Westen wendet und an der Flanke des Berges immer weiter und weiter geht, ohne nach oben oder unten auszuweichen, durch ausgedehnte sonnendurchflutete Gefilde, in denen es nichts zwischen einem selbst und den erhabenen schneebedeckten Gipfeln zu geben scheint, auf schmalen Pfaden, wo es so finster ist, daß man kaum sieht, wohin man tritt, wo es nach Harz riecht und heißen Fichtennadeln, nach Wanderlust und frisch gemähtem Heu, dann wieder nach Schnittholz, nach Wasser, das über Steine sprudelt, wo es nach Honig riecht, nach Heißem und Kaltem – nachdem man also zwei Stunden so dahingewandert ist, wovon man schnell müde würde, wenn man sich nicht von der Luft auf merkwürdige Weise getragen fühlte, so als schwebe man dahin, gelangt man schließlich an den Rand eines steilen Abhangs, wo ein paar Lärchen stehen.«

Danach geht es bergan, himmelwärts, und über solchen Wegen liegt eine Magie, die Carl Zuckmayer und seine Frau Alice sogar körperlich spüren konnten:

> »Wir gingen diesen Weg zum erstenmal, in einer kaum erklärlichen, wachsenden Bewegtheit, wie man sie sonst bei Ausflügen, auch in einer neuen, erregenden Landschaft, selten empfindet – als hätten wir ein Vorgefühl, daß uns dort oben etwas ganz Ungeahntes, Wunderbares erwarte. Noch immer sah man die blauen Berge nicht, nur dann und wann das Wehen eines blauen Eisschimmers, das Aufblenden einer Schneekuppe, das in der nächsten Kehre wieder verschwand. Der Wald rückte dichter zusammen und tat sich auf einmal zu einer lichten, grasigen Anhöhe auf, die von vereinzelten, uralten, mächtigen Lärchenbäumen mit rötlich gekerbter Rinde bestanden war. Durch die von der Luft leicht bewegten Kronen der Lärchenbäume hindurch blickte man in einen ungeheuren Glanz, ein überweltliches Strahlen, vor dem man fast die Augen schließen mußte. Es war das Abendleuchten von den Gipfeln der Viertausender.«

Auf diesen Viertausendern, hoch auf den Gipfeln der leuchtenden Berge, zeigt die Landschaft dann plötzlich ihr kaltes, ihr hartes, ihr tödliches Gesicht. Mag der Himmel hier auch so nah sein wie nirgendwo sonst auf der Erde, Leben ist nicht mehr geduldet. »Falls es einen trostloseren, unwirtlicheren Ort auf diesem Planeten gibt, hoffe ich, ihn nie zu sehen«, urteilte Bestsellerautor und Bergsteiger Jon Krakauer über den Südsattel des Mount Everest, eine »nackte, kahle Fels- und Eislandschaft«. Das ist natürlich das Extrembeispiel, aber auch die höheren Lagen der Alpen sind in ihrer schroffen Feindseligkeit nicht zu unterschätzen. Edward Whymper, der Erstbesteiger des Matterhorns, schilderte in den 1860er-Jahren eine Übernachtung hoch auf dem Gletscher, mitten in einer damals noch völlig unbekannten, unerforschten Welt:

> »Ein majestätisches Schweigen herrschte. Die Steine hatten aufgehört zu fallen, das Wasser rieselte nicht mehr. Es war so bitter kalt, daß das Wasser in einer Flasche unter meinem Kopf gefror. Das durfte uns nicht überraschen, denn wir lagen auf dem Schnee auf einer Stelle, wo der leiseste Windzug sofort fühlbar wurde. Gegen Mitternacht kam von hoch oben ein furchtbarer Krach herunter, dem eine sekundenlange Totenstille folgte. Eine große Felsmasse war geborsten und kam gegen uns herunter. Mein Führer sprang auf, rang die Hände und rief: »Herr Gott, wir sind verloren!«

»Es ist nicht so, dass ich die Berge hasse«, konstatiert angesichts solcher immer latenten Drohungen viel später ein Autor der Neuen Zürcher Zeitung.

> »Ich hasse es nur, in den Bergen zu sein. Dieses seltsame Gefühl, das damit zu tun hat, den Gesetzen der Natur

> ausgesetzt zu sein. Dieses Rauschhafte, das viele Menschen als angenehm empfinden und das anderen (mir) körperliches Unwohlsein verursacht. Das Dorf klebt am Berg, und ich sitze also hier, umgeben von Freunden, und schaue aus einem der kleinen Fenster, die diese Häuser haben, und ich sehe die Steilwand auf der anderen Seite des Tals, es ist ein Naturschutzgebiet, der Hang ist von Nadelgehölz besetzt, und während ich versichere, wie extrem supertoll ich diese Aussicht finde, fühle ich mich schwindlig, leichtköpfig. Das große Thema Sein und Vergehen im Lichtspiel ewiger Transformation genau vor mir. Und mir wird schlecht.«

Hierzulande sind es die Alpen, die solches Sein und Vergehen am eindrucksvollsten repräsentieren. Und das seit Urzeiten: »Der Name dieses mächtigen Hochgebirges im mittleren Europa, des höchsten dieses Erdteils und zugleich des vollkommensten und am besten entwickelten aller Hochgebirge der Erde, wurde schon von den Römern bei der Bevölkerung vorgefunden«, hielt Meyers Konversationslexikon 1888 fest. Der Name war lange vor der Römerzeit entstanden, abgeleitet von der Pluralform des alemannischen Wortes Alp oder Alpe für Alm, für Bergweide also. Der überraschende Schluss daraus: Es ist nicht die Landschaft, nach der die Almen heißen, es ist genau umgekehrt: Diese spezielle Wirtschaftsform ist so alt, dass sie dem mächtigen Gebirge den Namen gab. Tatsächlich lassen sich Spuren von Beweidung auf einigen Almwiesen bis zur Bronzezeit, bis 1700 vor Christus, zurückdatieren – ein eindeutiger Beweis dafür, wie sehr die Menschen und ihr Vieh eine Umgebung, die wir heute als so natürlich wahrnehmen, geprägt haben. Ein weiteres perfektes Zusammenspiel von Bewirtschaftung und Natur, und das Ergebnis ist eine klassische Kulturlandschaft, die Wildtiere und Menschen gleichermaßen anzieht.

»Die Alpen«, so heißt es in dem alten Lexikon weiter, »erscheinen schon aus der Ferne wie eine durch Höhe und Reichtum der Formen überwältigende Gebirgsmauer, auf dem größten Teil ihrer Länge von Hochgipfeln überragt, die mit ewigem Schnee bedeckt sind.« Der höchste dieser Hochgipfel, der Mont Blanc, ist 4810 Meter hoch, die Zugspitze, der höchste Berg Deutschlands, bringt es dagegen nur auf 2962 Meter. Doch überall ist dieses Gebirge ein extremer Lebensraum, ein Ökosystem mit Tieren und Pflanzen, wie es sie in dieser Kombination sonst nirgendwo gibt. Zu dieser Lebensgemeinschaft gehören auch Menschen und ihre Haustiere, teilweise hoch spezialisierte, uralte Rassen. Da ist, als ein Beispiel, das Walliser Schwarznasenschaf, an das raue Hochgebirge ebenso gut angepasst wie jedes Wild. Es kann selbst noch steile Hänge kurz grasen und so die winterliche Lawinengefahr verringern, das knappe Erdreich festtreten und düngen und damit beste Voraussetzungen für vielfältiges natürliches Leben schaffen. »Einer der wenigen Orte in Westeuropa, an dem man noch ganz ursprüngliche blumenreiche Wiesen findet, sind die Alpen«, schildert Zoologe und Autor Dave Goulson das Ergebnis.

»Die schiere Unzugänglichkeit vieler höher gelegener Weiden hat sie bis zu einem gewissen Grad vor den Verheerungen der modernen Landwirtschaft geschützt, und so bleiben die Alpen der größte Biodiversitäts-›Hotspot‹ Europas. Wenn man Glück hat und die Alpen an einem sonnigen Tag erwischt, sind sie atemberaubend. Üppige Blumenteppiche ergießen sich über die felsigen Hänge, flirrend vor Insekten, die aus dem kurzen Sommer das Beste herausholen. Natürlich wirkt das alles besonders schön vor der Kulisse schneebedeckter Bergspitzen und glitzernder Seen.«

»In jedem Geschöpf der Natur lebt das Wunderbare«, lautet eine mehr als 2000 Jahre alte Erkenntnis des Aristoteles, und gerade in den Bergen gibt es überall Beweise dafür. Kaum zu übertreffen ist da das Alpenglöckchen, auf den ersten Blick einfach nur eine niedliche, aber unspektakuläre kleine Pflanze, deren violette Blüten aussehen wie eine Glockenblume im Fransenlook. Auf den zweiten Blick jedoch ist dieser zarte Zwerg tatsächlich ein echtes Wunder: Das fragile Blümchen wächst unbeirrt und kerzengerade durch Schnee und knallhartes Eis, um im Frühjahr vor aller Konkurrenz in voller Blüte zur Stelle zu sein. Die jahrhundertealte Frage: Wie macht es das bloß? ist inzwischen zumindest teilweise beantwortet: Das Alpenglöckchen wird unter dem Schnee nicht, wie andere Pflanzen, durch Zellteilung größer, sondern seine Zellen strecken sich einfach immer weiter, bis es das Licht erreicht. Dann folgt der nächste Trick: Mit dunkler Knospe und violetter Blüte zieht es das ultraviolette Sonnenlicht an, und der Pflanzenstängel wird mit dieser Bestrahlung um bis zu zehn Grad wärmer als Schnee und Eis rundum. So kann das Alpenglöckchen sie einfach wegschmelzen, der Weg ans Licht ist frei, und eine winzige Mischung aus Solarkraftwerk und botanischem Schneidbrenner besiegt problemlos massive Eisschichten.

Die hoch liegenden Wiesen und ihre einzigartigen Bewohner scheinen derart weltentrückt, buchstäblich über allem stehend, dass sie auch Menschen andere Dimensionen eröffnen. Hier ist es der Schriftsteller Peter Altenberg, der sich an Kindheitsausflüge erinnert:

> »Ich aber gedenke dieser Almwiese in Tau und Sturm, bevor die Sonne brennt und Segen spendet – – –. Alle ihre Gräser waren mir teuer, der kalte Wind strich über sie, ich hätte ein jedes streicheln und behüten mögen! Man war so ferne vom Leben der Menschen, wie ein Entdecker fremder Welten. Man war so außerhalb und oberhalb. Keines der Gräser war ähnlich denen in der Ebene, und sogar der Sturm, die Luft hatten ein anderes Gepräge. Die Gebüsche waren wie niedergeduckt und die Bäume widerstandsfähiger. Die Blumen waren wie matte Abdrücke aus dem Album ›Unsere Bergesflora‹ und das Wasser aus den Rindenröhren hatte einen anderen Geschmack als jedes andere Wasser. Man war leicht und frei und die Sorge war hinter uns.«

Nicht nur das Alpenglöckchen, auch viele andere Pflanzen haben Spezialeffekte, um mit der Höhenlage zurechtzukommen: Die purpurrote Alpenrose, eigentlich ein Rhododendron, bildet zusammen mit Blaubeere und Wacholder die berühmten, weithin leuchtenden Rhododendronfelder, die den Übergang zwischen Almweide und darunterliegendem Nadelwald markieren. Die untersetzte, buschige Pflanze kann an diesem extremen Standort bestehen, weil sie sich nicht nur mit festen Blättern und sehr dicken Zellmembranen vor Verdunstung schützt, sondern zusätzlich mit speziellen Chemikalien vor dem oxidativem Stress durch das ständige starke UV-Licht.

Wie oft schon bin ich stehn geblieben,
Vertieft in Schaun vor dir. Allein
Um dich muß man die Berge lieben,
Du bist die Seele, Gluth im Stein.

… schwärmte der bayerische Dichterarzt Hermann von Lingg von ihrem intensiven, brennenden Rot. Dieser Landschaft sind auch viele Tiere ähnlich perfekt angepasst – es sei denn, sie schweben so hoch über allem, dass sie das nicht nötig haben. So hält es der Steinadler mit einer Flügelspannweite von über zwei Metern. Er könnte auch in anderen Habitaten gut leben, ist aber durch jahrhundertelangen Verfolgungsdruck aus dem Flachland bis in die Alpen zurückgedrängt worden. Der mächtige, bis über sechs Kilo schwere Vogel kann sich das Abgehobensein leisten: Mit seinen sprichwörtlichen Adleraugen erspäht er noch aus mehreren Hundert Metern Höhe eine einzige Maus. Mythologisch und heraldisch ist »der Adler« die Nr. 1, ist unangefochtener König der Bergwelt, ist der majestätische, lebende Wappenvogel schlechthin – auch wenn das Vorbild für den deutschen Adler genau genommen der noch etwas größere Seeadler ist.

Weniger eindrucksvolle Vögel nutzen gerade ihre Unscheinbarkeit als Überlebensvorteil: Das Alpenschneehuhn mausert nicht, wie üblich, einmal im Jahr, sondern gleich dreimal, und dabei passt es sich jedes Mal genau der saisonalen Landschaft an: von Steingrau über Weißgesprenkelt bis hin zu reinem Weiß, das den Vogel im Winter nahezu unsichtbar mit dem Schnee verschmelzen lässt. Auch hinter diesem kleinen Hühnchen steht eine erstaunliche Geschichte: Es stammt ursprünglich aus der arktischen Tundra, wo seine Verwandtschaft heute noch lebt, und wanderte während der Eiszeit in den Alpenraum ein. Dumm gelaufen: Kälte und Gletscher zogen sich bald immer weiter zurück, und so musste ihnen der arktische Vogel bergwärts folgen, immer höher hinauf, in einen immer kleineren Lebensraum. Dabei wurde das Schneehuhn zum perfekt angepassten Alpenbewohner.

Die Alpengams, die fast nur in Europa vorkommt, setzt dagegen weniger auf Tarnung als auf Energieoptimierung: Ihr Winterfell ist dunkler als das Sommerkleid und zieht so in der kalten Jahreszeit jedes bisschen verfügbarer Sonnenwärme an. Ihre gespaltenen Hufe, korrekt Schalen genannt, sind ein weiteres Anpassungswunder, mit Kanten wie scharfen Stollen und Sohlen wie Hartgummi. Mit derart festem Halt schafft die Gams im felsigen Gelände bis zu zwei Meter hohe und sechs Meter weite Sprünge. Auf abschüssigem Terrain erreicht sie mit bis zu 50 km/h fast die Spitzengeschwindigkeit eines Rennpferdes. Für diese athletischen Höchstleistungen ist sie mit ungewöhnlich vielen roten Blutkörperchen zur Sauerstoffversorgung ausgestattet, und dazu kommt ein Sportlerherz, mit dessen Volumen und

Muskeldicke die Gams Flachlandbewohnern wie dem Reh weit überlegen ist. Während das nur über kurze Strecken flüchten kann, schaffen Gemsen notfalls über längere Zeit bis zu 200 Herzschläge pro Minute und ein entsprechendes Tempo. Doch selbst das rettet sie nicht immer vor ihrem Fressfeind, dem Steinadler, der es besonders auf die Kitze abgesehen hat.

Vom Fell der Gams stammt auch die Bezeichnung für einen gelbbräunlichen Farbton: »chamois« bedeutet übersetzt »gamsfarben«. Dunkler braun ist dagegen »ein wunderlich verwegenes und geschwindes Thier, wohnet in den höchsten Plätzen und Orten der Teutschen Alpen, Felsen, Schrofen, und wo alles gefroren Eyss und Schnee ist«. So beschrieb der Schweizer Arzt und Naturforscher Conrad Gessner im 16. Jahrhundert als Erster den Alpensteinbock. Capra ibex ist wuchtiger und mit seinem weit geschwungenen Gehörn deutlich eindrucksvoller als die zierlichen Gemsen. Auch sein Huf ist, mit verhornten Schalenrändern, weichen Ballen und der Fähigkeit, beide Zehen sowohl zu spreizen als auch unabhängig voneinander zu bewegen, perfekt für schwierige Berglagen ausgerüstet. Seit der Steinzeit war dieses prachtvolle, bis zu 100 Kilo schwere Tier für die Menschen im Gebirge Jagdbeute Nr. 1. Auch im Magen von Ötzi, dem vor etwa 5000 Jahren umgekommenen Gletschermann, fanden sich Reste von Steinbockfleisch.

Doch es war weniger das Fleisch, das den Steinbock in der Neuzeit an den Rand der Ausrottung brachte, es war vor allem sein Ruf als lebende Apotheke: Das auffallende

Tier wurde derart mythologisch überfrachtet, dass praktisch jeder Teil von ihm als heilend oder zauberkräftig galt. Neben Blut, Knochenmark und Milz waren die Hörner sowie das Herzkreuz, ein verhärteter Knorpel der Herzklappen, besonders begehrt. Letzteres sollte seinen Träger unverwundbar machen. Harry-Potter-Lesern ist natürlich auch der Bezoar oder Magenstein bestens vertraut, ein Klumpen aus unverdaulichem Material, der sich im Magen vieler Ziegenarten findet, zu denen auch der Steinbock gehört. Ein Bezoar schützt angeblich vor fast allen Giften. Um all dessen wurde der Steinbock so heftig verfolgt, dass er im Mittelalter schon selten geworden und Anfang des 19. Jahrhunderts nahezu ausgerottet war. Vittorio Emanuele II., König von Italien und, wie es sich damals für einen Monarchen gehörte, begeisterter Jäger, rettete die Tiere in letzter Minute. Sein frühes, groß angelegtes Artenschutz- und Auswilderungsprojekt war seiner Zeit weit voraus und startete eine weltweit beispiellose Erfolgsgeschichte: Von wenigen geretteten Exemplaren stammen heute alle 40.000 Steinböcke in den Alpen ab.

Durch intensive Jagd geriet auch das Murmeltier zeitweise an den Rand der Ausrottung. Gut drei Kilo Gewicht, wohlschmeckendes Fleisch, dazu reichlich Fett, dem ebenfalls magische Wirkung nachgesagt wurde – das war ein Geschenk für die Bewohner dieser rauen Gegend. Die kompakten Nager sind im Winter praktisch eine lebende Konserve: Sie entgehen der harten Jahreszeit, indem sie fett gefressen von Oktober bis Frühjahr unter der Erde schlafen. Die herbstliche Jagd auf die in ihrem Bau unbeweglichen Tiere macht vergleichsweise wenig Mühe, sodass sie, wie es

1910 hieß, »zahlreich ausgegraben, geschlachtet und verzehrt werden. Murmeltierfleisch wird gesalzen, geräuchert und getrocknet; es eignet sich zur Zubereitung in Pfefferbeize.« Aber auch lebend war das Mankei, wie es auf Bayerisch heißt, ausgesprochen einträglich, denn es ist leicht zähmbar, gelehrig und drollig. Diese im Flachland völlig unbekannten Tiere als Kuriosität vorzuführen, war eine oft unentbehrliche Einkommensquelle für arme Familien ganzer Regionen. Die »Marmottiers«, Bettelkinder aus den Alpen, die bis ins 19. Jahrhundert alleine durch ganz Europa wanderten, um in den Großstädten in ihren malerischen Trachten mit Murmeltier und Flöte um milde Gaben zu bitten, waren so berühmt, dass Goethe ihnen das »Murmeltierlied« widmete: »Ich komme schon durch manche Land / avec que la marmotte, / und immer was zu essen fand / avec que la marmotte.«

Das ganze vielfältige Ökosystem lebt auf Stein, der Basis der gesamten Landschaft. Von monumentalen Bergflanken bis zum kleinen Bachkiesel ist er trotz seiner statisch wirkenden Härte abwechslungsreich und vielgesichtig. Die Farbe der Felsflanken wechselt je nach Bewuchs und Licht: steingrau, silbern und pink, purpur und violett, grasgrün, rotbraun und schneeweiß, manchmal auch wie von innen leuchtend im Sonnenuntergang. »Gott schläft im Stein«, heißt es in einer indischen Weisheit, und vielleicht auch deshalb ziehen die Berge Menschen so magisch an. Einer der frühen Alpentouristen, Johann Wolfgang von Goethe, notierte 1786 im Tagebuch seiner »Italienischen Reise«:

> »Glimmerschiefer und Quarz durchzogen. Stahlgrün und dunkelgrau. An denselben lehnte sich ein weißer, dichter Kalkstein, der an den Ablösungen glimmerig war und in großen Massen, die sich aber unendlich zerklüfteten, brach. Oben auf dem Kalkstein legte sich wieder Glimmerschiefer auf, der mir aber zärter zu sein schien. Weiter hinauf zeigte sich eine Art Gneis oder vielmehr eine Granitart, die sich zum Gneis umbildet.«

Carl Zuckmayer betrachtete die ganze Pracht weniger wissenschaftlich, dafür aber sehr viel sinnlicher:

> »Mich entzückten die Steine und Felsbrocken, wie sie überall verstreut waren, blauer Basalt und grün durchbänderter Serpentin, mattgrauer Gneis, tiefroter Porphyr, schimmernder Quarz, der auf das Vorkommen von Kristallen deutet, und breit gelagerte Schichten von Glimmerschiefer.«

Entzücken war in den Bergen eine vergleichsweise neue Reaktion. Lange war da eher Grauen die vorherrschende Empfindung gewesen. Obwohl die Alpen schon gegen Ende der letzten Eiszeit, ungefähr 13.000 Jahre vor Christi Geburt, von Menschen besiedelt wurden, galten die großen Berge bis in die frühe Neuzeit als steingewordene Bedrohung, als gefährliches Verkehrshindernis und vor allem als Wohnort böser Mächte. Kurz: als sorgsam zu meidende oder möglichst schnell zu durchquerende Horror-Landschaft. Die Bergspitzen umgab dann noch einmal eine besonders furchterregende Aura, »als sei um die oberen Bereiche dieser großartigen Gipfel ein Kordon gezogen, der von keinem Menschen durchbrochen werden sollte«. So urteilte der britische Höhenbergsteiger Eric Shipton. Wie sehr auch tapfere, erfahrene Einheimische vor diesem Bann zurückschreckten, erfuhr der Engländer Edward Whymper, als er 1863 versuchte, Führer für einen Besteigungsversuch des Matterhorns anzuheuern:

> »Nicht die Schwierigkeit des Unternehmens hatte davon abgehalten, als der Schreck, den seine steinernen Wände einflößten. Es schien eine Schranke um ihn gezogen zu sein, bis zu der man gehen konnte, aber weiter nicht. Jenseits hausten Zwerge und Kobolde, der ewige Jude und die Geister der Verdammten. Die abergläubischen Bewohner der nahe liegenden Täler, von denen viele das Matterhorn für den höchsten Berg in den Alpen, ja der Welt hielten, sprachen von einer in Trümmern liegenden Stadt auf dem Gipfel, die von Geistern bewohnt werde. Lachte man, so schüttelten sie ernst mit dem Kopfe, zeigten auf die Türme und Mauern, die man ja mit Augen sehe, und warnten vor der Besteigung, weil die wütenden Teufel von ihren uneinnehmbaren Höhen Felsen auf den Frevler schleudern würden.«

Diese, gemessen an den damaligen Möglichkeiten sehr vernünftige Abneigung gegen ebenso riskante wie sinnlose Hochgebirgstouren begann sich erst im 19. Jahrhundert zu legen. Allerdings stammt eines der ersten deutschen Berggedichte, »An einen Berg«, verfasst von dem schlesischen Dichter Martin Opitz, doch schon aus dem 17. Jahrhundert, und auch hier klingt bereits das ewige Motiv aller Bergbesteigungen an: menschliche Selbsterfahrung inmitten grandioser Natur:

Du grüner Berg, der du mit zweien Spitzen
Parnasso gleichst, du hoher Fels, bei dir
Wünsch' ich in Ruh zu bleiben für und für
Und deine Lust ganz einsam zu besitzen,

Weil du mir auch für aller Welt kannst nützen;
Dann wann ich bin auf deinem Klippen hier,
So seh' ich stets derjenen Ort für mir,
Die für dem Tod alleine mich kann schützen,

Mein' höchste Freud' und meines Lebens Leben;
So weiß ich auch, dass man sonst nirgend findt
Mit solcher Zier ein einzig Ort umgeben;

Natura hat die Lust allher gesetzet,
Dass, die auf dich mit Müh gestiegen sind,
Hinwiederum auch würden recht ergetzet.

Die Romantik mit ihrer neu erwachten, sentimentalen Natursehnsucht, mit dem »Zurück zur Natur!«-Verdikt eines Jean-Jacques Rousseau im Hintergrund, mit Freizeit und erleichterten Reisemöglichkeiten für Wohlhabende, verhalf den Gebirgen dann ebenso wie anderen rauen Landschaften zu einem PR-Durchbruch. Für die Alpen kam er deutlich früher als für Heide oder Moor, und es war der totale Imagewandel.

Bedecke deinen Himmel, Zeus,
Mit Wolkendunst
Und übe, dem Knaben gleich,
Der Disteln köpft
An Eichen dich und Bergeshöhen!

... hatte noch der junge, von Sturm und Drang getriebene Goethe in den 1770er-Jahren seinen »Prometheus« wettern lassen. Da waren die Bergeshöhen noch ein Inbegriff des locus terribilis, des schrecklichen Ortes, letzter Machtbereich archaischer Götter, deren Anspruch sich von modernen Menschen nur noch verspotten ließ. Doch das Bild wandelte sich schnell. Hatte es 1730 in einer Beschreibung der Schweiz noch geheißen: »Die ungeheuerliche Höhe der Alpen und der ewige Schnee sind entsetzlich«, bestimmte bald wieder das Bewusstsein das Sein, und dieses Bewusstsein drehte sich komplett: Die Berge waren nicht mehr furchterregende Hindernisse, nicht mehr Spielplatz abgehalfterter Götter, kein schrecklicher Ort. Im Gegenteil: Sie galten zunehmend als bedeutungsgeladene, anziehende Kraftorte, die man einfach erlebt haben musste: »Hohe Berge sind, für mich, eine Empfindung«, fasste etwa Lord Byron, der Romantiker par excellence, die neue Sichtweise zusammen. Für die steht beispielhaft »Mont Blanc« des Briten Percy Bysshe Shelley, 1818 erschienen:

Dort oben glänzt Mont Blanc: die Kraft, sie ruht,
Die stille hehre Kraft, die manches Bild
Und manchen Laut hat in sich aufgesogen.
In Nächten ohne Mond und dunkel-mild,
Im grellen Licht des Tages fällt der Schnee
Auf diesen Berg. Und niemand sieht die Glut
Der Flocken, wenn die Abendsonne sinkt,
Auch nicht den Pfeil des Sternstrahls durch den Schnee.
Die Winde kommen stumm herbeigeflogen,
Mit starkem Atem Schnee zu häufen. Dort
Verweilt der stumme Blitz in Einsamkeit
Und Unschuld, und er überlagert weit
Wie Dunst den Schnee. Geheime Kraft der Dinge
Wohnt ganz in dir, sie wirkt im Denken fort,
Und ihr Gesetz beherrscht den Himmel fern.
Was wärst du, was wär Erde, Meer und Stern,
Wenn nicht des Menschen Phantasie empfinge
Die Einsamkeit, des Schweigens Kern.

Diese empfindsamen Aristokraten waren nicht nur herausragende Dichter, die eine ganze Landschaft neu ins öffentliche Bewusstsein rückten, sondern bald gleich noch ein zweites Mal Trendsetter: Als frühe Touristen bahnten sie den Weg für ihre wohlhabenden, ebenso reise- und abenteuerlustigen Landsleute. Mary Shelley, Percys Frau, war mit den Bergen derart vertraut, dass sie in ihrem Grusel-Klassiker »Frankenstein« effektvoll das Motiv einer Gebirgswanderung einsetzt. Dabei spielt sie mit den alten literarischen Begriffen vom schönen und vom schrecklichen Ort und lässt in dieser Landschaft beides ineinander übergehen:

»Die gewaltigen Berge und Steilwände, die auf allen Seiten über mir aufragten – das Brausen des Flusses, der zwischen den Felsen schäumte, und das Tosen der Wasserfälle ringsum sprachen von einer Kraft, stark wie die Allmacht, und ich hörte auf, mich zu fürchten oder einem weniger allgewaltigen Wesen zu beugen als dem, das die Elemente geschaffen hatte, die sich hier in ihrer schreckerregendsten Gestalt zeigte. Als ich immer höher stieg, nahm das Tal einen immer großartigeren und erstaunlicheren Charakter an. Burgruinen, die an den Abgründen tannenbestandener Berge hingen, die stürmische Arve und hier und da Bauernhäuser, die zwischen den Bäumen hervorlugten, schufen ein Bild von einzigartiger Schönheit. Doch es steigerte sich ins Erhabene durch die mächtigen Alpen, deren weiße und strahlende Pyramiden und Kuppeln hoch über allem anderen aufragten, als gehörten sie einer anderen Erde an, die Wohnstätte eines andern Geschlechts.«

Dr. Viktor Frankenstein, der junge »moderne Prometheus«, hat wie Goethes Vorbild die Götter verflucht, und er ist noch weiter gegangen: Er hat ihnen mit Wissenschaft, mit der Erschaffung eines Monsters aktiv getrotzt. Doch die Allmachtsträume sind gescheitert, und er muss seiner außer Kontrolle geratenen Schöpfung durch halb Europa nachjagen. Mit einer Panik, die erst die übermächtige Landschaft besänftigen kann, war er sicher nicht der typische Bergtourist. Der kam eher voller Freude und reiner, naiver Abenteuerlust und Erwartung angesichts einer überwältigenden, neuen, damals noch ganz exotischen Umgebung. Diesen Unternehmungsgeist der frühen Urlauber fängt Heinrich Hoffmann von Fallersleben genau ein:

Wir haben es beschlossen –
Drum mutig, unverdrossen!
»Zur Bergfahrt« soll die Losung sein!
Nun schließt euch an und stimmt mit ein!

Wie herrlich, Kameraden,
In Alpenluft zu baden!
Wie wird so weit die enge Brust,
Die weite Welt so voll von Lust!

»Durch diese Schönheiten sind die Alpen auch das Reiseziel aller zivilisierten Nationen geworden und werden es durch die Verbesserung und Vermehrung der Verkehrsmittel immer mehr«, konstatiert Meyers Konversationslexikon 1888. »Die Eisenbahnen, welche jetzt an Stelle mühsamer Saumpfade bis zum Fuß der höchsten Berge, ja durch oder über die Berge selbst hinwegführen, die Dampfer, welche die Seen befahren, und prächtige Landstraßen machen das Reisen ebenso bequem wie anziehend.«

Ganz so bequem waren diese Anfänge dann doch nicht. Hermann Allmers, der die Alpen 1845 noch per Postkutsche überquerte, berichtete von einem Bergsturz unterwegs:

»… ein Anblick, der einem wohl das Herz beben machen konnte. Dicht am Weg erhob sich die hohe, wildzerrissene Felswand, aus rotem, härtestem Porphyr bestehend, von der sich die ungeheure Masse abgelöst hatte und mit dumpfem Donnern herabgesunken war. Mit unsäglicher Mühe hatte man eben die Straße gereinigt, und wir fuhren nun durch ein wahres Chaos der schönsten Porphyrblöcke, die in den seltsamsten Formen zu beiden Seiten der Straße hoch und wild übereinander lagen. Noch war nicht alle Gefahr vorüber, weil der Berg fast täglich ansehnliche Felsmassen heruntersandte, und unser Kutscher fuhr in langsamem Schritt, um jede Erschütterung zu vermeiden. Ich war zu sehr von dem ganzen interessanten und großartigen Anblick eingenommen, um der geringsten Angst Raum zu geben, während meine Begleiter schweigend ihre besorgten Blicke auf die drohende Felswand richteten und ein alter, bärtiger Kapuziner mechanisch nach seinem Rosenkranze griff, um schnell ein paar Ave Marias herzumurmeln.«

Auch wenn so eine Reise schnell auf einen ungeplanten Abenteuerurlaub hinauslaufen konnte, brach das gehobene deutsche Bürgertum bald in Scharen bergwärts auf. Repräsentativ war da Thomas Manns Lübecker Senator Thomas Buddenbrook, der um die Mitte des 19. Jahrhunderts gern in die Berge reiste. Am Ende seines Lebens aber zog er – übrigens am Meer – eine elegische Bilanz:

»Vielleicht zog ich ehemals das Gebirge nur vor, weil es in weiterer Ferne lag. Jetzt möchte ich nicht mehr dorthin. Ich glaube, daß ich mich fürchten und schämen würde. Es ist zu willkürlich, zu unregelmäßig, zu vielfach, ich würde mich allzu unterlegen fühlen. Es ist das wenigste, daß man tapfer umhersteigt im Gebirge, während man am Meer still im Sande ruht. Aber ich kenne den Blick, mit dem man dem einen, und jenen, mit dem man dem andern huldigt. Sichere, trotzige, glückliche Augen, die voll sind von Unternehmungslust, Festigkeit und Lebensmut, schweifen von Gipfel zu Gipfel. Man klettert keck in die wundervolle Vielfalt der zackigen, ragenden, zerklüfteten Erscheinungen hinein, um seine Lebenskraft zu erproben, von der noch nichts verausgabt wurde. Aber man ruht an der weiten Einfachheit der äußeren Dinge, müde wie man ist von der Wirrnis der inneren.«

Am Meer, der entgegengesetzten Extremlandschaft, reizt immer auch das, was sich unter der Oberfläche verbergen, was jederzeit überraschend auftauchen könnte. Das Hochgebirge jedoch *ist* Oberfläche – what you see is what you get. Anstelle vieler verborgener Strömungen eine einzige harte Realität, anstelle schmiegsamer Nachgiebigkeit steinerne Grenzen, die nur wenige überschreiten können. Wasser ist beweglich, Berge sind starr. Gebirge sind verkörperte Macht. Ihre Oberfläche lässt sich nur mit Gewalt durchbrechen. Die Frage ist hier immer nur: Tötet diese Macht, oder gewährt sie Geborgenheit? Und, das gehört zur ambivalenten Faszination dieser Landschaft: Dicht unter den abweisenden Gipfeln, dem letzten Wort in Sachen sichtbarer Naturgewalt, locken dann gleich wieder Vielfalt und eine Schönheit, die den Berg einladend und sogar sanft wirken lässt:

Du, Berg, bist gut. Auf deinen Matten ruht
Das Auge gern und gern auf deinem Wald;
Du bist nicht hoch und stattlich von Gestalt,
Doch macht dein sanfter Reiz dem Träumer Mut.
Die Sonne liegt auf deiner breiten Brust
Den langen Tag; du gibst sie uns zurück;
Und über deinem gütevollen Glück
Entlässt das Herz die letzte böse Lust.

… schilderte Christian Morgenstern seine Begegnung mit »Einem Berge«. Als ähnlich beglückend erlebte Jemima Morell im Sommer 1863 diese Umgebung. Die einunddreißigjährige Britin war Teilnehmerin einer historischen Exkursion: der ersten Pauschalreise in die Alpen, angeboten vom Reisebüro von Thomas Cook. Ihr Reisebericht klingt wie die Expedition in eine neue Welt, was es damals, in dieser Geburtsstunde des organisierten Tourismus, ja auch war. Begeistert schwärmte die junge Frau: »Wer wie wir glaubte, die Berge der Alpen seien kahl und unfruchtbar, wird erkennen, dass dies ein Irrtum war. Denn hier erstrecken sich bis in eine Höhe von 6000 Fuß, unterbrochen von Tannenwäldern, immer wieder grüne Hänge, auf denen überall in kräftigem Rosa Alpenrosen blühen. Wir sammeln sie in Hülle und Fülle, schmücken unsere Hüte mit den verzweigten Gebinden und pflücken Sträuße zu beiden Seiten unseres Weges, der hier und da buchstäblich mit einer Bordüre vielfältiger Blumen gesäumt ist.«

Dieser rundum geglückten Premiere folgte schnell ein touristischer Run auf die Alpen, der bis heute anhält. Als derart faszinierend erwies sich dieses neu zu entdeckende

Urlaubsziel, dass Thomas Cook bald eine Zugreise durch die Alpen so anpries:

> »Wir dürfen erwähnen, dass es als die ideale Bahnreise für Flitterwöchner erscheint. Sie kommen dabei zur Ruhe. Selbst wenn sich Algie und Angelina aufs Allerzärtlichste zugeneigt sind, wird sie nichts anderes als die grandiose, prachtvolle Landschaft in den Bann schlagen.«

Einen Kick, der den von Algie und Angelina noch einmal deutlich übertraf, suchte dann die nächste Gruppe von Bergreisenden: Sie wollten hoch hinaus. Diese Touristen strebten nicht nach Harmonie und Schönheit, nach Weitblick und Wiesenduft, sondern nach Härte und Herausforderung, nach Kampf und Überwinden. »Die Gebirge sind stumme Meister und machen schweigsame Schüler«, hatte Goethe noch gemeint, aber diese Epoche war vorbei. Was der Zeitgeist jetzt verlangte, erklärte der Jurist und Schriftsteller Friedrich Theodor Vischer in »Im Hochgebirg«:

Steig, o Seele, mit diesen
Trutzigen Urweltriesen!
Recke dich!
Strecke dich! –
Wie ihr entschlossen
Seid emporgeschossen,
Das Steinherz in der Brust,
Das zu sehen ist Lust.
Ihr seid nicht höflich und fein,
Ihr lüget nicht, weich zu sein,

Euch macht nicht Sorge und Rücksicht bang,
Ihr bücket euch nicht, ihr fraget nicht lang,
Die Losung heißt: Durch! die Losung heißt: Kraft!
So habt ihr euch Platz in der Welt verschafft.

Mit genau dieser Kraft wollten sich die neuen Besucher messen. Sie wollten Sieger sein, Eroberer, Herren auch noch dieser unzugänglichen Urlandschaft. Bis zur Mitte des 19. Jahrhunderts wurden die meisten Alpengipfel zum ersten Mal bestiegen. Gefährliche Klettereien waren eine der ersten populären Extremsportarten, in der internationalen Presse gefeiert, und die mutigen »Gipfelstürmer« avancierten schnell zu frühen Sportidolen. Das Gebirge wurde damit zur Kulisse für die zeitlose Erkenntnis von Mount-Everest-Erstbesteiger Sir Edmund Hillary: »Nicht der Berg ist es, den man bezwingt, sondern das eigene Ich.« Wer das schaffte, verkörperte das Männlichkeitsideal schlechthin. Heute würde man sagen: Er war ein Star. Selbst dann, wenn er weiblich war, wie Marie Paradis, die 1808 als erste Frau den Mont Blanc bestiegen hatte, oder Lucy Walker, 1871 die erste Frau auf dem Matterhorn. Bergsteigen war eine der ganz wenigen erlaubten Möglichkeiten, so richtig aus dem vorgegebenen Rollenbild zu fallen, und so waren diese Pionierinnen keineswegs die einzigen Frauen, die es schon früh ins Gebirge zog. Zum Beispiel auf den Mont Blanc, »dessen Besteigung, früher so beschwerlich, jetzt sogar von Frauen ausgeführt wird«, wie es 1888 hieß. Von Frauen im Reifrock und mit Korsett, versteht sich. Doch trotz solcher modischen Handicaps erreichte 1877 auch die dreißigjährige Anna Voigt aus Erfurt nicht nur als erste

Deutsche den Gipfel des Matterhorns, sondern bewältigte in diesem unpraktischen Outfit derart spektakuläre Aufstiege, dass eine Zeitschrift 1878 schwärmte: »So kann denn nicht geleugnet werden, dass Fräulein Voigt unter den Bergfexen ersten Ranges zählt und ihr als Dame die Palme umso eher zu reichen ist, als sie bei ihren tollkühnen Unternehmungen nicht eitler Regung, sondern – wie sie selbst sagt – unwiderstehlichem inneren Herzensdrange folgt.« Genau diesen Herzensdrang, diese Lockung einer archaischen Landschaft als Parallelwelt zur Moderne, schilderte später der junge Arbeiterdichter Gerrit Engelke:

Ich will hinaus, mit Euch mich zu versöhnen.
Ich will heraus aus dieser Zeit,
Hinweg von Märkten, Zimmern, Treppenstufen,
Straßenbraus –
Die Waldberge, die Waldberge rufen,
Locken mich hinaus!
Bald hab ich diese Straßenwochen,
Bald diesen Stadtbann aufgebrochen
Und ziehe hin, wo Ströme durch die Ewig-Erde pochen,
Ziehe selig in die Welt!

Nicht nur die frühen Touristen, auch die scheinbar so malerisch-exotischen – heute würde man sagen: authentischen – Eingeborenen begegneten mit dem Bergboom einer neuen, fremden Welt. Die kam zu ihnen. Lange waren viele Einwohner dieser kargen Landschaft so verzweifelt arm gewesen, wie es der bayerische Bergsteiger Hermann von Barth noch 1871 am Eibsee erlebte:

»Eine arme Fischerfamilie hat ihre mehr malerische als reinliche Hütte am östlichen Ufer des Sees, und ihre Mitglieder sind dessen einzige Anwohner. Zwischen den Steintrümmern am Ufer suchen magere Ziegen ihr karges Futter. Nahen Fremde, so kommen halbnackte Kinder aus der Hütte und bieten Alpenrosen zum Kauf an oder schießen ein Pistol ab, um durch dessen Krachen das siebenfache Echo an der nahen Wand zu wecken, das wie lange fortrollender Donner in den Schluchten des Zugspitz-Labyrinthes verhallt.«

Als eine der ersten Einkommensquellen neben der Jagd hatte es schon in der Bronzezeit Bergbau gegeben, zunächst den Abbau von Kupfer und Eisenerz. Dazu kam die Tierhaltung auf Almen. Regelrechte Bergbauern gibt es in dieser Landschaft erst seit dem Hochmittelalter, bis dahin hatte der Siedlungsraum im Tal für die wenigen Menschen ausgereicht. Die Bauern nutzten nicht nur die Almen fürs Vieh, sondern auch kleine Nischen für einen sehr bescheidenen Anbau, wie es Zuckmayer noch aus den Dreißigerjahren des 20. Jahrhunderts schildert:

»Wir begegneten keinem Menschen auf diesem Weg. Er führte uns immer wieder an den Rand der Schlucht heran, deren wild abstürzende Granitwände noch den Blick auf die höheren Berge versperrten, über alten Gletscherschliff, durch lichten Jungwald und an kleinen, mit Kartoffeln und Gerste bepflanzten ›Äckerlein‹ vorüber, die oft hart über den Absturz der steilen Wände an den Hang geklebt schienen.«

Als ein seltenes Glück für einen so begrenzten Ackerbau erwies sich da in Peter Roseggers Erinnerungen ein großflächiger Waldbrand hoch am Berg:

> »Überall verkohlter Grund, rostfarbige Steine, halbverbrannte Wurzeln, und darüber ragten die schwarzen Strünke einzelner Baumstämme. Nun kamen die Leute und reuteten. Sie stachen den schwarzen Rasen um, sie säeten Korn in das Erdreich. Und als der Frühherbst kam, war's eine Herrlichkeit. Kein Mensch in unserem Waldlande hatte je eine so große goldgelbe Pracht gesehen, als es das Kornfeld war, das sich über die Berge hinzog.«

Mit dem Tourismus ergaben sich zum ersten Mal lukrativere Einnahmequellen als die Landwirtschaft. Für fitte junge Männer entstand sogar ein neuer Beruf: Bergführer. Das war riskant, aber einträglich und darüber hinaus prestigeträchtig. »Wie ein ganz armer Junge sich sagt, was er alles werden kann«, überschrieb der deutsche Lyriker Richard Dehmel 1908 sein Gedicht »Der Bergführer«:

Ich kann ein Bergsteiger werden,
der die andern alle führt.
Pfade, wo nie ein Schritt erklang:
wer hat sie aufgespürt?
Das tat meine Herzenslust!

Ein hoch aufragender Berg, dem Himmel näher als jeder andere Ort auf diesem Planeten – das ist die ideale Projektionsfläche für menschliche Hybris. Ist der Gipfel erreicht, ist die Urlandschaft »besiegt«. Sie wird zur Trophäe, »gehört« ihrem Bezwinger, vorausgesetzt natürlich, der kommt lebend zurück: »Ein Gipfel gehört dir erst, wenn du wieder unten bist, denn vorher gehörst du ihm«, weiß Extrembergsteiger Hans Kammerlander. Aber wenn es gut geht, liegt die ganze Welt dem Triumphator zu Füßen. So etwas setzt atavistische Gefühle frei. Carl Haensels Roman »Der Kampf ums Matterhorn« schildert drastisch die Reaktion der britischen Erstbesteiger 1865 auf ihre italienischen Konkurrenten weiter unten am Berg:

> »Die beiden Männer fingen an zu rufen, zu schreien, zu heulen, immer stärker, immer rasender. Sie begannen plötzlich mächtige Felsblöcke loszubrechen und als Donnersignale in den Abgrund zu rollen. Es war ein Rückfall in die Anfänge des Menschentums, ausgelöst durch die ungeheuerliche Anstrengung des Körpers und auch der Seele. Es war der Urgesang des Hasses gegen den Nebenbuhler, die Wut über den Widersacher, die das Bewußtsein sicheren Sieges zu einem solchen Überschwang entfesselt, dass selbst Gott und alle guten Geister schweigen müssen.«

Die guten Geister schweigen tatsächlich: Auf dem Rückweg stürzen vier der sieben Kletterer tödlich ab. Darunter ist ein Verwandter der britischen Queen Victoria, die daraufhin prompt das boomende Bergsteigen für alle Briten verboten sehen will. Diese katastrophale Erstbesteigung beendete zwar das Goldene Zeitalter der frühen Kletterer mit einem tödlichen Schock, machte aber auch das bis heute gefährliche Matterhorn zum »Berg der Berge«, zur unwiderstehlich lockenden Legende. Zwar ruft der Berg heute mehr denn je, aber einer der Erfolgreichsten überhaupt, der Südtiroler Reinhold Messner, sieht das Trendabenteuer grundlegend anders als viele seiner Vorgänger: »Ich kann Ausdrücke wie ›Ich habe den Berg bezwungen‹ oder ›Ich habe den Berg erobert‹ nicht mehr hören. Das ist Nazisprache. In Wirklichkeit sind wir da oben nur geduldete Kreucher und Fleucher.« Und doch: »Die Eroberung des Unnützen«, wie ein Buch des französischen Alpinisten Lionel Terray heißt, etablierte sich fest als der größte anzunehmende, der verlockendste Kontrapunkt zum Routine-Alltagsdasein – unwiderstehlich auch für den Beat-Literaten Jack Kerouac: »Because in the end you won't remember the time you spent working in the office or mowing your lawn. Climb that goddamn mountain!«

Was diese existenzielle Herausforderung noch einmal besonders würzt – oder unverhofft schnell beendet –, sind Naturgewalten und Wetter in dieser ohnehin schon so mächtigen Landschaft. Von traumhaft bis tödlich ist alles dabei, und eins kann jederzeit blitzschnell ins andere umschlagen. Kommt es richtig hart, haben die entfesselten Berge ein geradezu unvorstellbares Zerstörungspotenzial. Bergstürze, bei denen sich Schutt und Steine von steilen Hängen ablösen, sind ebenso vernichtend wie Lawinen, über 200 Stundenkilometer schnelle Abstürze von Schnee, Eis oder Schlamm. Die werden meist in einer Kettenreaktion von Neuschnee auf einer glatten Altschnee- oder Eisdecke ausgelöst und können schlimmstenfalls ganze Landstriche verwüsten.

Überwältigend anzusehen, aber zum Glück einfach nur prachtvoll, sind Gipfel, die im Abendlicht von innen heraus zu brennen scheinen. Im Klassiker aller Berg-Klassiker, in Johanna Spyris 1879 erschienenem Weltbestseller »Heidi«, wird dieses prachtvolle Alpenglühen zum Symbol der tiefen Verbindung zwischen dem kleinen Mädchen und der geliebten Heimat. »Das macht die Sonne, wenn sie den Bergen gute Nacht sagt«, hat ihr der Großvater erklärt, »dann wirft sie ihnen noch ihre schönsten Strahlen zu, dass sie sie nicht vergessen, bis sie am Morgen wiederkommt.« Als die kleine Heidi aus der verhassten Großstadt in die Berge zurückkehren darf, begrüßt sie dort das vertraute Heimatsymbol:

> »Jetzt fiel ein roter Schimmer vor seinen Füßen ins Gras, es kehrte sich um, da – so hatte es die Herrlichkeit nicht mehr im Sinn gehabt und auch nie so im Traum gesehen – … die Felshörner … flammten zum Himmel auf, das weite Schneefeld glühte und rosenrote Wolken zogen darüber hin. Das Gras rings auf der Alm war golden, von allen Felsen flimmerte und leuchtete es nieder und unten schwamm weithin das ganze Tal in Duft und Gold. Heidi stand mitten in der Herrlichkeit und vor Freude und Wonne liefen ihr die hellen Tränen die Wangen hinunter.«

Echte Brände entstanden nicht selten aus der Dürre heißer Sommer, die im Gebirge mit seiner nur dünnen Erdschicht über dem sich aufheizenden Stein ebenfalls vernichtend ausfallen konnte: »Der Sommer war heiß gewesen«, schildert Rosegger:

> »Das Moos des Waldbodens war fahl und spröde geworden und zwischen den Halmgerippen der Gräser sah man auf den grauen Erdboden. Neben den dürren Nadeln des Waldbodens lagen tote Ameisen und Käfer. Die Steine in den Betten der Bäche waren trocken und weiß wie Elfenbein. Wo dazwischen noch ein Tümplein stand, da starb darin eine Forelle oder ein anderes Tier des Wassers. Die Luft war dicht und die Berge, auch die nahen, waren blaß. Die Sonne war des Morgens rot wie das verdorrte Blatt einer Buche, dann blaß und glanzlos, so daß man ihr ins Gesicht sehen konnte. Matt kroch sie hin über die graue Wüste des Himmels, als wäre sie erschöpft vor Durst.«

Auch Regen, Nebel und Unwetter sind dieser rundum extremen Landschaft angemessen. Jäher Nebel, in den Bergen häufig, kann in geringer Dosierung noch durchaus romantisch sein, wie für Alfred Lord Tennyson:

Die Berge sind nur Schatten, und sie weichen
Von Form zu Form, und nichts kann hier bestehn;
Die festen Lande nebelgleich vergehn,
Die Wolken sich gestalten und verbleichen.

Eigentlich ist solcher Bergnebel schon ein Zeichen für die Himmelsnähe dieser Landschaft, nämlich eine Wolke, die entsteht, wenn die aus der Niederung aufsteigende Luft weiter oben abkühlt, kondensiert und alles rundum einhüllt und malerisch verfremdet:

Nebel tragen die Berge fort,
Die Erde wird so herbstlich weit,
Und wie vom feinen Wein entrückt
Stirbt um uns jede Wirklichkeit …

… heißt es bei Max Dauthendey. Wird jedoch aus so einem zarten Schleier eine dicke, undurchsichtige Suppe, ist in einer Gegend mit derart vielen Absturzmöglichkeiten nicht nur die Wirklichkeit in Lebensgefahr, sondern jeder unvorsichtige Wanderer. Auch Unwetter fallen in den Bergen heftiger aus als anderswo. Gewitter entstehen häufig sehr lokal, sehr schnell und total unvorhersehbar, spektakulär anzusehen, aber lebensgefährlich. Rosegger, 1843 als Sohn eines Bergbauern geboren, bekam von seinem Vater eine albtraumhafte Nacht geschildert, die sein Urgroßvater nur mit weißen Haaren überstand: Auf dem Heimweg von seiner Braut wird der junge Mann im Dunkeln von einem Rudel hungriger Wölfe verfolgt, kann sich mit knapper Not auf eine hohe Tanne retten und wird dort auch noch von einem Unwetter überfallen:

»Es war längst schon finstere Nacht; gegen Mittag und Morgen hin leuchteten alle Sterne, gegen Abend hin aber war es grau und durch dieses Grau schossen Blitzscheine. Sonst war es still und regte sich im Walde kein Ästchen. Das Donnern kommt näher, alle Sterne sind verloschen – 's ist finster wie in einem Ofen; nur unten am Fuße des Baumes funkeln die Augensterne der Raubtiere. Wenn es blitzt, steht wieder der ganze Wald da. Nun beginnt es zu sieden und zu kochen im Gewölke wie in tausend Kesseln. Jetzt zuckt ein Strahl über den Himmel, es ist einen Augenblick hell, wie zur Mittagsstunde – dann bricht in den Wolken ein Schnalzen und Krachen los, und weithin hallt es im Gewölke. Donnerschlag auf Donnerschlag, und beim Leuchten war zu sehen, wie glühenden Wurfspießen gleich Eiskörner auf den Wald niedersausten, an die Stämme prallten, auf den Boden flogen und wieder emporsprangen. Und über dem Heugraben gingen Blitze nieder; plötzlich war eine blendende Glut, ein heißer Luftschlag, ein Schmettern, und es loderte eine Fichte.«

Berge sind Meister der psychologischen Kriegsführung, jederzeit in der Lage, die ihnen ausgelieferten Menschen nachhaltig zu zermürben. Simpler Regen reicht da schon, wie Betty MacDonald in ihrem ersten Gebirgswinter erfuhr:

»Es regnete und regnete! Der Regen sprühte fein, mittel und stark, klatschte und trommelte – kurz, es regnete in jeglicher Form … Zeitweise waren Himmel, Berg und Landschaft von grauem Nebel verhängt, und der Regen trommelte eintönig und ohne den Rhythmus zu wechseln pit-pat-pit-pat-pit-pat-pitta-patta-pitta-patta, was genau so entnervend war wie Baby-Geschrei von früh bis spät. Im Verlauf des Novembers konnte ich mich überhaupt nicht daran erinnern, wie es ohne Regen gewesen war, und begann den Heldinnen der Romane zu ähneln, die sich in regenreichen Gegenden abspielten; die Damen pflegten durch die Zimmerflucht zu irren, den Kopf gegen die verschiedenen Wände zu schlagen, sich wasserglasweise Whisky hinter die Binde zu gießen und zu stöhnen: ›Dieser Regen! Dieser Regen! Mein Gott, dieser Regen!‹«

Königsklasse allen Psycho-Wetters ist der Föhn. Warum das so ist? Noch immer ungeklärt. Der Deutsche Wetterdienst versucht sich an der wissenschaftlichen Definition eines Phänomens:

»Als Föhn wurde ursprünglich ein warmer, trockener, abwärts gerichteter Wind auf der Alpennordseite bezeichnet, der dort oftmals – insbesondere im Winterhalbjahr – für die Jahreszeit deutlich zu hohe Temperaturen bringt. Nach moderneren Erkenntnissen ist der Föhn das Ergebnis eines dynamisch-thermodynamischen Prozesses, dessen Ursachen und Einflussgrößen sowie Erscheinungsformen sehr vielfältig sind.«

Übersetzt: Ganz genau weiß man's nicht. Immerhin: »Die physiologischen und psychologischen Auswirkungen des Föhns sind ein weiteres Kapitel, das breites Interesse und die sprichwörtlichen Reaktionen in der von Föhn beeinflussten Bevölkerung hervorrufen.« Eines der bekannten Opfer dieser Föhnkrankheit war Goethe, der auf seiner Italienischen Reise die viel beschriebene jähe Wechselwirkung zwischen Genie und Wahnsinn erleben durfte: »In Mittenwald eingetroffen. Kaum der Kutsche entstiegen, traf mich ein heißer, starker Wind, wie aus fernen Landen kommend. Kurz eine Idee notiert, ›Faust‹, dann sehr niedergeschlagen.« Nach allem, was über die Wirkung der psychoaktiven Fallwinde bekannt ist, könnte die Weltliteratur diesem Intermezzo durchaus die »Zueignung« zum »Faust« verdanken:

Ihr naht euch wieder, schwankende Gestalten,
Die früh sich einst dem trüben Blick gezeigt.
Versuch ich wohl, euch diesmal festzuhalten?
Fühl ich mein Herz noch jenem Wahn geneigt?

»Sind Sie gereizt?«, bringt es Jörg Maurer in »Föhnlage« auf den Punkt.

> »Verspüren Sie ein allgemeines vages Unlustgefühl? Sind Sie unruhig, unkonzentriert und nervös? Plagen Sie Magenbeschwerden, Herzrasen, Seitenstechen oder andere vegetative Störungen? Tanzen Ihnen Punkte vor den Augen? Haben Sie das Bedürfnis, etwas zu zerstören? Haben Sie unbestimmte Mordgedanken?
>
> Wenn Sie eines oder mehrere dieser Symptome bei sich feststellen, dann befinden Sie sich möglicherweise in einem Kurort des bayrischen Voralpenlands – und

es ist gerade Föhn. Sie sitzen dort etwa auf der Terrasse eines alteingesessenen Cafés, haben einen herrlichen Blick auf das Massiv des Wettersteingebirges und sind erstaunt über die außerordentlich klare Luft und den guten Blick. Sie halten Ihre Nase genießerisch in den ungewöhnlich warmen, trockenen Wind. Doch genau dieser warme, trockene Wind, das ist der Föhn. Und er packt schnell zu. Innerhalb kürzester Zeit hat er alle Ihre Synapsen besetzt, und Sie können froh sein, wenn Sie lediglich zwei oder drei der oben beschriebenen Beschwerden zu beklagen haben.«

Es sind aber weder der spektakuläre Föhn noch die hoch aufragenden Gipfel, die als Symbol und Markenzeichen diese einzigartige Welt perfekt verkörpern. Um diesen Ruhm konkurrieren stattdessen zwei vergleichsweise winzige Pflanzen: Enzian und Edelweiß. Der Enzian ist der Bodenständige von beiden, was bei einigen Arten ganz wörtlich zu nehmen ist: fürs raue Bergleben verzichtet die Pflanze auf einen Stängel und öffnet ihre Blüte fast direkt am Boden. Dieser sprichwörtliche blaue Alpenenzian besteht eigentlich aus zwei Arten, dem Stängellosen und dem Clusius-Enzian. »Blau blüht der Enzian« ist zwar lange zu einem Klischee geworden, aber, wie das mit Klischees oft so ist: Wer es schafft, sich davon frei zu machen und unbefangen hinzusehen, für den bleibt die Schönheit der kleinen Blütenglocken immer neu und immer anrührend. Enzianblüten zeigen tatsächlich ein Blau, das seinesgleichen sucht: tief, eindringlich leuchtend und im innen gepunkteten Kelch ins Azur oder Violett spielend. Blaue Blüten, zumal von solcher intensiven Farbe, sind sehr selten, denn die Produktion dieses Farbstoffes ist so schwierig und komplex, dass sie sich nur für Pflanzen lohnt, die zur Bestäubung ausschließlich auf Insekten angewiesen sind. Die nämlich fliegen auf die magische Farbe, und vielen Menschen geht es ähnlich: »Sie standen niedrig in dem struppigen Gras auf der Böschung, und so blau, daß sein Herz wieder eine seiner Grenzen zu sprengen und weiter zu schwingen schien«, schildert der britische Schriftsteller H. D. Lawrence, und »Bayerischer Enzian« heißt eines seiner bekannten Gedichte:

Bayerische Enziane, groß und dunkel, nichts als dunkel,
verdunkelnd den Tag fackelgleich mit der rauchenden Bläue von Plutos Finsternis,
gerippt und fackelgleich, mit ihrer Lohe von Dunkelheit blau ausgebreitet,
sich niederwärts abflachend zu spitzen Zipfeln, flach zusammengedrückt unter der riesigen Wölbung weißen Tages,
Fackelblüte der blau-aufrauchenden Dunkelheit.

Die spirituelle Wirkung dieser blauen Blume geht weit über die Dichter hinaus, denn sie ist sogar ohne Sprache universell. Enzian hat es buchstäblich in sich und verfügt über einige der eindrucksvollsten Bitterstoffe im gesamten Pflanzenreich. So ist es kein Wunder, dass er früh in den Ruf geriet, so ziemlich alles heilen oder abwehren zu können, von Magenschmerzen über Pferdekrankheiten bis hin zu Zauberei und Blitzschlag. Am meisten geschätzt war und blieb seine Begabung, zu Schnaps gebrannt auch Menschen zum intensiven Blau zu verhelfen. Dieser Enzian allerdings, dessen Herstellung sogar zum Weltkulturerbe zählt, wird verwirrenderweise nicht aus dem blauen, sondern aus den Wurzeln des gelben Enzians gebrannt. Dann aber, in einem klassischen Etikettenschwindel, verkauft man ihn wiederum mit dem legendären Blauen als Markenzeichen.

Weniger kräftig, sondern eher wie ein zartes, schneekühles und aristokratisch-feminines Kontrastprogramm zum maskulinen Enzian wirkt das Edelweiß, mit vollem Namen Alpen-Edelweiß, Leontopodium nivale alpinum. Auch dessen eleganter Auftritt bedeutet nichts als raffinierte Anpassung: Die berühmte weiße Blüte ist gar keine, sondern in Wirklichkeit ein schimmernder Stern aus fünf bis fünfzehn Hochblättern, die die eigentlichen, unauffälligen Röhrenblüten umschließen. Hier hat das Edelweiß pflanzliches Hightech perfektioniert: Das filzige, krause Haar auf diesem Blätterkranz hält Tausende winziger Luftbläschen fest, die nicht nur funkelnd Insekten – und Menschen – anlocken, sondern auch, ähnlich wie eine natürliche Luftpolsterfolie, die Pflanze vor Kälte und Verdunstung schützen.

Lange blühte das Edelweiß trotzdem im Verborgenen. Eine Pflanze unter vielen, klein, blass und unscheinbar, schnell zu übersehen auf den bunten Matten. Es nützte niemandem, interessierte folglich kaum jemanden und wurde einfach Wollblume, Silberstern, Alpenstern, Katzenpfötchen oder Kleiner Löwenfuß genannt. Der Name »Edelweiß« tauchte erst 1784 in den Briefen eines adligen österreichischen Naturforschers auf. Damit waren die Karrierechancen gleich deutlich besser, und ein gutes halbes

Jahrhundert später folgte der royale Ritterschlag. Die Legende geht so: Den österreichischen Kaiser Franz Joseph I. und seine Gattin Elisabeth, die legendäre Sisi, verband nur ein einziges gemeinsames Interesse: die Liebe zur Berglandschaft. Während einer Wanderung am Großglockner pflückte der Monarch ein Edelweiß aus dem steilen Fels und überreichte es seiner jugendlichen Gemahlin mit den Worten: »Das erste in meinem Leben, das ich selbst gepflückt!« Angeblich war das Edelweiß die Lieblingsblume der Kaiserin, und mit zunehmendem Sisi-Kult geriet auch das bis dahin unbeachtete Bergblümchen immer mehr ins Rampenlicht. Das Edelweiß wurde so zum Symbol für den Imagewandel einer gesamten Landschaft. Als es dann auch noch hieß, seine Blüte sei das Vorbild für die Diamantensterne gewesen, mit denen Elisabeth 1865 für ein legendäres Winterhalter-Gemälde posierte, waren gleich drei Superstars geboren: die schöne Kaiserin, »ihre« kleine weiße Blume und die Berge, aus der sie beide stammten.

Beim Krystallgeschiebe,
Bei dem ew'gen Eis:
Da verwandelt Liebe
Sich in Edelweiß!

… schwärmte die österreichische Dichterin Josephine von Knorr. Ihrem deutschen Kollegen, dem Schriftsteller und Diplomaten Ernst von Wildenbruch, diente die scheinbar kühle und daher besonders herausfordernde Keuschheit der kleinen Aster 1887 als Verkörperung des zeitgenössischen Liebes-, Männer- und Frauenideals:

Hoch auf den Alpenstirnen
In menschenloser Höh',
An Schlünden und an Firnen
Tief hinter tiefem Schnee

In ihrem Heiligtume
Von Bergkristall und Eis,
Da blüht die Alpenblume,
Das keusche Edelweiß.

Nur wer sein ganzes Leben
Zum Finden setzt als Preis,
Dem wird es sich ergeben,
Das hohe Edelweiß.

Was da jetzt noch fehlte, war ein mitreißender mythologischer Hintergrund, und so wurden zügig angeblich uralte Sagen nachgeliefert. Zum Beispiel die, das Edelweiß sei aus all den Tränen entstanden, die die Eisjungfrau hoch auf dem Gletscher über die Untreue des Jägers vergoss, den sie liebte. Am Ende stürzte sie sich in die Tiefe, vergaß aber nicht, vorher ihre Tränen als Edelweißsterne hoch an die Felsen zu zaubern und auch gleich noch zu verfluchen: Jeder, der nach diesem Liebessymbol griff, war fortan des Todes. Das Edelweiß ist also eigentlich eine alpine Loreley, eine winzige, tödliche Sirene inmitten der schroffen Berge. Das kam an, und eine der unzähligen Herz-Schmerz-Edelweiß-Dichtungen, die bald den Markt überschwemmten, war die unfreiwillig komische von Kurt Geucke:

Vom Tale drunten singend
Kam froh ein Wandersmann,
Der suchte die weisse Blume,
Als zög ihn ein Zauberbann.
Da zitterte blutlos im Winde
Die bleichende Blumenbraut,
Es stürzte der Fels – vom Wanderer
Kam nimmer Gruss noch Laut.

Da sich das Edelweiß zu allen anderen Vorteilen auch noch trocknen lässt, ohne Form und Farbe zu verändern, also ein hervorragendes Souvenir abgibt, explodierte die Nachfrage nach der weißen Blume. Alpentouristen und Souvenirhändler rupften sie in solchen Mengen, dass die ursprüngliche Steppenpflanze, die in der Eiszeit auf alpine Wiesen umgesiedelt war, in dieser bevorzugten Umgebung schnell ausstarb. Die letzten Edelweißpflanzen konnten sich nur noch an unzugänglichen, felsigen Standorten halten. Was nicht etwa dazu führte, die jetzt akut bedrohte Pflanze streng zu schützen, sondern prompt die nächste Legende gebar, die sie nur noch begehrter machte: Die exklusive Blüte der »Immortelle des Alpes«, so hieß es jetzt, sei nur an entlegenen Stellen, nur von den waghalsigsten Kletterern unter Lebensgefahr zu erbeuten – also eine Trophäe, die die Männlichkeit ihres Trägers bezeugte wie kaum etwas sonst. Edelweiß verkörperte fortan nicht nur Liebe, sondern ebenso Todesmut und wurde deshalb ein beliebtes heraldisches Symbol und eine »politische« Blume. Noch die Edelweißpiraten, eine jugendliche Oppositionsgruppe im Dritten Reich, nutzten sie als Erkennungszeichen.

Kein Zufall: Das Gebirge, für das das Edelweiß steht, ist immer eine spektakuläre Kulisse, geschaffen für das ganz große Drama. Folgerichtig wählte Arthur Conan Doyle 1893 die damals so moderne Alpenlandschaft, um seinem Superhelden Sherlock Holmes einen angemessenen Abgang zu verschaffen. In »The Final Problem« wandern Holmes und Watson, verfolgt von Professor Moriarty, dem »Napoleon des Verbrechens«, durch eine ambivalente Landschaft:

> »Es war allerliebst, unten das zarte Frühlingsgrün, oben das jungfräuliche Weiß des Winters, aber ich sah sehr wohl, daß Holmes trotzdem nicht einen Augenblick den Schatten vergaß, der über ihm schwebte. In den heimlichen Alpendörfern wie auf den lieblichen Gebirgspfaden verrieten sein unruhiger Blick und die Genauigkeit, mit der er die Züge eines jeden uns Begegnenden prüfte, seine unerschütterliche Überzeugung, daß wir, wohin wir auch gingen, uns doch niemals der Gefahr zu entziehen vermochten, die sich an unsere Spuren heftete.«

Ominöse, wie aus dem Nichts fallende Felsbrocken, ein zwielichtiger Bergführer – und dann der Showdown an den Reichenbachfällen:

> »Diese machen mit ihrer Umgebung einen wirklich grauenerregenden Eindruck. Der Bach, durch die schmelzenden Schneemassen geschwellt, stürzt in einen furchtbaren Abgrund, aus dem der Schaum em-

porwirbelt, wie der Rauch aus einem brennenden Hause. Die ungeheure, von glänzenden, kohlschwarzen Felsen umsäumte Kluft, in welche die Wasser hinabstürzen, verengt sich schließlich zu einem brodelnden Kessel von unberechenbarer Tiefe, über dessen gezackten Rand der Strom dann weiter zu Thale schießt. Man wird schwindelig von dem unablässigen Donnergetöse der riesigen weißen Wassersäule und von der ewigen Wirbelbewegung des aufspritzenden, flackernden Gischtes, der sich gleich einem dichten Vorhang aus der Tiefe emporzieht. Ganz außen am Rande schauten wir den Wassern zu, wie sie sich in sprühendem Glanze tief unten an den schwarzen Felsen brachen, und lauschten den Tönen, die – einem menschlichen Jauchzen vergleichbar – mit dem aufspritzenden Gischt aus der Schlucht herauf schallten. So ruhen denn tief unten in dem schauerlichen Kessel inmitten der tosenden Sturzwellen und des kochenden Gischtes für immerdar Seite an Seite der gefährlichste Verbrecher und der kühnste Vorkämpfer des Rechtes.«

Zwar musste Doyle angesichts dessen, was wir heute einen massiven Shitstorm nennen würden, seinen Helden später wiederauferstehen lassen, aber der Weltruhm der Reichenbachfälle blieb. Sie sind nicht nur gefragtes Tourismusziel, sie sind Kultstätte geworden und geblieben. Immer noch treffen sich dort viktorianisch gekleidete Fans am fiktiven Todestag des größten Detektivs aller Zeiten.

Klaus Mann nutzte eine Generation später die Dramatik dieser Landschaft, kombiniert mit dem Ruhm seines Vaters, als Vorboten für die noch weit größere Katastrophe des Ersten Weltkriegs:

> »Der Vater stand am anderen Ende der Veranda, feierlich vertieft in den Anblick von Bergen und Himmel. Es war ein Sonnenuntergang von ungewöhnlicher Pracht, beinah beängstigend großartig, der flammende Horizont verschwenderisch in purpurne, bläuliche und silberne Töne getaucht. Die zackigen Kurven der Bergspitzen hoben sich in eisiger Klarheit von diesem fiebrig belebten Hintergrunde ab. Der Vater wandte seinen Kopf nicht, auch bemerkte er unsere Gegenwart nicht, als er mit gesenkter, ernster Stimme sagte: ›Nun wird auch bald ein blutiges Schwert am Himmel erscheinen.‹«

Angeblich erlebt im Juli 1914, und wenn wohl auch nicht wahr, so doch gut erfunden. Heute hängen über der Landschaft andere Schwerter: Der alpine Lebensraum ist derart empfindlich, dass schon kleine Veränderungen drastische Folgen haben können, und die aktuellen Veränderungen sind alles andere als klein. Da ist einmal der Klimawandel, der die Berge gleich mehrfach gefährdet: Die Temperaturen steigen hier doppelt so schnell wie im globalen Durchschnitt, und nicht nur die Gletscher schmelzen dramatisch, was auf lange Sicht den Wasserhaushalt ganzer Regionen gefährdet. Was ebenfalls abtaut, ist das Eis im Berginnern, der stabilisierende Permafrost. Schmilzt dieser natürliche Mörtel, wird es gefährlich: Wasser dringt in eisfrei gewordene Klüfte ins Berginnere nach, staut sich dort und kann ganze Bergflanken mit seinem aufgestauten Druck regelrecht absprengen. Zu solchen natürlichen Umweltgefahren kommt noch das unlösbare, menschengemachte Dauerdilemma: Am bedrohtesten ist die Bergwelt von denen, die sie am meisten lieben, von immer wachsenden, immer rücksichtsloseren Besucherströmen. Doch genau von denen lebt längst die gesamte Region. »Action, Spaß und wunderschöne Panoramablicke«, heißt es in der Werbung, was übersetzt bedeutet: eine grandiose Landschaft als grenzen- und schrankenlose Eventkulisse. Da wirkt Erich Kästners »Maskenball im Hochgebirge«, 1930 noch Satire, heute fast prophetisch:

Eines schönen Abends wurden alle
Gäste des Hotels verrückt,
und sie rannten schlagerbrüllend aus der Halle
in die Dunkelheit und fuhren Ski.

Und sie sausten über weiße Hänge.
Und der Vollmond wurde förmlich fahl.
Und er zog sich staunend in die Länge.
So etwas sah er zum erstenmal.

Manche Frauen trugen nichts als Flitter.
Andere Frauen waren in Trikots.
Ein Fabrikdirektor kam als Ritter.
Und der Helm war ihm zwei Kopf zu groß.

Sieben Rehe starben auf der Stelle.
Diese armen Tiere traf der Schlag.
Möglich, daß es an der Jazzkapelle –
denn auch die war mitgefahren – lag.

Die Umgebung glich gefrornen Betten.
Auf die Abendkleider fiel der Reif.
Zähne klapperten wie Kastagnetten.
Frau von Cottas Brüste wurden steif.

Das Gebirge machte böse Miene.
Das Gebirge wollte seine Ruh.
Und mit einer mittleren Lawine
deckte es die blöde Bande zu.

Dieser Vorgang ist ganz leicht erklärlich.
Der Natur riß einfach die Geduld.
Andere Gründe gibt es hierfür schwerlich.
Den Verkehrsverein trifft keine Schuld.

Man begrub die kalten Herrn und Damen.
Und auch etwas Gutes war dabei:
Für die Gäste, die am Mittwoch kamen,
wurden endlich ein paar Zimmer frei.

DIE FRUCHTBARE LANDSCHAFT: FELDMARK

»In dieser Einförmigkeit ist eine Mannigfaltigkeit, die das Auge fesselt und unterhält. Hier begleitet euch ein großer Schlag Raps mit seiner leuchtend gelben Blüte; da schwebt über den zarten Ähren der unabsehbaren Roggenbreite der bläuliche Duft ihrer feinen Blüten. Der kräftige Weizen nebenan wird dem Nachbarn schon in kurzer Zeit folgen. Die behaarten Ähren der Gerste wallen und wogen im leichten Winde wie ein blitzendes Meer, der Hafer, der Spätling, treibt in seinem dunkleren Grün gleichfalls schon mächtig empor. Da fangen die Erbsen an, sich mit weißen Blüten zu bedecken; die sauber behäufelten Kartoffeln bleiben auch ihrerseits nicht zurück; ein großes Flachsfeld erscheint wie ein kleiner blauer See. Aus dem Rande des Getreides aber nicken und grüßen die blauen Kornblumen, der rote Mohn und all das bunte Blumenvolk lustig zu euch auf, das den Landwirt ärgert, euch aber Herz und Auge ergötzt. Und die Heuschrecken und Grillen singen ihr endlos schwirrendes Lied, die Schmetterlinge gaukeln zu Hunderten im leichten Winde über dem Getreide, am lichtblauen Himmel treiben leichte weiße Wolkenflöckchen, und die Luft ist voll Lerchensang.«

Kleine, heile Welt, Inbegriff einer blühenden Landschaft: Spaziergang durch die frühsommerliche Feldmark im Jahre 1880. Eine Landschaft wie ein lebendiges, sich ständig wandelndes Gesamtkunstwerk, und dazu noch eines mit hohem Mehrwert. Eine Landschaft, die durch und durch kultiviert, bearbeitet und seit Jahrtausenden menschlichen Bedürfnissen angepasst ist, und in der doch die Natur jede Chance wahrgenommen, jede Nische besetzt hat. Eine Landschaft, die heute kontrollierter wirkt denn je, aber am Ende immer noch von der Natur abhängig ist. Vor allem aber ist es die Landschaft, von der die gesamte Menschheit lebt. Ihr Gedeihen bedeutet den Unterschied zwischen Wohlstand und Hunger. So sind fruchttragende Felder ein Lebenssymbol schlechthin, und dafür wurden sie lange und kulturübergreifend geradezu religiös verehrt:

> »Was flüstern nun diese schwankenden, wiegenden Halme? Was raunt in diesem Rauschen, in dem es immer wie ein verborgenes reifendes Feuer zu knistern scheint? Sie erzählen sich von dem Natursegen, der nun wieder aufgetan ist für so viel sorgende, hoffende Menschenherzen, aufgetan für alles, was da lebt. Das ist das unendliche Beruhigende, ich möchte sagen, Sättigende im Anblick des Kornfeldes. Es ist die neue Erfüllung der alten Gottesverheißung: ›Solange die Erde stehet, soll nicht aufhören Samen und Ernte, Frost und Hitze, Sommer und Winter, Tag und Nacht‹.«

Ein großes, ein wuchtiges Motto, hier aufgegriffen von Hermann Masius in der Mitte des 19. Jahrhunderts. Aber es ist auch eine Landschaft wie keine andere: Ihre Geburt, der Beginn des Feldbaues, bedeutet die größte Kulturleistung der Menschheit überhaupt. Sie war verbunden mit dem grundlegendsten Wandel, den unsere Umwelt jemals erlebt hat, global ebenso wie regional. Die Feldmark symbolisiert einen Epochenwechsel, so einschneidend, dass ihn Historiker als »neolithische Revolution« bezeichnen: Es war der Übergang von verbrauchender zu produzierender Lebensweise. Dieser Schritt vom Urwald zum Feld war auch der vom Nomadentum zur Sesshaftigkeit, vom Jäger und Sammler zum modernen Menschen. Seit diese Umwälzung vor etwa 11.000 Jahren begann, hat die Landwirtschaft das Gesicht unseres gesamten Landes geprägt, und mit ihm unser Selbstverständnis und einen großen Teil unserer Kultur. Die Feldmark steht für einen ewigen, fließenden Prozess, in dem der bewirtschaftende Mensch zwar die Schlüsselrolle spielt, aber lange nicht der einzige Faktor ist – und am Ende nicht einmal der ausschlaggebende. Der ist und bleibt das Wetter.

Der ganze Zyklus beginnt mit einem frisch bestellten Feld, mit einem Eingriff, den Masius als eine Beinahe-Vergewaltigung der Natur schildert:

> »Ist in dem schachbrettartigen Getäfel, aus dem die Ackerstreifen sich zusammensetzen, etwas anderes sichtbar als die mühende, regelnde Hand des Fleißes? Es ist die Erde in Knechtsgestalt, die wir sehen, abgerissen von ihren Schultern der stolze Mantel der Wälder, von ihrem Busen das Geschmeide der Wiesen; den freien Schwung ihrer Formen fesselt ein knappes, karges Gewand.«

Aber nicht lange. Eigentlich ist es nichts weniger als Magie, mit welcher Geschwindigkeit und Anpassungsfähigkeit die Natur jede Nische, jedes Angebot sofort wahrnimmt, um dort spezielle Lebensgemeinschaften zu entwickeln. Die Feldmark ist das Musterbeispiel dafür: Dort gab es jahrtausendelang eben nicht nur vom Menschen Angebautes, sondern üppiges Leben überall, im Rain, dem schmalen Grenzstreifen zwischen Feldern ebenso wie in diesen Feldern selbst, in den Hecken oder den überall verstreuten Tümpeln. Selbst die tiefen, wassergefüllten Fahrspuren, die Pferdehufe und Wagenräder zeitweise in die unbefestigten Wege drückten, blieben nicht leer, sondern wurden umgehend von Spezialisten genutzt. Sie waren ein ideales Habitat für Amphibien wie Gelbbauchunken, die warme, flache, regelmäßig austrocknende Minigewässer für ihren Nachwuchs brauchen. Direkt nach der Frühjahrsbestellung fanden sie dort perfekte Bedingungen vor, und bis die Pfützen im Sommer austrockneten oder die schweren Erntewagen durchfuhren, waren die Jungtiere längst an Land. Oft hatten sie dann auch sofort einen passenden Lebensraum gefunden, etwa einen am Rain gelagerten Haufen vom Acker gesammelter Steine. Ein winziges, aber eindrucksvolles Beispiel für eine ständige Wechselbeziehung, für ein Ökosystem, in dem menschliche Bewirtschaftung die Grundlage für eine vielfältige Natur schafft.

Selbst heute noch ist diese Landschaft in letzter Konsequenz von der Natur abhängig: Dürre oder Unwetter zur falschen Zeit bedeuten auch im 21. Jahrhundert fatale Probleme. Auch eine latente Drohung schwingt in aller unübersehbaren Vitalität rund um die bestellten Felder mit:

Die Natur ist jederzeit bereit, alles wieder zu übernehmen und Jahrtausende von Kulturgeschichte in einer einzigen Vegetationsperiode einfach zu überwuchern. So, wie es Arno Surminski im verlassenen, kriegsverwüsteten Agrarland Ostpreußen im Sommer 1945 erlebte:

> »Ostpreußen war voll von reifendem Korn und ohne Menschen. Nach einem Regentag nahmen die Felder graue Färbung an, und die Ähren legten sich flach auf den Boden. Abseits der Roggenfelder verflog jede Illusion. Da stand das wuchernde, mannshohe Unkraut, der gelbblühende Hederich, das Fliegenkraut, Disteln und Schachtelhalme. Ein Sommer allein genügte, um das Land in den Urzustand zurückzuversetzen, es dem Unkraut preiszugeben. Die gelben Flecken glichen Oasen in einem Meer des Unkrauts und des Verfalls.«

Ob Roggen oder Rainfarn, Feldhamster oder Gelbbauchunke – alle diese Lebensgemeinschaften hatten eine Stimme, die lange so untrennbar zur Feldmark gehörte wie das Brandungsrauschen zum Meer: den Gesang der Feldlerche. »Gehört zu den herrlichsten Vogelliedern, voll, reich, fröhlich, jubelnd, aus mannigfaltigen trillernden Melodien und hellen Strophen, in anmutiger und kunstreicher Weise wechselreich vorgetragen, von frühmorgens bis spätabends, und von Februar bis Spätherbst«, lobt ein Vogelbuch aus dem 19. Jahrhundert. Diese Feld- oder Himmelslerche war der Charaktervogel allen bewirtschafteten Landes, also des größten Teils der Landschaft überhaupt. Als Bodenbrüter braucht sie landwirtschaftlich genutzte, sonnenhelle, mit

Gras, Klee oder Sommergetreide bewachsene Flächen. In hohen, am Boden düsteren Maisschlägen kann sie nicht brüten. »Der Morgenröthe, des Fleißes Freundin«, wie sie der Dichter Johann Gottfried Herder nennt, war so allgegenwärtig, so populär, dass sie mühelos in Sprache und Literatur überwechselte. »Sei mir gegrüßet, geliebte Lerche, die Beides lehret, Gesang und Leben«, schwärmt Herder, und nur ein einziges Mal ist sie unwillkommen: Da fragt Shakespeares Julia ihren Romeo ängstlich: »Willst du schon gehn? Der Tag ist ja noch fern. Es war die Nachtigall, und nicht die Lerche, die eben jetzt dein banges Ohr durchdrang.« Ansonsten steht Lerchengesang, der oft aus dem Himmel selbst zu kommen scheint, literarisch für alles, was mit Licht und Aufstieg, Frühling und Neubeginn zu tun hat. Ein Beispiel ist der Frühlingsspaziergang des impressionistischen Dichters Arno Holz:

Zwischen
Gräben und grauen Hecken,
den Rockkragen hoch,
beide Hände in den Taschen,
schlendere ich
durch den frühen
Märzmorgen.
Falbes Gras,
blinkende Lachen und schwarzes Brachland,
so weit ich sehen kann.
Dazwischen,
mitten in den weißen Horizont hinein,
wie erstarrt,

eine Weidenreihe.
Ich bleibe stehen.
Nirgends ein Laut. Noch nirgends Leben.
Nur die Luft und die Landschaft.
Und sonnenlos
wie den Himmel
fühle ich
mein Herz.
Plötzlich – ein Klang!
Ein zager, zarter zitternder Jubel,
der,
langsam,
immer höher
steigt!
Ich suche in den Wolken.
Über mir,
wirbelnd, schwindend, flatterdrehig, flügelselig,
kaum entdeckbar,
pünktchenschwarz,
schmetternd,
durch
immer heller strömendes Licht,
die
erste Lerche!

Neben den großen, offenen, hellen Feldern, die die Lerche braucht und heute immer weniger findet, prägten diese Landschaft früher auch viele Gehölze, Einzelbäume, Baumgruppen und Hecken. Sie bildeten Grenzbefestigungen, trennten Ackerstücke und schützten die Felder vor Wind oder Vieh. Feldhecken sind eine Art künstlicher Waldränder, Biotope, die an Vielfalt und Artenreichtum kaum zu überbieten sind. Allerdings wieder nur unter einer Bedingung: menschlicher Pflege. Hecken müssen fachkundig gepflegt, also regelmäßig gestutzt, sogar auf den Stock gesetzt, manchmal auch verflochten werden. Sich selbst überlassen, sterben sie denselben Tod wie eine ungepflegte Wiese: Sie wuchern aus, werden düster, und ihr Artenreichtum nimmt rasant ab. Gekrönt wurden diese Hecken oft noch von markanten Einzelbäumen, Überhälter genannt, der obersten Etage dieser mehrstöckigen Lebensgemeinschaft. Auch an Wegrändern, auf Hügeln oder an herausragenden Punkten in der Landschaft standen Bäume, als zusätzliche Ertragsbringer wie Äpfel oder Wildbirnen, als Schattenspender während der schweren Feldarbeit oder einfach als prächtige Wegweiser und weithin bekannte, uralte Landmarken. Marion Dönhoff schildert im »Ritt durch Masuren« eine unvergessliche Begegnung inmitten der herbstlichen Feldmark:

> »Und dann – vielleicht ist das der Höhepunkt dieser Tage – steht plötzlich ein riesiger goldgelber Ahorn vor uns. Er steht auf einem leicht gewölbten Hügel, vor dem leuchtend verklärten Himmel: Anfang und Ende, Erfüllung und Sehnsucht, Frage und Antwort, alles zugleich. Er steht dort wie der Baum der Erkenntnis.«

Eine dieser Erkenntnisse: So ein Baum greift zwar nach dem Himmel, aber er verdankt seine Kraft und Größe dem Boden. Dieser unterirdische Teil der Landschaft ist ebenso lebendig wie der oberirdische, und genau genommen ist er es, um den sich hier alles dreht:

Im Märzen der Bauer die Rösslein einspannt;
er setzt seine Felder und Wiesen in Stand,
er pflüget den Boden, er egget und sät
und rührt seine Hände frühmorgens und spät.

... beschreibt es ein Kinderlied. Heute läuft das zwar technisch anders, aber im Grundsatz immer noch gleich. Der Bauer sitzt hoch auf einem Trecker, der elektronisch in der Ackerfurche gehalten wird. Die Rösslein arbeiten nicht mehr in der Landwirtschaft, sondern verdienen ihren Hafer als Sportler oder Teenager-Therapeuten. Felder und Wiesen sind längst maschinentauglich. Doch der Boden spielt immer noch die Hauptrolle. Ohne diese wenige Zentimeter dicke, lebende Schicht geht nichts. Sie ist unser aller Lebensgrundlage, und dennoch Terra incognita:

> »Für uns heute ist Boden weit weg. Wir haben die allermeiste Zeit keinen Zugang«, beschreibt der Forstwissenschaftler Peter Laufmann »das Universum unter unseren Füßen«: »Unsere Wohnungen sind schon lange nicht mehr aus gestampftem Lehm, und auf dem Weg ins Büro gehen wir über eine künstliche Versiegelung der Erdkruste. Selbst das Gemüse im Supermarkt scheint ohne Erdreich gewachsen, so sauber ist es. Erde ist nicht tot, sie ist kein unbelebtes Ding wie eine Tischplatte, kein homogenes Material wie eine Fliese oder ein Stück Teppich. Sie ist auch nicht nur

Schmutz. Sie ist eine dünne Kruste, die Leben spendet. Das vergessen wir heute viel zu schnell.«

Dass sich da unten eine Menge tut, dass es deutliche Wechselwirkungen zwischen Pflanze und Untergrund gibt, ist ein jahrtausendealter praktischer Erfahrungswert. »Onkel Franz hielt oft an«, beschrieb Surminski den Sonntagsausflug eines Bauern im Vorkriegsostpreußen:

> »Meistens prüfte er die Erde, zerkrümelte die trockenen Kluten zwischen den Fingern. Fruchtbare Erde, das war hier der Götze, den jeder anbetete. Onkel Franz überschlug, wie viel Zentner Roggen der Morgen brachte, rechnete den Dünger aus, den man den Kartoffeln auf trockenem Sandboden geben mußte. Erde ist nicht einfach Erde. Da kann man hineinsehen. Die kann man fühlen.«

Das Gefühl, die tiefe Verbindung, war also immer da, was aber da unten genau geschah, wer mit wem wie kommunizierte, wusste niemand. Woran sich bis heute nicht allzu viel geändert hat. Noch einmal Laufmann:

> »Boden atmet, indem Gase ein- und ausströmen, er schwitzt, trinkt, hat Durst. Boden lässt sich aber auch unter Druck setzen, durch Chemikalien vergiften, töten, wenn man so will. Ja, auf seine Weise lebt der Boden. Das macht einen Teil seines Mysteriums aus. Hinzu kommt, dass auch Berge von Papier, Terabyte an Daten und Heerscharen von Forschern eines nicht

> mit Sicherheit sagen können: Was wirklich wenige Zentimeter vom Tageslicht entfernt abgeht. Denn der Boden ist eine verschlossene Kapsel mit eigenen Regeln, die wir nie beobachten können, weil sie just in dem Moment zerstört ist, in dem wir sie uns eröffnen.«

Eines immerhin wissen wir: »Federführend ist hier der Regenwurm.« So heißt es jedenfalls in einer Satire. Der beackert die Landschaft unermüdlich von unten, hat aber nichts davon. Er ist das nützlichste, unentbehrlichste Geschöpf auf diesem Planeten, weit wichtiger für die Ökosysteme als die gehypte Honigbiene – und allen ist das egal. Sein Pech ist seine buchstäblich nackte Effizienz, die weder niedlich noch sonst wie imagefördernd oder spendenziehend verpackt ist. Regenwürmer haben keine Kulleraugen, kein Kindchenschema, kein eindrucksvolles Raubtiergesicht. Ein schleimiges »Igitt!«-Viech, das lieber bleiben soll, wo es ist: six feet under. Die im Dunkeln sieht man bekanntlich nicht, und so müssen die armen Würmer eben sehen, wie sie klarkommen: »Vielleicht wirkt das bizarr«, meint denn auch der britische Zoologe Dave Goulson,

> »aber ich finde, sie werden nicht genug beachtet, ja regelrecht gedisst. Geht es ihnen gut? Hat jemand ein wachendes Auge auf sie? Leider lauten die Antworten a.) wir wissen es nicht und b.) nicht wirklich. Vielleicht fragen Sie sich, was an Regenwürmern so wichtig sein soll, dass ich mich vor Sorge um sie nachts schlaflos im Bett herumwälze? Nun, diese bescheidenen Tierchen erledigen eine unspektakuläre, aber un-

verzichtbare Arbeit: Sie sorgen für die Gesundheit unserer Böden und recyceln totes organisches Material. Damit dürften Regenwürmer mehr zur Gesundheit unserer Ökosysteme und zum Wohlergehen der Menschheit beitragen als Bienen.«

Zwar hatte schon Aristoteles Regenwürmer als »Eingeweide der Erde« gewürdigt, aber danach mussten sie lange auf jemanden warten, der ihre unschätzbare Arbeit wieder ernst nahm. Erst 1881 war es so weit: Da erschien das Buch »Die Bildung der Ackererde durch die Würmer«: »Man kann wohl bezweifeln«, meinte darin kein Geringerer als Charles Darwin, »ob es noch viele andere Tiere gibt, welche eine so bedeutende Rolle in der Geschichte der Erde gespielt haben wie diese niedrig organisierten Geschöpfe. Es ist wunderbar, wenn wir uns überlegen, dass die ganze Masse des oberflächlichen Humus durch die Körper der Regenwürmer hindurchgegangen ist und alle paar Jahre wiederum durch sie hindurchgehen wird.«

Aus Erde kommst du, zu Erde wirst du wieder werden – diesen Bibelspruch verwirklichen die Würmer, und mit ihnen die ganze unterirdische Landschaft aus Erdorganismen in ihren oft noch unerforschten Wechselwirkungen: Sie verwandeln organische Abfälle in Humus und pflanzenverfügbare Nährstoffe, sie sorgen dafür, dass Pflanzen gedeihen, Landschaften buchstäblich blühen und reiche Ernten bringen. Um ihnen das zu ermöglichen, um dem Boden zurückzugeben, was mit jeder Ernte entnommen wurde, wird gedüngt. Schon in biblischen Zeiten war bekannt, dass aller Erfolg in Acker und Garten einen gemeinsamen Nenner hatte, und der klingt sehr modern: Nachhaltigkeit. Was hier bedeutet: Wer nehmen will, muss geben. Schöngeister wie den britischen Autor Beverley Nichols brachte es da schier aus der Fassung, dass zum Beispiel ein herrlicher Weinstock Pracht und Ertrag stinkender Gülle verdankte:

> »›Jauche!‹ dachte ich. Ich schauderte. Dann überlegte ich, dass es närrisch sei. Entstehen nicht alle schönen Dinge aus dem Schmutz? Ist nicht Dünger letzten Endes der Ursprung aller Dichtkunst? Schmutz und Schönheit haben mehr Gemeinsames als bloße Alliteration.«

Sehr früh setzte sich auch die Erkenntnis durch, dass zu den Grundbedürfnissen eines ertragreichen Feldes neben dem Düngen auch der Fruchtwechsel gehört. So entstand vom Mittelalter an die Dreifelderwirtschaft, die lange unsere Landschaften prägte: Die gesamte Anbaufläche, zuerst die private, später die ganzer Dörfer, war in drei Teile geteilt. Jeder dieser Teile lag ein Jahr brach und diente höchstens als Weide. Im Herbst wurde gepflügt und ein Wintergetreide wie Roggen eingesät, das im folgenden Sommer erntereif war. Anschließend kam ein Sommergetreide in den Boden, das wiederum im Spätsommer darauf geerntet wurde. Bis zum nächsten Herbst war die Fläche dann wieder sich selbst überlassen oder später mit Kartoffeln, Rotklee oder Rüben bebaut. Bearbeiten und Säen, Wachsen und Ernten – mit diesem Zyklus prägten die Felder nicht nur unsere Landschaft, sondern auch unsere Sprache. In »Stilles Reifen« zieht Christian Morgenstern die Parallelen:

Alles fügt sich und erfüllt sich,
musst es nur erwarten können
und dem Werden deines Glückes
Jahr und Felder reichlich gönnen.

Bis du eines Tages jenen
reifen Duft der Körner spürest
und dich aufmachst und die Ernte
in die tiefen Speicher führest.

Der reife Duft der Körner, der ebenso zum Hochsommer gehört wie das ewige Grillengezirpe am Feldrain – wer kennt das heute noch aus eigener Erfahrung? Von Generation zu Generation immer weniger Menschen. Wir entfremden uns von dem, was uns ernährt. Wir verlieren den Kontakt zur nächsten Nähe. Wir sind, buchstäblich, nicht mehr erdverbunden. Und wir vergessen, für wen die Feldmark bebaut wird, wem diese besondere Landschaft eigentlich dient. So wird dann »der Bauer« plötzlich zum diffusen Feindbild, zum gülleverbreitenden, giftspritzenden Bösewicht, der auf gigantischen Maschinen aus schierer Gewinnsucht »unsere Natur kaputt macht«. Satt werden ist schließlich selbstverständlich, das Essen kommt aus dem Supermarkt. Billig, versteht sich. Geiz ist geil, und, das große Paradoxon: deshalb sollen genau diese Bauern ihre Felder immer mehr ausquetschen, immer mehr immer billiger produzieren. Tun sie das, sind sie gesellschaftlicher Prügelknabe. Tun sie das nicht, sind sie pleite und müssen zugunsten noch größerer Agrarfabriken aufgeben. Was dann unweigerlich zu einer weiteren Verödung des Landschaftsbildes führt. Sind wir vielleicht, im wahrsten Sinne des Wortes, inzwischen bodenlos in unseren Ansprüchen?

Nicht mehr der reale Gang durch die Felder, der Duft der reifenden Körner, sondern die gefilterte, geruchlos sterile Natur, konsumiert per Massenmedium, bestimmt inzwischen die gesellschaftliche Sichtweise. Dumm nur: Mit echten Landschaften und ihren faszinierenden Wechselbeziehungen zwischen Mensch und Boden, Pflanze und Tier hat das oft ideologische Bild von »der Natur« als universeller Heilsbringerin wenig bis gar nichts zu tun. Es ist stattdessen, virtuell aufgearbeitet, die uralte Paradies-Sehnsucht. Wir spüren zwar, dass uns etwas Grundsätzliches entgleitet, aber was dafür als Gegenreaktion boomt, ist die idealisierte, kommerzialisierte Bambi-Idylle. Diese Natur soll dann bitte irgendwo da draußen, weit weg vom Alltag und ohne Forderungen zu stellen, das kollektive Gewissen beruhigen. Und, versteht sich, bei Bedarf noch eine gefällige Kulisse für die Freizeit abgeben. Die eigentliche Beziehung aber ist abgerissen, und da stören die, die täglich von und mit einer Landschaft leben, dann nur noch. Ein Zwiespalt, perfekt verkörpert durch Klimaschützer, die auf einer Demo schon mal Felder zertrampeln und jene, die sie bestellt haben, vom hohen moralischen Ross herab anrotzen: »Sorry, deine Möhren sind nicht wichtiger als unser Klima.«

Ohne die Ironie dahinter auch nur zu ahnen: dass nämlich unser Klima genau da ist, wo es ist, weil wir vergessen haben, die Möhren zu achten. Sprich: dass wir die globale Umwelt zerstören, weil wir unsere engste Umgebung nicht mehr respektieren. Wir treten eine unserer größten Leistungen, die artenreiche, vielfältige Kulturlandschaft, buchstäblich mit Füßen, mit industrieller Landwirtschaft ebenso wie mit weizenzertrampelndem Klimaschutz. »In der Hoffnung, den Mond zu erreichen, vergisst der Mensch die Blumen, die zu seinen Füßen blühen«, nannte das Albert Einstein. Es müssen nicht einmal Blumen sein: Was da eigentlich alles so wächst auf all diesen Feldern, das wissen heute selbst viele virtuell schwer engagierte Naturfreunde nicht mehr so genau, von den durchschnittlichen Erholungssuchenden ganz zu schweigen. Mais erkennt man noch, der ist so groß, Raps ist knallgelb – aber sonst?

Das war lange ganz anders. Jedes Kind hätte selbstverständlich gewusst, von welchen Getreidearten vor mehr als anderthalb Jahrhunderten die Rede war:

> »Bald schießt der Halm hervor, aber auf der Spitze trägt er die Speise des Menschen. Da ist zuerst die schwankende, grannenbesetzte Ähre des Roggens, und bald folgt ihm auf kleinerem Stengel die schönere Gerste mit den langen Haarstrahlen, jede Ähre ein schimmernder Schweif, das ganze Feld ein glitzerndes Gespinst. Dann auf dem saftigen, strafferen Halme die massive Ähre des Weizens, der man ihre süße Fülle wohl ansieht, und zuletzt die Haferrispe, des Herbstes zierliches Glockenspiel. Welch ein flimmerndes Gewimmel beflügelter Körnchen ist das!«

All diese beflügelten Körnchen sind Zuchtformen wild lebender Süßgräser. Die wurden schon vor 32.000 Jahren als Nahrungsmittel gesammelt und um 11.000 vor Christus in der Levante erstmals angebaut. Etwa 7000 Jahre vor unserer Zeitrechnung begann ihre gezielte Kultur auch in Mittel- und Westeuropa. Zuerst kamen die Vorläufer unseres Weizens auf den Acker, das Einkorn und der Emmer, auch Zweikorn genannt. Nomen est omen: Sie bilden nur ein bis zwei Körner pro Ährenspindel, während es die modernen Kulturformen des Weizens auf vier und mehr Körner bringen. Sie alle sind wertvoll durch ihre Backfähigkeit, das heißt: Weizenmehl kann einen zusammenhängenden, elastischen Teig bilden, und der Weiße dieses Mehls soll das Getreide seinen Namen verdanken. Weizen ist der Inbegriff des segensspendenden Korns. Seine dicken, prallen Fruchtstände, die in ihrer Reife ganze Landschaften golden leuchten lassen, sind die Ähre schlechthin, ein Sinnbild für Gedeihen:

Und blüht der Weizen, so reift er auch,
das ist immer so ein alter Brauch.
Und schlägt der Hagel die Ernte nieder,
übers andere Jahr trägt der Boden wieder.

… fasste Johann Wolfgang von Goethe diesen Kreislauf zusammen. Dass man nach der Ernte nur noch die Spreu, also die Spelzen und Hülsen, vom Weizen zu trennen brauchte, um für schlechte Zeiten wohlgerüstet zu sein, wusste schon die Bibel und nutzte dieses überall bekannte Bild für Gottes Jüngstes Gericht: »Und er hat seine Wurfschaufel in der Hand: er wird seine Tenne fegen und den Weizen in seine Scheune sammeln; aber die Spreu wird er verbrennen mit ewigem Feuer.«

Auch die Gerste gehört zu den ältesten Getreidearten.

Sie ist sogar für Landwirtschafts-Laien leicht an ihren langen, spröden Grannen zu erkennen, die ein windbewegtes Feld in einen wogenden zartgrünen See zu verwandeln scheinen:

> »Solch ein Halmenfeld ist schön: sei es, dass ein stiller Wald träumend in der Luft stehe, oder dass buhlend der Wind in seinen Wellen wühle. Wenn da in den Tagen der Sommersonnenwende die langen Kornwogen dunkellicht aufschlagen und die Hügel hinauf und hinab und weiter und weiter ziehen, und die ganze Fläche jetzt violett, jetzt silbergrau schimmert, dann ahnen auch wir im Ewigen und Beugen der Halme den Segensgang der befruchtenden Naturkraft.«

In Vorderasien wurde Gerste bereits vor 7000 vor Christus kultiviert, in der Mythologie ist sie das Geschenk der Göttin Demeter an uns Menschen. Deren Name soll vom kretischen »deai«, Gerste, abgeleitet sein. Hierzulande bevorzugt man dieses Getreide flüssig, nämlich als Bier, und nie war es so wertvoll wie heute. Ist es doch, wie schon Reichskanzler Otto von Bismarck aus langer Erfahrung wusste: »… ein Grundbedürfnis der Deutschen, beim Biere schlecht über die Regierung zu reden.«

Zu den »jüngeren« Getreidearten, die hier erst seit der Bronzezeit, dem dritten Jahrtausend vor Christus, kultiviert werden, gehört der Hafer. Er wächst nicht auf aufrecht stehenden Ähren, sondern in hängenden Rispen, gedeiht gut in kühl-feuchtem Klima und ist lange nicht so anspruchsvoll wie der Weizen. So waren Hafergrütze und Haferbrei jahrhundertelang Grundnahrungsmittel in Mittel- und Westeuropa. Hafer ermöglichte auch eine technische Revolution: die Haltung schwerer Arbeitspferde. Sie lösten auf dem Acker die Ochsengespanne ab, die, angespannt mit einem Stirn- oder Schulterjoch, nur begrenzt ziehen konnten. Große, starke Pferde, angeschirrt mit einem Kummet, einem gepolsterten Bügel rund um Schulter und Brust, mit dem sie ihre Kraft maximal einsetzen konnten, bedeuteten dagegen Hochtechnologie. Sie konnten auf dem Lande hart arbeiten, in der Stadt schwere Lasten ziehen und so buchstäblich Wirtschaftsmotor sein – aber eben nur, solange sie genug Hafer-Treibstoff bekamen. Eines der vielen Beispiele, in denen der Feldbau die Gesamtwirtschaft und damit die menschliche Kultur maßgeblich beeinflusste.

Roggen ist ebenfalls eine der jüngeren Getreidearten und gelangte vor etwa 2500 Jahren im Gefolge von Emmer und Weizen in unsere Feldmark. Das zunächst unerwünschte Unkraut erwies sich schnell als Korn für alle Fälle: anspruchslos an den Boden, kälterem Klima und Höhenlagen gewachsen, auf Sandboden und sogar auf ehemaligen Mooren zu kultivieren. So spielte der Roggen mit den schmalen, borstigen, silberbläulich angehauchten Ähren in unseren Breiten jahrtausendelang die wichtigste Rolle als Nahrungs- und Futtergetreide.

Erst die Kartoffel löste die Vorrangstellung des Getreides auf Acker und Teller ab, da sie bei sogar noch geringeren Ansprüchen hohe Erträge liefert. Im 17. Jahrhundert sollte der Anbau der amerikanischen Knolle deshalb in Europa forciert werden, doch die Landbevölkerung beharrte hartnäckig auf dem überlieferten Standpunkt: »Wat de

Buer nich kennt, dat fret he nich.« Es waren damals tatsächlich die dümmsten Bauern, die die dicksten Kartoffeln hatten – die klügeren setzten weiter auf das leichter verkäufliche Getreide. Schließlich nutzte der französische König Louis XVI. die Feldmark zu einer List: In der Nähe des Versailler Schlosses wurden Kartoffeln angepflanzt, demonstrativ von Soldaten bewacht, die allerdings die Order hatten, nicht genau hinzusehen. Der Plan ging auf: die so geadelte Knolle wurde nun zügig gestohlen, kräftig vermehrt und gerne gegessen. Friedrich der Große war da weniger subtil: Er schickte seinen Bauern mit den Kartoffeln auch gleich Soldaten, die sie zwangen, sie anzubauen. Vorbei war es mit den Hungersnöten nach Getreide-Missernten, und die neue Feldfrucht trug derart zum sozialen Frieden bei, dass Heinrich Heine spotten konnte: »Luther erschütterte Deutschland – aber Francis Drake beruhigte es wieder: er gab uns die Kartoffel.«

Wirkt die Kartoffel, niedrig und mit kleinen weißen Blüten, in der Feldmark eher unspektakulär, so ist der Raps ein landschaftsprägender botanischer Knalleffekt. Keine Kulturpflanze leistet sich einen derart dramatischen Auftritt wie Brassica napus, der schrille Verwandte biederer Kohlköpfe: grelles, stechendes Gelb zur Blütezeit, massive Wogen von schwerer, kratziger, faulig unterlegter Süße, das Ganze abgerundet von Pollenschwaden, die sogar ansonsten allergiefreien Spaziergängern unvergessliche Niesanfälle bescheren können. Eine Rundum-Erlebnispflanze, an der selbst Botanikmuffel nicht ungerührt vorbeikommen, und dazu angeblich der perfekte nachwachsende Rohstoff der Zukunft. Sein Boom auf unseren Feldern ist eigentlich ein

Comeback: Schon einmal, vom späten Mittelalter bis weit ins 19. Jahrhundert, war Raps ein begehrter Energielieferant, ein Garant für technischen Fortschritt und Lebensqualität. Seine fetthaltigen Samen lieferten Rüböl, den ersten weithin erschwinglichen Lampenbrennstoff überhaupt. So war es eine Feldfrucht, die die finsteren Zeiten des Mittelalters beendete und erstmals überall die häusliche Düsternis erhellte. Rüböl blieb lange die Haupt-Lichtquelle, bis es vom Petroleum abgelöst wurde.

Das weltweit meistangebaute Getreide ist heute der Mais. Die deutschen Äcker eroberte der grüne Riese erst relativ spät, in den Siebzigerjahren des letzten Jahrhunderts. Mais ist energiereiches Futter und nachwachsender Rohstoff und muss, ebenso wie der Raps, intensiv gepflegt, das heißt massiv gedüngt und gespritzt werden – mit allen negativen Folgen für die Umwelt. Diese unumgänglichen landwirtschaftlichen Sachzwänge haben vielerorts auch die Landschaft deutlich verändert: große, nüchterne Monokulturen anstelle der Feld-Romantik, die Eichendorff in seiner »Mondnacht« heraufbeschwört:

Es war, als hätt' der Himmel
Die Erde still geküßt,
Daß sie im Blütenschimmer
Von ihm nun träumen müßt'.

Die Luft ging durch die Felder,
Die Ähren wogten sacht,
Es rauschten leis' die Wälder,
So sternklar war die Nacht.

Und meine Seele spannte
Weit ihre Flügel aus,
Flog durch die stillen Lande,
Als flöge sie nach Haus.

Idylle pur, die liebliche Landschaft der romantischen Dichter. Es geht aber auch genau andersherum: Das abgeerntete winterliche Feld steht, gern zusammen mit Schnee und Krähengekrächze, für Leere und trostlose Verlorenheit. Georg Trakls »Im Winter« lässt da schon beim Lesen frösteln:

Der Acker leuchtet weiß und kalt.
Der Himmel ist einsam und ungeheuer.
Dohlen kreisen über dem Weiher
Und Jäger steigen nieder vom Wald.

Ein Schweigen in schwarzen Wipfeln wohnt.
Ein Feuerschein huscht aus den Hütten.
Bisweilen schellt sehr fern ein Schlitten
Und langsam steigt der graue Mond.

Ein Wild verblutet sanft am Rain
Und Raben plätschern in blutigen Gossen.
Das Rohr bebt gelb und aufgeschossen.
Frost, Rauch, ein Schritt im leeren Hain.

Ob nun die liebliche Seelenlandschaft oder die abweisende, kalte Einöde – die Abhängigkeit der Menschen von den Feldern war lange total, und entsprechend war ihr Status:

»Ein Kornfeld anzuzünden kam uns vor wie eine Kathedrale in Brand zu stecken«, berichtet Arno Surminski aus dem Agrarland Ostpreußen. Und Hermann Masius schrieb:

> »Ein Gang durch ein Kornfeld am Mittag! Welch eine eigene, fast seltsame Poesie liegt darin! Man streift auf den Rainwegen hin zwischen den hohen Ährengassen, in denen die Glut des Tages sich verfängt. Da drinnen kocht und gährt und arbeitet es unhörbar! Die Sommergeister, die Erdmännchen bereiten aus verborgenen Kräften das Manna der Welt. Schwül und glasig zittert die Luft über den weiten Flächen; aber kein Halm regt sich, keine Wolke zieht über die brennende blaue Wüste des Himmels. Alles steht unbewegt im flimmernden Zauber, und der Knabe, den Rade und Kornblume immer weiter vom Wege ab in den Halmenwald gelockt, schaut ängstlich, ob nicht aus dem schattenlosen Dickicht Frau Holles, des Roggenweibes fahlbeschleiertes Haupt hervordrohe.«

Eins war da immer klar: In dieser Landschaft arbeiten übernatürliche Kräfte. Das Getreide selbst war ein göttliches Geschenk, den Menschen gebracht von der griechischen »Getreidespenderin« oder »Gerstenmutter« Demeter. Demeter, römisch Ceres, verkörperte die Erdmutter schlechthin, weizenblond, üppig und mütterlich, ein Bündel goldener Ähren und leuchtender Mohnblumen im Arm. Göttinnen wie sie wachten überall über Europas Feldern, bis die Christianisierung kam, und mit ihr die große Wende. Frauen, die sich nicht durch tiefe Demut, sondern durch üppige, fröhliche Sinnlichkeit auszeichneten, waren nun prinzipiell unerwünscht – und das gleich doppelt, wenn sie auch noch zur heidnischen Konkurrenz gehörten.

Mit heiligem Zorn wurde deshalb Frau Holle, die segensspendende germanische Erdgöttin, zur niederträchtigen Hexe umgedeutet, menschenfreundliche Gerstenmütter zu bösartigen Dämonen. Fortan war es die Roggenmuhme, die durch die deutschen Felder geisterte. Sie verband das überliefert Mythische, den Abglanz der weiblichen Gottheit, mit dem Praktischen, dem Schutz des reifenden Korns vor dem Zertrampeltwerden. Dämonen wie sie waren der Gegenentwurf zur hellen, heiteren Demeter: schwarz, uralt und runzlig, mit riesigen, spitzen Brüsten, eisernen Krallen und vor allem einem eisernen Herzen. Sie konnten zwar auch für Fruchtbarkeit sorgen, zogen es aber vor, die Felder verdorren zu lassen, sobald man sie ärgerte. Auch das Mutterkorn, ein schwarzer, schwer giftiger, parasitischer Getreidepilz, wurde – der Name sagt es – ihrer weiblichen Bosheit zugeschrieben. Mutterkornvergiftungen, das sogenannte Antoniusfeuer, rafften immer wieder Zehntausende von Menschen dahin. Diese Dämonen waren so etwas wie ein virtuelles Betreten-verboten-Schild: Ihre unheimliche Allgegenwart sollte nicht nur Liebespaare auf der Suche nach dem Bett im Kornfeld fernhalten, sondern vor allem Kinder, die es auf die prächtigen Mohn- und Kornblumenblüten oder einen verborgenen Spielplatz abgesehen hatten.

Laß stehn die Blume!
Geh nicht ins Korn!
Die Roggenmuhme
Zieht um da vorn!
Bald duckt sie nieder,
Bald guckt sie wieder:
Sie wird die Kinder fangen,
Die nach den Blumen langen!

… wurde der Nachwuchs gewarnt. Korn zu zerstören war nun einmal das ultimative Tabu, und da kam die volle Dosis schwarzer Pädagogik gerade recht. Noch im 20. Jahrhundert lernten die Schulkinder das Gedicht von Jakob Loewenberg, einem Hamburger Schriftsteller, dessen Werke später von den Nazis verbrannt wurden:

Das Mägdlein spielt auf dem grünen Rain,
die bunten Blumen locken.
»Nicht sieht mich die Mutter« – Ins Korn hinein
schleicht sacht es auf weichen Socken.

»Die roten und blauen Blumen wie schön!
Die will ich zum Kranz mir winden;
doch weiter hinein ins Feld muß ich gehn,
dort werd' ich die schönsten finden.«

Und natürlich: Das Kind muss dafür sterben. Zu groß ist der Tabubruch, heißt es doch:

»Frucht und Äcker sind geweiht und unverletzlich. Gott selber hat die Hand darüber. Wer Getreide vom Feld stiehlt, der erbricht nach altskandinavischem Ausdruck den Schrein Gottes, wer die Grenze frevelnd verrückt, dessen friedlose Seele geht als Irrlicht in Moor und Sümpfen um.«

Eine Ausnahme gab es natürlich immer: Die Kriege, die die Feldmarken Europas jahrhundertelang überzogen. Dann war plötzlich nichts mehr heilig, und die Zivilbevölkerung konnte getrost verhungern. Für unzählige Soldaten, die buchstäblich ins Feld ziehen mussten, war die Erde nun Deckung oder Grab. Inbegriff dieses Massensterbens wurden im Ersten Weltkrieg die Äcker Flanderns, aus denen apokalyptische Schlachtfelder geworden waren. Doch überall reckte die klassische Ackerblume, der leuchtende Mohn, seine blutroten Blüten aus Gräbern und Granattrichtern, wie ein unheimlicher, spontaner Protest der Natur gegen die Pervertierung einer friedlichen Landschaft:

In Flanders fields the poppies blow
Between the crosses, row on row,
That mark our place; and in the sky
The larks, still bravely singing, fly
Scarce heard amid the guns below.

We are the dead. Short days ago
We lived, felt dawn, saw sunset glow,
Loved, and were loved, and now we lie
In Flanders fields.

… schrieb 1915 der junge kanadische Colonel John McCrae zum Andenken an einen gefallenen Freund. Diese Felder, diese Mohnblüten wurden ein Symbol des Ersten Weltkrieges, im Commonwealth noch heute mit einem Nationalfeiertag geehrt. Aber es waren die Franzosen, die 1789 den Bogen zwischen Landwirtschaft und Blutvergießen am eindrucksvollsten geschlagen hatten: »Qu'un sang impur / Abreuve nos sillons!«, heißt es in der Marseillaise, »… auf dass unreines Blut / unsere Ackerfurchen tränke«. Dass diese makaber gedüngten Ackerfurchen anschließend wie gewohnt bearbeitet wurden, versteht sich von selbst – Ernte war einfach zu kostbar, um sie eines ehemaligen Schlachtfeldes wegen abzuschreiben. »Kaum ist die Ernte einer Erfahrung glücklich eingebracht, so wird der Acker vom Schicksal neu umgepflügt«, übertrug Johann Nestroy später alles ins Überzeitliche. Die echte Ernte war der Höhepunkt des Jahres, eine schwere Gemeinschaftsarbeit, von der nicht nur alles abhing, sondern die früher auch, mit tagelang arbeitenden Schnitterkolonnen, Wolken von Getreidestaub, goldenen Stoppeln und aufgestellten Garben lange das Landschaftsbild dominierte:

Wo gestern noch der Felder Meer
gewogt in allen Farben,
steht heut in Reih und Glied ein Heer
festlich gegürteter Garben.

Es will der goldne Heeresbann
vor Frost und Hungers Wüten
das ganze Dorf mit Maus und Mann
bis übers Jahr behüten.

... meinte Christian Morgenstern. Das Korn wurde teilweise auf dem Acker vorgetrocknet, bevor es gedroschen wurde – wenn denn das Wetter mitspielte. »Erntezeit in Jokehnen«, schildert Surminski das Ostpreußen der Vierzigerjahre:

»Zeit der Pferdebremsen, der weißen Tücher auf den Feldern und der Strohhüte, der Vesperstunde im Gras am Feldrain, der polternden Leiterwagen. Anschirren in der Morgendämmerung. Das einsame Dengeln einer Sense, die die Vormahd schneidet. Staubwolken über den Feldwegen wie in einem Sandsturm. Kannen mit Buttermilch im Schatten einer Hocke. Kinder, die auf Erntewagen mitfahren. Lauf mal barfuß über die Stoppeln! Das tut ganz schön weh, wenn du nicht abgehärtete Füße hast. Feldmäuse jagen unter den Roggengarben. Vielleicht auch gleich aus der Hocke dreschen, wenn die Scheune voll ist. Strohberge bauen. Sonnenuntergang. Feierabend.«

Auch hier galt, was für alle Landarbeit gilt: Was idyllisch klingt, ist knochenhart. Allein der juckende Getreidestaub wird jedem, der ihn je körpernah kennenlernen durfte, unvergesslich bleiben. Dennoch war die Ernte eine heitere Zeit, war Inbegriff schwer verdienter Erfüllung, auf dem Acker wie im Leben:

Alles fügt sich und erfüllt sich,
mußt es nur erwarten können
und dem Werden deines Glückes
Jahr und Felder reichlich gönnen.

Bis du eines Tages jenen
reifen Duft der Körner spürest
und dich aufmachst und die Ernte
in die tiefen Speicher führest.

… vergleicht wieder Christian Morgenstern. War die Ernte eingebracht, folgte die Nachlese, das legendäre Ährenstoppeln. Das war sozusagen der Vorläufer des Containerns, nur weit weniger umstritten: Bedürftige sammelten ein, was auf dem Feld stehen und liegen geblieben war. Das galt als ihr angestammtes, selbstverständliches Recht, seit den Zeiten des Alten Testaments: »Und wenn ihr die Ernte eures Landes erntet, darfst du den Rand deines Feldes nicht vollständig abernten und darfst keine Nachlese deiner Ernte halten. Für den Fremden, für die Waise und für die Witwe soll sie sein.« Das Ährenstoppeln rettete in schweren Zeiten, das letzte Mal nach den beiden Weltkriegen, unzählige Menschen vor dem Hungertod. Was heute schwierig wäre, denn effiziente Maschinen sorgen dafür, dass die Ernte nicht mehr länger landschaftsprägend ist: schnell sind die Felder leer, die Stoppeln wieder umbrochen, und mehr als nur ein Hauch von Herbst liegt über der Landschaft.

Harte Arbeit auf dem Feld bedeutete nie gesellschaftliche Anerkennung. Im Gegenteil, die ignorante Attitüde felderzertrampelnder Klimaschützer spiegelt lediglich eine lange Tradition: gesellschaftliche Verachtung für die Landarbeit. »Bäuerisch« war schon im 12. Jahrhundert ein Synonym für ungeschlacht, derb und dumm, mit dem sich die kultivierteren Städter gern von den ungehobelten Landeiern abgrenzten. Der Bauer ist die niedrigste Figur im

Schachspiel, das sprichwörtliche entbehrliche Bauernopfer, und das spiegelte bittere gesellschaftliche Wirklichkeit: Bis in die ersten Jahrzehnte des 19. Jahrhunderts waren die meisten Bauern Leibeigene, Besitz ihrer adeligen oder kirchlichen Grundherren. Wem der Acker gehörte, dem gehörten auch die, die ihn bearbeiteten. So einfach war das. Der Aufklärer Gottfried August Bürger erfand nicht nur die Abenteuer des Freiherrn von Münchhausen, er schrieb auch 1773 ein Gedicht wie einen Fluch: »Der Bauer an seinen durchlauchtigen Tyrannen«:

Wer bist du, Fürst, daß ohne Scheu
Zerrollen mich dein Wagenrad,
Zerschlagen darf dein Roß?
Du Fürst hast nicht, bei Egg' und Pflug,
Hast nicht den Erntetag durchschwitzt.
Mein, mein ist Fleiß und Brot! –
Ha! du wärst Obrigkeit von Gott?
Gott spendet Segen aus; du raubst!
Du nicht von Gott, Tyrann!

Selbst nach dem Ende dieser Knechtschaft blieb das »Bäuerlein« im allgemeinen Sprachgebrauch zwar »bauernschlau«, war aber nie ganz ernst zu nehmen. Ebenso wie seinem Ackerpferd traute man dem Landmann mehr Muskeln als Hirn zu: Um ihn zu betrügen, reichten schon die plumpen Tricks des sprichwörtlichen Bauernfängers. Geerdet, fest verwurzelt, bodenständig, von echtem Schrot und Korn – das sind anschauliche Begriffe, durchaus positiv belegt, aber immer auch mit einem Unterton von Unbeweglichkeit, Rückständigkeit, mangelnder Flexibilität, und gerne mit diesem deutlichen Beiklang von Herablassung gebraucht. Und Feld-Wald-und-Wiesen bedeutet: von allem ein bisschen, aber nichts wirklich Erstklassiges. »Alle sprechen von Bauern als der untersten Klasse der Menschen«, resümierte der Staatsrechtler und Politiker Justus Möser im 19. Jahrhundert.

> »Allein seit wann möchte man wohl fragen, ist es denn ein Schimpf, seinen väterlichen Acker zu bauen? Seit wann hat die Vernunft dem Hochmute das Recht bestätigt, das Wort Bauer so unschicklich gebrauchen zu dürfen? Was kann einen Landesherren bewegen, denjenigen Mann für den schlechtesten zu halten, der die erste Stütze des Staates ist …?«

Kein Wunder also, dass auf Bauernbefreiung und Industrialisierung die Landflucht folgte, die nicht nur Flucht vor wenig einträglicher Schwerstarbeit, sondern auch vor niedrigem sozialem Status war. Wer blieb, der galt – und gilt – je nach Standpunkt des meist städtischen Betrachters – als rückständig oder romantisch. Für die einen bedeutet die Feldmark Arbeitsplatz und Lebensumfeld, für die anderen, mit zunehmender Freizeit, Naherholungsgebiet zum ungehemmten Austoben. Da bleiben Reibereien nicht aus, und auch das hat Tradition: »Städter waren in Vaters Augen eine Heimsuchung, eine Landplage, schlimmer als Rüsselkäfer und Waldbrände«, erzählt Ilse Gräfin von Bredow aus den Zwanzigerjahren des 20. Jahrhunderts:

»›Dieses Volk‹ spazierte durchs Dorf wie durch einen Zoo, drang ungebeten in Ställe und Gärten und benutzte die Hochsitze als Liebesversteck. ›Diese Leute‹ trampelten durch das Getreide und über die Wiesen, als seien es Landstraßen, und schlossen nie ein Koppeltor hinter sich. Vater tat alles, um sie sich vom Leibe zu halten. Er weigerte sich, den Weg ins Nachbardorf, der so voller Löcher war wie ein Kaninchenbau voller Gänge, ausbessern zu lassen, und lächelte zufrieden, wenn er aus der Ferne das Aufheulen eines Motors hörte. ›Schon wieder einer festgebuttert. Ja, ja, Stadt und Land, Hand in Hand.‹«

Auch die Politik entdeckte das Land, und das mit langfristigen, schlimmen Folgen: »Blut und Boden« hieß die ebenso absurde wie bösartige Ideologie, die im Dritten Reich propagiert wurde. Ihr Nachklang vergiftete unser Verhältnis zum Land lang und tief, schwächte also auf perfide Weise das geistige Band zur eigenen, engsten Umgebung. Eigentlich Selbstverständliches wie die Verbundenheit zwischen Menschen und ihrer Umwelt, die Bindung an Natur und vertraute Landschaften, wurde erst für die Propaganda missbraucht und galt dafür nach dem Krieg als rückwärtsgewandt und politisch verdächtig. Mit Blut und eben auch mit Boden wollte nach dem großen Desaster niemand mehr zu tun haben. Wer den Ton angab, war urban und damit automatisch progressiv. Wer sich für Land, Natur oder Umweltschutz einsetzte, dafür gar noch das Wort »Heimat« benutzte, war spießig, beschränkt und gestrig, kurz: für eine moderne Gesellschaft entbehrlich. Die Abkehr von einer ganzen Landschaft und deren Wandel zur reinen Produktionsstätte beschleunigte sich damit zwar noch einmal deutlich, war aber im Kern ebenso wenig neu wie die Kritik daran. Schon 1911 ergrimmte den »Heidedichter« und Naturschützer Hermann Löns eine groß angelegte Flurbereinigung, die, so klagte er in einem Vortrag, »… eine langweilige, baum- und buschlose Grassteppe« zurückließ, »kahle Bachufer, langweilig durchgeforstete Wälder – und überall Plakate, die mit all dem Unsinn belästigen, den der Mensch notwendig braucht, damit die Aktien steigen«.

Diese Verkopplungen hatten im 18. und 19. Jahrhundert begonnen und das Landschaftsbild dramatisch verändert: Die Dreifelderwirtschaft endete, bis dahin gemeinsam genutztes Land wurde privatisiert, Wege wurden begradigt und vor allem kleinere Äcker zu größeren zusammengelegt. Dabei entstanden die rechteckigen Felder, die uns heute vertraut sind. Die Landwirtschaft wurde damit zwar rationeller und einträglicher, Naturschützer wie Löns aber sahen auch böse Folgen:

Es geht ein Mann durch das bunte Land;
Die Messkette hält er in der Hand.
Sieht vor sich hin und sieht sich um;
»Hier ist ja alles schief und krumm!«
Er misst wohl hin und misst wohl her;
»Hier geht ja alles kreuz und quer!«
Er blickt zum Bach im Tale hin;
»Das Buschwerk dort hat keinen Sinn!«
Zum Teiche zeigt er mit der Hand;
»Das gibt ein Stück Kartoffelland!«

Der Weg macht seinen Augen Pein;
»Der muß fortan schnurgerade sein!«
Die Hecke dünket ihm ein Graus;
»Die roden wir natürlich aus!«
Der Wildbirnbaum ist ihm zu krumm;
»Den hauen wir als erstes um!«
Die Pappel scheint ihm ohne Zweck;
»Die muss da selbstverständlich weg!«
Und also wird mit vieler Kunst
Die Feldmark regelrecht verhunzt.

Was frühe Umweltschützer zu dem gesagt hätten, das wenige Jahrzehnte später über die gesamte Feldmark hereinbrach, ist kaum vorstellbar. Im Deutschland der 1950er-Jahre überrollte alle Landschaften von der Nordsee bis zum Alpenrand der »Grüne Plan«, eine Flurbereinigung in nie da gewesener Größenordnung, bei der die Flurstücke in möglichst große, leicht zu bewirtschaftende Einheiten zusammengefasst wurden. Was eigentlich sinnvoll war, um Nachkriegsdeutschland preiswert mit Lebensmitteln und die Landwirte mit rationelleren, weniger strapaziösen Arbeitsplätzen zu versorgen, wurde vielerorts mit deutscher Gründlichkeit so übertrieben, dass es in komplett ausgeräumten, kaum noch wiederzuerkennenden Produktionseinöden endete. Feldgehölze fielen, jahrhundertealte, landschaftsprägende Einzelbäume ebenso, Hecken wurden gerodet, Wege asphaltiert, Streuobstwiesen in Plantagen umgewandelt, Wasserläufe begradigt und in Beton gelegt oder gleich verrohrt und zugeschüttet. In der DDR wurden die neuen LPG-Schläge sogar noch gigantischer und öder.

Das Ziel hieß überall: Maschinentauglichkeit bis in den letzten Winkel, und weg mit der lästigen Natur. Schlechte Zeiten für Feldlerche und Gelbbauchunke, und passend zur schönen neuen Ackerwelt erhielten die bundesdeutschen Landwirte Zuschüsse, um ihre Zugtiere durch Trecker und Mähdrescher zu ersetzen.

Damit vollendete sich einer der größten Umbrüche der Menschheitsgeschichte: der Abschied vom Arbeitspferd. Das hatte, buchstäblich, Unglaubliches bewegt, und das nicht nur jahrhunderte-, sondern gleich jahrtausendelang. Historiker teilen inzwischen die Geschichte in die Epochen vor dem Pferd, mit dem Pferd und nach dem Pferd ein. Es hielt die gesamte menschliche Gesellschaft im wahrsten Sinne des Wortes am Laufen. Das Pferd war das Maß aller Dinge, und es war das Symbol der gesamten Agrarlandschaft.

Wie sehr es die Landwirtschaft verkörperte, zeigen sogar heute noch Flächenmaße wie Hufe, Morgen oder Tagwerk: Sie bezeichnen die Ackerfläche, die ein Gespann vor einem einscharigen Pflug an einem Morgen oder eben einem ganzen Tag bearbeiten kann. In der Landschaft, die es mit erschaffen und lange geprägt hat, ist das unentbehrliche Arbeitstier heute nur noch eine blasse Erinnerung, so wie in Sarah Kirschs »Entrückung«:

Die Sonne schleudert unbarmherzige Hitze
Dem Grabenden auf den gebeugten Rücken
Flüche hört er verschollener Gestalten
Den uralten Kuckuck und das Gewese
Der frommen einfältigen Lerchen

Er sieht im weißen brechenden Licht
Wolkenlos Gottes Thron, auf den Stufen
Die heiligen Ackerpferde stehn
Die nun allerorts fehlen.

Ein Pferd war – und ist – die ultimative Verbindung zwischen Mensch und Landschaft. Mehr Nähe als in seiner Nähe geht nicht. Das Tier ist ein Vermittler, der nicht nur seine Kraft teilt, sondern ebenso seine Sinne, die den unseren weit überlegen sind. Ein Pferd erschließt dem, der sich darauf einlässt, eine andere Sichtweise, eine andere Dimension, ja eine andere Welt. Als Fluchttier der weiten Grassteppe reagiert es intensiv auf seine Umwelt, auf jeden Windhauch, auf jede Witterung, auf jede Veränderung. Wer mit ihm zu tun hat, ein Bauer hinter dem Pflug oder auf dem Wagen, ein Reiter im Feld, reagiert da oft mit, bis auch er die Landschaft nahezu instinktiv erlebt und ebenso in ihr aufgeht – der berühmte Flow, das tiefe Glücks- und Verbundenheitsgefühl, nach dem heute überall mit großem Aufwand gesucht wird. Landschaft in Pferdegesellschaft kann ein nahezu transzendentes Erlebnis werden, so wie hier für Marion Gräfin Dönhoff:

»Niemand hat die wirklichen Höhepunkte des Lebens je erlebt, der das nicht kennt, dieses Hochgefühl vollkommener Freiheit und Schwerelosigkeit im Sattel. Die Welt liegt einem zu Füßen, und sie ist schön und jung wie am ersten Tag, mit tausend Farben angetan und von unendlichen Gerüchen erfüllt.«

Goethe, ebenfalls ein begeisterter Reiter, schrieb als schwer verliebter Zwanzigjähriger mit »Willkommen und Abschied« sogar ein ganzes Gedicht in Atmosphäre und Rhythmus eines jagenden nächtlichen Rittes. Landschaft im Galopp erlebt:

Es schlug mein Herz, geschwind zu Pferde!
Es war getan fast eh gedacht.
Der Abend wiegte schon die Erde,
Und an den Bergen hing die Nacht.
Schon stand im Nebelkleid die Eiche,
Ein aufgetürmter Riese, da,
Wo Finsternis aus dem Gesträuche
Mit hundert schwarzen Augen sah.

Der Mond von einem Wolkenhügel
Sah kläglich aus dem Duft hervor,
Die Winde schwangen leise Flügel,
Umsausten schauerlich mein Ohr;
Die Nacht schuf tausend Ungeheuer,
Doch frisch und fröhlich war mein Mut:
In meinen Adern welches Feuer!
In meinem Herzen welche Glut!

1941, als Dönhoff die weite Landschaft Ostpreußens zum Abschied noch einmal ganz in sich aufnehmen wollte, wählte die passionierte Autofahrerin dafür selbstverständlich das Pferd. Selbst da noch wirkte die alte Magie zwischen Landschaft, Tier und Mensch:

> »Ganz leicht und beschwingt fühlt man sich, fern von aller heimatlichen Begrenzung und den Sorgen des Alltags. Unendlich fern ist sogar die Sorge um das, was kommen wird, die einen sonst doch auf Schritt und Tritt begleitet. Jetzt sind Sonne und Wind, der Hufschlag des Pferdes auf den sandigen Waldwegen und der Geruch von fallendem Laub und Kartoffelkraut unsere Welt, und wir sind ein Teil derselben. Solche Bilder: das Fallen der Blätter, die blaue Ferne, der Glanz der herbstlichen Sonne über den abgeernteten Feldern, das ist vielleicht das eigentliche Leben.«

»Über weite Felder / lichte Wunder geh'n«, heißt es passend dazu im Ostpreußenlied, doch stattdessen gewann 1945 ein alttestamentarisches Bibelwort unheimliche Aktualität, nämlich Hosea, Kapitel 8, Vers 7: »Denn sie säen Wind und werden Sturm ernten. Ihre Saat soll nicht aufgehen; was dennoch aufwächst, bringt kein Mehl; und wenn es etwas bringen würde, sollen Fremde es verschlingen.« Dönhoff gelang zu Pferd die Flucht, doch weniger Glückliche blieben, von der Roten Armee überrannt, im verwüsteten Agrarland Ostpreußen zurück. Darunter, in Surminskis teilweise autobiografischem Roman »Jokehnen«, zwei elfjährige Jungen. Im Sommer 1945 sind ihnen die Felder bergende Oase und verstörende Realität zugleich. Hier, tief in der Landschaft, nicht in den abgebrannten, verlassenen Dörfern, wird ihnen endgültig klar, dass das Vertraute nicht mehr real, dass die Heimat nicht mehr die Heimat ist:

»Noch einmal erlebte Ostpreußen die Illusion einer heilen Welt. Als die Roggenfelder zu reifen begannen. Der im Herbst gesäte Roggen hatte sich gegen das Unkraut behauptet, war auch ohne Kunstdünger gewachsen. Durch die Luft trieb der mehlige, trockene Staub der reifenden Ähren. Aber in diesem Sommer reifte das Korn, und nichts geschah. Keiner nahm sich des Segens an ... Mitten im Roggenfeld bauten Hermann und Peter einen Unterstand. Das durfte man in jenem Sommer 45. Sie fürchteten die Kornmuhme nicht mehr, denn dieses alte Gespenst aus Ostpreußens Kornfeldern war sicherlich auch geflüchtet, hatte das heilige Korn sich selbst überlassen. Hermann sah den Ähren zu, die über ihm die Köpfe zusammensteckten. Unter dem Ährenwald war alles wie früher, es ließ sich alles so schön ausmalen. Den weißen Haufenwolken nachsehen, die über die Ährenköpfe hinweg nach Osten ziehen. Über seine Eltern sprach Hermann nie. Aber sie würden wiederkommen. Irgendwann.«

Sie kommen nicht wieder. Die Kindheit ist vorbei, die Felder sind die einzige Zuflucht, die den Jungen bleibt, bis auch sie vertrieben werden. Diese Felder bestellen heute andere Bauern, so, wie es überall nach jedem Krieg, jeder Katastrophe irgendwann weitergeht.

Die Feldmark, eine von der Kultur geschaffene und doch von der Natur dominierte Landschaft, wird bleiben, solange es Menschen gibt. Wie immer sie in Zukunft aussehen mag, was immer dort angebaut werden wird, ihre

11.000 Jahre alte Geschichte wird weitergehen. Mit ihr das ewige Wechselspiel aus Wachsen und Ernten, Wandel und Konstante, das zu allem anderen auch noch so wunderbar analogietauglich ist. Wie Erich Kästner mit »Der August« noch einmal beweist:

Nun hebt das Jahr die Sense hoch
und mäht die Sommertage wie ein Bauer.
Wer sät, muß mähen.
Und wer mäht, muß säen.
Nichts bleibt, mein Herz. Und alles ist von Dauer.

DIE SYMBOLISCHE LANDSCHAFT: FLUSS

»Draußen vor dem Bahnhof aber rauscht der Fluß neben der Straße, er zischt weiß aus den Schleusen der Mühlenbrücke hervor. Der viereckige alte Wartturm steht daran, und vor ihm die große bunte Linde, und dahinter der Abend. Hier haben wir gesessen, oft – wie lange ist das her –; über diese Brücke sind wir gegangen und haben den kühlen, fauligen Geruch des gestauten Wassers eingeatmet; wir haben uns über die ruhige Flut diesseits der Schleuse gebeugt, in der grüne Schlinggewächse und Algen an den Brückenpfeilern hingen; – und wir haben uns jenseits der Schleuse an heißen Tagen über den spritzenden Schaum gefreut und von unseren Lehrern geschwätzt. Ich gehe über die Brücke, ich schaue rechts und links; das Wasser ist immer noch voll Algen, und es schießt immer noch in hellem Bogen herab …«

… doch sonst ist alles anders geworden. Paul Bäumer, neunzehn Jahre alt, erlebt die Landschaft seiner Jugend als Fremder. Er ist ein Toter auf Urlaub. Paul kommt noch einmal zurück aus dem surrealen Grauen des Ersten Weltkrieges, dem auch er zum Opfer fallen wird. Erich Maria Remarques »Im Westen nichts Neues« zeigt in dieser Szene einen Fluss in der Rolle seines Lebens: in der als Symbol. Der Fluss ist die große Ausnahme unter den Landschaften: Er ist nicht statisch, sondern mobil und dabei so vielseitig, dass er ebenso vielseitige Assoziationen hervorruft. Bedeutet ein Fluss für Paul Bäumer die für immer verlorene Geborgenheit, so empfindet ihn der gleich alte Siggi Jepsen in Siegfried Lenz' »Deutschstunde« ganz anders. Der junge Strafgefangene starrt aus seinem Zellenfenster auf die Elbe. »Die Freuden der Pflicht« heißt der Aufsatz, den er schreiben muss, und er wird dabei am Ende offenlegen, was er bisher fest in sich verschlossen hat. Für die trostlose Kälte, die ihn umgibt, und für das langsame Aufbrechen seiner emotionalen Starre stehen hier der winterliche Fluss und die Schiffe, die sich durch das Eis arbeiten:

> »Fast einen Tag lang sitze ich nun so, und vielleicht hätte ich schon angefangen, wenn da nicht, zur Ablenkung, Schiffe über den winterlichen Strom aufkämen, die zuerst nicht zu sehen, nur zu hören sind: das schwache Dröhnen der Maschinen kündigt sie an, dann ein Stoßen und Poltern, das die Eisschollen hervorrufen, die splitternd an der eisernen Bordwand entlangtrudeln, und dann, während das Stampfen härter und bestimmbarer wird, gleiten sie aus dem Zinngrau des Horizonts mit ganz und gar verwaschenen Farben, feucht, vibrierend, eher eine Erscheinung der Luft als des Wassers, und ich muß sie aufnehmen mit dem Blick und begleiten, bis sie querab und vorüber sind. Mit ihren eisverkrusteten Steven und Relings und Entlüftern, mit ihren glasierten Auf-

bauten und rauhreifbesetzten Spanten gleiten sie durch die Starre. Was sie zurücklassen, ist ein breiter, ungenauer Schnitt im treibenden Eis, eine Rinne, die mäanderförmig gegen den Horizont läuft, schmaler wird, zuwächst. Und das Licht, auf das Licht über der winterlichen Elbe ist kein Verlaß: zinngrau wird zu schneegrau, violett bleibt nicht violett, rot verzichtet auf sein Komplement, und der Himmel Richtung Hamburg ist vielfach gefleckt wie von Prellungen.«

Ein Fluss prägt jeden und alles, sowohl die Umgebung, die er passiert, als auch die Menschen, die seine Nähe suchen und ihm verbunden sind. Er ist keine Landschaft an sich, sondern stattdessen eine Verbindung zwischen vielen verschiedenen Regionen. Während dieser Reise wird ein Fluss zum dauernden Gestaltwandler, vom kleinen, schnellen, quirligen Bach bis hin zum mächtigen, ruhigen und gelassen wirkenden Strom. Dabei hat er scheinbar unbegrenzte Möglichkeiten und eine tatsächlich unbegrenzte Magie: »Flussmündungen, die den Gezeiten ausgesetzt sind, üben einen starken Reiz auf die abenteuerliche Phantasie aus«, schreibt Joseph Conrad im »Spiegel der See«.

»Die Mündungen aller großen Ströme haben einen besonderen Zauber, der darin besteht, dass sie die Anziehungskraft eines offenstehenden Tores haben. Die offene Flußmündung verheißt von See aus allen abenteuerlichen Hoffnungen jeden nur möglichen Lohn. Diese Straße steht dem Unternehmungsgeist und Mut offen und verlockt den Entdecker der Küste zu immer neuen Anstrengungen, die seine großen Erwartungen erfüllen sollen.«

Eine Landschaft also, die jede Hoffnung erfüllen kann – da ist es kein Wunder, dass Flüsse uns so unwiderstehlich angezogen haben, seit die Menschheit besteht. Nicht nur real, um schon in grauer Vorzeit an ihren Furten und Ufern zu siedeln, um sie als Grenze und Verkehrsweg, Trinkwasser und Abwasserkanal zu nutzen, sondern mindestens ebenso sehr als Heimat der Imagination. Da vielleicht sogar noch mehr:

Der spiegelt ab das menschliche Bestreben.
Ihm sinne nach, und du begreifst genauer:
Am farbigen Abglanz haben wir das Leben.

… heißt es in Goethes Faust II, und tatsächlich: Buchstäblich im Über-fluss gibt es, Kulturen und Kontinente übergreifend, Bilder, Vergleiche und vor allem Symbolik, Symbolik und noch einmal Symbolik.

Der farbige Abglanz, an dem wir das Leben haben, ist da nahezu sprichwörtlich geworden. Auch Panta rhei, »Alles fließt«, dem griechischen Philosophen Heraklit zugeschrieben, hält seit über 2500 Jahren eine Spitzenposition unter den flussinspirierten Aphorismen. Ebenfalls aus Heraklits »Flussfragmenten« stammen die berühmt gewordenen Vergleiche: »Wer in denselben Fluss steigt, dem fließt anderes und wieder anderes Wasser zu« und »Wir steigen in denselben Fluss und doch nicht in denselben, wir sind es und wir sind es nicht«. Es gibt kaum einen Aspekt des menschlichen Lebens, den fließendes Wasser nicht repräsentieren soll: Vom »flusz der Stunden« sprach der Schriftsteller und Aufklärer Christoph Martin Wieland im 18. Jahrhundert und meinte damit die unaufhaltsam dahinströmende Zeit, das ablaufende Leben. Die ewige Anziehungskraft der Flüsse beruht auch darauf, dass sie uns zugänglicher scheinen als das Meer, weniger unergründlich, weniger abweisend und weniger ungezähmt. Ihre Kombination aus Macht und Freundlichkeit hat immer wieder zum Vergleichen eingeladen: »Im tobenden und schäumenden Meere spiegelt sich der Himmel nicht«, meinte der junge Romantiker Wilhelm Heinrich Wackenroder 1797 in Reflexionen über den »Künstlergeist«, »– der klare Fluß ist es, worin Bäume und Felsen und die ziehenden Wolken und alle Gestirne des Firmamentes sich wohlgefällig beschauen«. Das Ergebnis dieses jahrhundertelangen Interpretations-Overkills bilanzierte dann Victor Hugo: »Der Rhein ist der Fluss, von dem alle Welt redet und den niemand studiert, den alle Welt besucht und den niemand kennt.«

Ihr Dome ungesehen,
ihr Ströme unbelauscht,
ihr Uhren tief in uns.

… griff Paul Celan in »Köln am Hof« dieses Motiv auf.

Um nicht in so vielen Nebenarmen und Unterströmungen unterzugehen, hilft zunächst ein sachlicher Blick auf die Quelle: Was genau ist ein Fluss? Sein Name stammt vom althochdeutschen »fluz«, abgeleitet von »fliozan«, fließen. Ein »größerer natürlicher Wasserlauf«, meint lapidar der Duden, eine andere Definition lautet: »natürliches, linienhaft fließendes Gewässer auf Landoberflächen«. Jeder Fluss ist Teil des ewigen globalen Wasserkreislaufs, in dem alle Niederschläge schließlich im Ozean landen, und diesem ewigen Kreislauf entstammt gleich wieder ein ebenso ewiges Sprachbild: das von der »fließenden Bewegung«. Der Schriftsteller Carl Zuckmayer, geboren am Altrhein, aufgewachsen am Main, leitet sogar eine der elementarsten menschlichen Fähigkeiten, den Spracherwerb eines Kindes, vom fließenden Wasser ab:

> »Die Sprache springt in ihm auf wie ein kleiner kullernder Quell. Bald wird sie zum Bach, zum Fluss, zum Strom so mächtig wie der mittlere Rhein, und der Dichter ist selbst das Wasser in diesem Strom, mit allem, was darin schwimmt und sich darin spiegelt.«

Ursprung auch des mächtigsten Stromes sind winzige Tropfen: Regenwasser läuft entweder direkt zum nächsten Fließgewässer oder sickert in den Boden. Dort staut es sich als Grundwasser und tritt, wo die Bodenschichten durchlässig sind, als Quelle wieder hervor. Quellrinnsale bilden dann ein erstes Fließgewässer, den Bach. Er ist kalt, schnell fließend und hat zunächst einen scharfkantigen, steinigen Untergrund, der sich erst später zu den bekannten runden Bachkieseln abschleift. Hier leben anspruchsvolle, sauerstoffbedürftige Fischarten wie Bach- und Regenbogenforelle, Elritze und Groppe. Und, das versteht sich von selbst, schon dieses Kinderstadium eines Flusses ist hochgradig symboltauglich. »Vor einem Gebirgsbach« überlegte Christian Morgenstern:

Waagrecht diese Wasser, – und zu Ende
Wellenspiel und jähe Formenwende!
Wo liegt's? Der Wechsel selbst, für sich allein?
Der Wechsel nur in mir, nur Form, nur Schein?

Oft vereinigt sich ein ganzes Netz von Bächen und Nebenflüssen zum Oberlauf eines Flusses. Dessen Bett kann gerade, verzweigt oder mäandrierend sein, das heißt, es folgt entweder in geradem, schnellem Lauf einem Talgefälle, fließt verzweigt in einem System miteinander verbundener Rinnen oder mäandert ruhig in Schleifen und Windungen. Sobald sich dieses Bett verbreitert und die Strömungsgeschwindigkeit nachlässt, wird aus dem Bach endgültig ein Fluss, oder vielmehr: dessen Mittellauf, mindestens fünf bis zehn Meter breit. Er erhält weiter Zufluss aus kleineren Gewässern, und bei Hochwasser, etwa zur Schneeschmelze, tritt er über die Ufer. Dabei entstehen immer neue Seitenarme und Inseln, die von Zeit zu Zeit überflutet werden und dann wieder trockenfallen, die typische Auenlandschaft, artenreich in Pflanzen wie in Tieren. Das Wasser beherbergt hier massenhaft Kleinlebewesen wie Insektenlarven und Flohkrebse, von denen sich Fischarten wie Äschen und Barben, aber auch viele Vögel ernähren. Es ist ein in seiner überquellenden Lebensfülle manchmal nahezu unheimlicher Ort. Georg Britting nutzt dieses »gründämmernde Gebiet« daher in »Brudermord im Altwasser« als Schauplatz einer Geschwistertragödie:

> »Das sind grünschwarze Tümpel, von Weiden überhangen, von Wasserjungfern übersurrt, das heißt: wie Tümpel und kleine Weiher, und auch große Weiher ist es anzusehen, und es ist doch nur Donauwasser, abgesondert vom großen, grünen Strom, Altwasser, wie man es nennt. Fische gibt es im Altwasser, viele; Fischkönig ist der Bürstling [Flussbarsch], ein Raubtier mit zackiger, kratzender Rückenflosse, mit bösen Augen, einem gefräßigen Maul, grünschwarz schillernd wie das Wasser, darin er jagt. Und wie heiß es hier im Sommer ist! Die Weiden schlucken den Wind, der draußen über dem Strom immer geht. Und aus dem Schlamm steigt ein Geruch wie Fäulnis und Kot und Tod.«

Der Verhaltensforscher Konrad Lorenz dagegen sieht in der Auenlandschaft der Donau eher das Leben selbst, und das in tatsächlich tropischer Üppigkeit:

> »Die nicht regulierten Ufer brechen steil, fast lotrecht ab, bestanden von einem typischen Galeriewald aus hohen Weiden, Pappeln und Eichen, zwischen denen üppig wuchernde Weinreben die Lianen markieren. Eisvogel und Pirol, Charaktervögel dieser Landschaft, sind Vertreter von Vogelgruppen, deren weitaus meiste Mitglieder Tropenbewohner sind. Im Wasser wuchert Sumpfvegetation, und schließlich sei nicht verschwiegen, dass Stechmücken, Malariamücken und eine Unzahl Bremsen dazu beitragen, den tropischen Eindruck auch nach der unerfreulichen Seite zu verstärken.«

Letzte Station vor der Mündung ist der Unterlauf. Hier ist das Flusswasser meist gefärbt und trübe durch unterwegs aufgenommene Schwebstoffe. Das können winzige Gesteinspartikel sein, zersetzter Bewuchs oder Mikroorganismen. Diese Schwebstoffe sind nicht nur ein wichtiger Teil des aquatischen Ökosystems, sie verleihen auch vielen Flüssen eine typische Farbe. Die breiten Unterläufe großer Flüsse sind nährstoffreich, sommerwarm und ruhig fließend, Heimat vieler größerer Fische wie Brachsen, Karpfen, Schleie, Karausche, Wels und Zander. In einem naturbelassenen Uferbereich gibt es zudem eine große Vielzahl von Wasserpflanzen, Wasservögeln, Wasserinsekten und Säugetieren, Biber, Fischotter oder Bisamratten zum Beispiel, die alle zusammen ein typisches Ökosystem bilden.

Spätestens hier ist der Fluss meist ein Strom geworden, das bedeutet, er ist mindestens 500 Kilometer lang, mit einem Einzugsgebiet von wenigstens 100.000 Quadratkilometern und Mündung ins offene Meer. Deutsche Ströme sind Donau, Rhein, Elbe, Oder und Weser, früher auch noch die ostpreußische Memel. Nach einer anderen Definition ist ein Strom einfach ein Fluss, der ins Meer mündet – dann fiele auch die nur 370 Kilometer lange Ems, die in der Senne entspringt, in diese Kategorie.

Elbe, Ems und Weser werden in Mündungsnähe zu Tideflüssen: Sie haben, beeinflusst von der Nordsee, Ebbe und Flut. Durch das in die Flussläufe eindringende Seewasser führen sie Brackwasser, also eine Mischung aus Süß- und Salzwasser, und das Flussbett verbreitert sich zur Mündung hin bis auf mehrere Kilometer. »Die Uferscenerie, – geradlinige Deiche, hie und da überragt von stattlichen Gehöften, Bäumen, Windmühlen – ist einförmig und das Bild kaum von manchen Landschaften zu unterscheiden, welche uns niederländische Maler von den Ufern des Niederrheins, der Maas oder der Merwe bieten. Selbstzufriedenes Behagen und doch auch ein Sehnen in schrankenlose Weiten sind die widersprechenden Stimmungen, welche diese Natur, – der ruhig dahingleitende Strom, die unabsehbare Ebene, der darüber sich wölbende, oft malerisch bewölkte Himmel, – in uns hervorruft.« So wird die Unterweser in einem Reiseführer des späten 19. Jahrhunderts geschildert. Die Windmühlen sind längst einem Atomkraftwerk gewichen, aber an der ruhigen, überzeitlich wirkenden Atmosphäre solch großer Flussmündungen hat sich bis heute wenig geändert.

Uferzonen von Tideflüssen sind hochgradig überschwemmungsgefährdet und daher meist durch Deiche und Sperrwerke geschützt. An Stellen, an denen diese Barriere fehlt, schaffen die Gewässer einen besonderen Landschaftstyp, die Süßwasserwatten, die bei Niedrigwasser trockenfallen, mit Schilf und Binsen bewachsen sind und so als natürliche Klärwerke funktionieren. Der naturbelassene Unterlauf eines großen Flusses speist ohnehin ein von Leben wimmelndes Ökosystem, dominiert von einer einzigen Pflanze, dem Schilfrohr, Phragmites australis, einem Süßgras, dessen »eigentümliche Schönheit« Hermann Allmers in seinem »Marschenbuch« liebevoll beschreibt:

> »Diese liegt in der reizenden, weichen Linie, welche der oft 10 Fuß hohe Halm bildet, im zarten Graugrün seiner in feinster Spitze auslaufenden Blätter, und in der

schön geschwungenen Blütenrispe, die mit ihrem purpurbraunen Seidenglanze wie ein stattlicher Federbusch hoch oben auf der Spitze schwankt. Aber erst als Masse gewinnt sie ihre wahre Wirkung. Tief ernst, ja öde und fast unheimlich könnte der Eindruck genannt werden, den diese mächtigen dichten Rohrfelder machen, wenn nicht das Leichtbewegliche der Halme, dieses Wanken und Schwanken, Neigen und Beugen alles Finstere und Starre wieder in elegische Weichheit auflöste. Rohr und Weiden sind in der Marsch die einzigen Pflanzen, die ihre leise Sprache haben. Das Rohr mit seinen hohen Halmen, die über einem Reiter fast zusammenschlagen, das schauert und seufzt, das flüstert und rauscht wie vor Wehmut und Sehnsucht im Abendwinde, wenn die Luft kühler wird, der Tag sich neigt, oder in stiller Sommernacht, wenn das Mondlicht breit auf dem Strome zittert und ringsherum alles blau und silbern ist.«

Auch hier dasselbe ewige Motiv, das schon an der Quelle beginnt – ein eigenständiges, artenreiches Ökosystem, geschaffen, gespeist und abhängig vom vorbeiziehenden Fluss und in jeder Weise mit seinem Auf und Ab verbunden:

»Auch das Tierleben der Rohrfelder ist ein eigentümlich stummes, nächtliches und geheimnisvolles. Der einsame Fischotter haust da in tiefer Verborgenheit, der scheue Reiher steht lauernd am Ufer, tags sieht man wohl die braune Rohrweihe mit schönem, sanftem Fluge darüber schweben, und tief im Dickicht wohnt das schwarze Wasserhuhn, ein stilles, sanftes Tier mit schönen klugen Augen, mit der seltsam weißen Stirnplatte, roten Kniebändern und wundersamen Lappenfüßen. Und wie klug und vorsichtig es ist! Es baut sich ein dickes, großes Nest aus trockenen, hohlen Stengeln, aber heftet es weislich nicht an den Boden. Kommt nun die Flut, so schwimmt es lustig mit seinen Nestküklein oben und steigt und fällt mit ihr, doch damit Wind und Wellen es nicht gar auf den offenen Strom treiben, hat es das Nest an der Spitze eines langen, überhängenden Rohrhalmes befestigt und kann so in aller Gemütsruhe dem Gange der Dinge zusehen.«

Letzte Station eines Flusses sind die Ästuare, die Mündungstrichter, in denen sich Strom und Meer in Watt- und Wasserflächen treffen, vermischen und später im Ozean aufgehen, dem »die Erdscheibe umfließenden Weltstrom«, wie die Übersetzung aus dem Altgriechischen lautet. Hier treffen sich die Bewohner zweier Ökosysteme, darunter Fische, die aus dem Meer zeitweise in die Flussläufe aufsteigen. Früher taten sie das in solcher Fülle, dass Allmers notieren konnte:

»Der Fang des Lachses ist von keiner Bedeutung, wohl aber der Störfang, welcher oft riesenhafte Tiere und einen Kaviar liefert, der dem russischen wenig nachgibt. Ferner wird im Frühjahr und Herbst in ungeheurer Menge der Stint gefangen, zur guten und wohlfeilen Speise für Stadt und Land, im Herbst in geringerem Maße auch das Neunauge für feinere Gaumen. Da, wo das Wasser schon brackig wird, hält sich vorzüglich der Butt auf, endlich an den Mündungen der Flüsse kommt schon mancher Seefisch zum Vorschein, z. B. der Hering, der Seewolf, einige Rochen und andere.«

So vielfältiges Leben von der Quelle bis zur Mündung, zusammengenommen weit mehr als in jeder anderen Landschaft – doch viele Dichter und Literaten sehen da trotzdem immer nur ihr eigenes Inneres. Für Ingeborg Bachmann zum Beispiel ist eine Flussmündung kein faszinierendes Biotop, sondern wieder nur Symbol. Sie nutzt das Aufgehen und Sichauflösen im Ganz-Großen als Synonym für ihre Todessehnsucht:

Ich bin ein Strom
Mit Wellen, die Ufer suchen,
Schattende Büsche im Sand,
Wärmende Strahlen von Sonne,
Wenn auch für einmal nur.

Mein Weg aber ist ohne Erbarmen.
Sein Fall drückt mich zum Meer.
Großes, herrliches Meer!
Ich weiß keinen Wunsch auf diesen,
Als strömend mich zu verschütten

In die unendlichste See.
Wie kann ein Begehren,
Süßere Ufer zu grüßen,
Gefangen mich halten,

Wenn ich vom letzten Sinne
Immer noch weiß!

Flüsse strömen unaufhaltsam vorbei, immer weiter, was die Menschen besonders in einer Zeit faszinierte, in der die meisten von ihnen kaum je ihren Geburtsort verließen. Da waren es diese Weitgereisten, die für Lebenserfahrung, ja Weisheit standen, und die Seele der Landschaft schien unlösbar mit der ihrer Anwohner verbunden: »Der Fluss ist voller Geheimnisse, Gefahren und Mächte«, weiß der deutsche Autor Michael Obert, »und alle Flussvölker der Erde sind über solche Legenden spirituell mit der Inneren Welt ihres Stroms verbunden.« Georg Herwegh, geboren 1817 in Stuttgart am Neckar, gestorben 1875 in Baden-Baden an der Oos, zu seiner Zeit einer der populären deutschen Lyriker, war ein Beispiel für diese Verbindung von Außen- und Innenwelt. Er schrieb normalerweise revolutionäre Verse wie das legendäre »Mann der Arbeit aufgewacht / Und erkenne deine Macht / Alle Räder stehen still / Wenn dein starker Arm es will«. Aber er bekannte auch:

Ich kann oft stundenlang am Strome stehen,
Wenn ich entflohen aus der Menschen Bann;
Er plaudert hier wie ein erfahrner Mann,
Der in der Welt sich tüchtig umgesehen.

Da schildert er mir seiner Jugend Wehen,
Wie er den Weg durch Klippen erst gewann,
Ermattet drauf im Sande schier verrann,
Und jedes Wort fühl' ich zum Herzen gehen.

Wie wallt er doch so sicher seine Bahn!
Bei allem Plänkeln, Hin- und Widerstreifen
Vergißt er nie: »Ich muß zum Ozean!«

Du, Seele, nur willst in der Irre schweifen?
O tritt, ein Kind, doch zur Natur heran
Und lern' die Weisheit aus den Wassern greifen!

Die Weisheit dieser Wasser galt immer als Lebenselixier ebenso wie als Quelle von Tod und Vergessen. Lethe, »das Vergessen« heißt einer der fünf Flüsse in der Unterwelt der griechischen Mythologie. Wer von dessen Wasser trank, wurde vor dem Eingang ins Totenreich von all seinen Erinnerungen gereinigt und konnte unbelastet wiedergeboren werden. »Die Seelen nun, denen das Fatum andere Leiber bestimmt«, schreibt Vergil, »schöpfen aus Lethes Welle heiteres Nass, so trinken sie langes Vergessen.« Folgerichtig steht ein Fluss sehr oft für Unterbewusstsein, für Unterströmungen, die man selbst nicht genau kennt, so wie in Carl Zuckmayers Erinnerungen:

> »Oft lief ich dann noch eine Stunde in die Nacht hinaus: da stand ich am Rhein oder auf einer seiner Brücken und schaute ins schwarze Wasser, dessen Ziehen und Strömen mir die gehörte Musik in einer seltsamen Verwandlung wiederzugeben schien. In solchen Momenten wollte der Blick auf den Rhein fast sein Geheimnis preisgeben. Doch nach der anderen Seite hin verglitt er ins Uferlose. Alle ungelösten Fragen verloren sich darin. Es gab keine Antwort. Was blieb, war Musik.«

Natürlich waren solche Unterströmungen oft auch erotischer Natur und wurden dann gern im Ineinanderaufgehen von Zusammenflüssen symbolisiert. »Wo Werra sich und Fulda küssen, Sie ihre Namen büssen müssen, und hier entsteht durch diesen Kuss, Deutsch bis zum Meer der Weser Fluss«, heißt es noch vergleichsweise sachlich auf dem Stein bei Hannoversch Münden, der den Beginn der Weser markiert. Bei Friedrich von Schiller geht es in »Rhein und Mosel« dann schon deutlicher zur Sache: »Schon so lang umarm ich die lotharingische Jungfrau, Aber noch hat kein Sohn unsre Umarmung erfreut!« Gefühlstrunken schwelgt dann der Rheinhesse Zuckmayer in der Hochzeit seiner Heimatflüsse:

> »Jetzt aber erblickt man das Wunder der Vereinigung, des Sichvermählens fremder Ströme aus fremdem Ursprung, in einem unvergleichlichen Farbenspiel. Das Mainwasser hat eine dunkelbraune, fast moorige Färbung. Es ergießt sich langsam quellend, als wär's von einer dickflüssigeren, schweren Substanz, in die viel helleren, gelben oder gelbgrünen und manchmal fast lichtgrünen Gewässer des Rheins, der mächtiger strömt und mit gelaßner Gewalt die neue Ader in seinen Schoß zieht. Aber das eindringende Mainwasser in seinem tiefen samtigen Algenbraun hält sich mit der Zähigkeit eines starken Blutes lange unvermischt gegen die breite Übermacht, in der sich's doch schließlich verschmelzen und verlieren muß.«

Nüchterne Anmerkung: Es sind die Schwebstoffe. Das Braun des Mains stammt von winzigen Buntsandsteinpartikeln, die der Fluss bei seinem Weg durch den Spessart aufgenommen hat, der Rhein hat seine helle Farbe vom Kalkstein, durch den er fließt.

Unergründlichkeit, Uferlosigkeit, Tempo und Tiefe – ein Fluss hat alles. Das macht ihn teils anziehend, teils unheimlich und gibt ihm vor allem diese jederzeit beeindruckende Präsenz:

> »Plötzlich stehen wir am Rand von etwas sehr Weitem und Frischem. Es zieht hin, es rauscht, es schimmert und spiegelt. Lau und feucht kommt ein Luftschwall nach dem andern übers Wasser zu uns. Noch nie habe ich etwas so Überwältigendes mit meinen weit aufgesprungenen Augen erblickt wie diesen Strom. Die Oder.«

So empfand es der schlesische Schriftsteller Heinz Piontek, und auch für den vierjährigen Carl Zuckmayer war der erste bewusste Blick von der Rheinbrücke ein nie wiederholbares, prägendes Lebenswunder:

> »Drunten aber, in einer Tiefe, die immer noch unfassbar, unermeßbar scheint, hat sich das Ziehen und Reißen jetzt zu einer vielfältigen, sich unaufhörlich abwandelnden Ordnung geformt. Da kräuselt ein Schaumkopf, da überschlägt sich eine Welle, da wirbelt etwas im Kreise vorbei, da furcht ein treibendes Holz, um das die Spritzwasser klatschen, da zieht ein

langer dunkler Sog hinter einem stampfenden Schleppkahn her, da heben und senken sich rasche Wogen um die Brechung des Pfeilers, eilen geglättet davon, und alles ist vom starken, herrischen Gesetz des Stroms, des Strömens, der Strömung gelenkt. Jetzt, im Abenteuer einer Erstüberschreitung, wird er dem Blick zum Ereignis, das ihn nie wieder verläßt. Kein späterer Blick auf Weltmeere oder Riesenströme kann ihn verdrängen oder nur vermindern.«

Es bleibt ein ewiger Kontrast: Der Fluss steht für die Sehnsucht nach Weite ebenso wie für die nach der Heimat, für Beharrlichkeit ebenso wie für Fortschritt. »An einem Strom geboren zu werden, im Bannkreis eines großen Flusses aufzuwachsen, ist ein besonderes Geschenk«, war sich Zuckmayer immer sicher. »Es sind die Ströme, die die Länder tragen und die Erde im Gleichgewicht halten, da sie die Meere miteinander verbinden und die Kommunikation der Weltteile herstellen. Im Strome sein, heißt in der Fülle des Lebens stehen.«

Da ist dann schon das nächste Paradoxon: Das ewig Fließende gibt besonders festen Halt. Auch das Heimweh ist ziehend wie ein Fluss, und daher am Fluss besonders gut aufgehoben. Der Titel von Arno Surminskis Roman »Kudenow, oder An fremden Wassern weinen« bezieht sich auf den 137. Psalm, in dem das verschleppte Volk Israel seiner Heimat gedenkt: »An den Strömen von Babel, da saßen wir und weinten, wenn wir an Zion dachten.« Hier sind es die vertriebenen Ostpreußen, die sich beim Duft von Pfefferminz und Kamille im frischen Heu sofort zu den vertrauten Memelwiesen zurücksehnen.

Für Zuckmayer und seine Frau Alice war es die Seine in Paris, an der sie, vertriebene Emigranten, an ihrem letzten Abend in Europa in einer Mainacht 1939 weinten:

> »In der Mitte der Brücke blieben wir stehen, setzten uns auf das Geländer, hielten uns aneinander fest. Wir waren betrunken. Wir wußten nicht, ob wir lachten oder weinten. Die Lichter der Stadt spiegelten sich in dem rasch fließenden schwarzen Wasser ... Ich hörte meine Frau stammeln – ›das alles – vielleicht nie mehr – vielleicht zerstört, in Trümmern – das alles, was wir –‹ sie machte eine weite Bewegung über den Fluß, über die Stadt, über unseren Erdteil hin – ›so schön‹ – rief sie und wies auf das durchflackerte Strömen der Seine.
>
> Ich aber sah nicht die Seine, sah nicht die Lichterstadt. Ich sah den Rhein.«

Carl Zuckmayer, einer der großen deutschen Autoren der 1920er-Jahre, dann ins Exil getrieben und in der Nachkriegszeit wieder hochgeschätzt, hatte ein großes Interesse an und ein enges Verhältnis zur Natur. In seinen Erinnerungen spielt sie eine große Rolle und wird von ihm detaillierter und kenntnisreicher geschildert als von den meisten seiner Zeitgenossen. Doch jetzt, auf dem Weg ins Exil, blieb ihm von aller Verbundenheit nur der Schmerz. Zuckmayer hatte schon vor Ausbruch des Zweiten Weltkrieges, und lange vor den ersten Bombenangriffen auf deutsche Städte, ein prophetisches Gedicht geschrieben – wieder mit der vertrauten, geliebten Flusslandschaft als Stimmungsträger:

Ich weiß, ich werde alles wiedersehn.
Und es wird alles ganz verwandelt sein,
ich werde durch erloschne Städte gehn,
darin kein Stein mehr auf dem andern Stein –
Der breite Strom wird noch zum Abend gleiten.
Auch wird der Wind noch durch die Weiden gehn,
die unberührt in sinkenden Gezeiten
die stumme Totenwacht am Ufer stehn.
Ein Schatten wird an unsrer Seite schreiten
und tiefste Nacht um unsre Schläfen wehn –
Dann mag erschauernd in den Morgen reiten,
der lebend schon sein eignes Grab gesehn.

Nach diesem Krieg teilte der Eiserne Vorhang Europa, wieder mit einem Fluss, der Elbe, als Grenze. Auch die Oder war plötzlich Grenzfluss geworden. So schwimmt auch in Günter Eichs »Oder, mein Fluss« so viel Heimweh mit. Der große Strom war, als Eich das Gedicht schrieb, für die meisten seiner ehemaligen Anwohner nicht mehr erreichbar:

Die Oder, der Fluss, der von weither kommt
– niemand ist an der Quelle gewesen von denen, die hier wohnen –,
mein Fluss, der im Novemberregen
und zu Zeiten der herbstlichen Winde
anschwillt und den Deich mit seinen Wellen bedrängt.

Die Regenschleier über dem kahlen Feld,
nicht unterscheidbar Wiesenufer und Bergufer
– geheimnisvolles Merkmal östlicher Flüsse –,
dumpfe Unruhe über Buhnen und Treidelweg,
über den grauen strähnigen Weiden und dem
Schilfrohr …

Dumpfe Unruhe in Ackerfurchen und Holundergebüsch,
Unverständliches in den Herzen.
Hier gedeiht das Vollkommene nicht,
hier bändigt niemand zu edlem Maß das Ungebärdige,
und das Dunkle ist wie vor der Schöpfung ungeschieden
vom Hell.

Die, denen die Oder jetzt Heimat und damit Halt gibt, waren zunächst ebenfalls Vertriebene: »Wir, die wir verstreut sind, seit unserer Kindheit in verschiedenen Gegenden, finden im Fluss eine Art Verwurzelung«, meint die polnische Literaturnobelpreisträgerin Olga Tokarczuk. Auch sie werden hier ein neues Kapitel schreiben, denn Landschaft ist ein lebendes Archiv. Sie speichert nicht nur ihre eigene Geschichte, sie konserviert auch jeden menschlichen Eingriff. Viele Spuren ihrer Bewohner sind buchstäblich verewigt, von der ersten Besiedlung bis heute. Dieses geschichtsträchtige Netz, aus dem alle Kulturlandschaften bestehen, halten dann wieder die Flüsse zusammen.

Eine der wichtigsten Verbindungen in Europa ist da die Donau. Sie entsteht in Deutschland aus dem Zusammenfluss ihrer Quellflüsse Brigach und Breg bei Donaueschingen. Mit gut 2800 Kilometern Länge ist sie – nach der

Wolga – der zweitlängste Fluss Europas, und der unkonventionellste dazu: Von allen größeren Strömen fließt allein die Donau von Westen nach Osten und stellt dabei gleich einen Weltrekord auf: Auf ihrem Weg ins Schwarze Meer verbindet sie zehn Länder und nimmt dabei jede mögliche Gestalt an, vom fast stehenden Gewässer über den unterirdisch versunken weiterziehenden Fluss bis hin zum erst reißenden, dann ruhigen Strom mit einem großen, besonders artenreichen Delta – also ein Fluss, passend zu jeder Landschaft und jeder Gelegenheit. »Dein silbernes Band / knüpft Land an Land«, heißt es im Donauwalzer, der inoffiziellen Nationalhymne Österreichs. Jahrhundertelang trafen sich an der Donau die Kulturen, und das riesige Habsburgerreich nannte sich »Donaumonarchie«, um das Verbindende des eindrucksvollen Stroms politisch zu nutzen. Doch auch die erstarkenden Nationalbewegungen innerhalb dieser »Völkervoliere« nutzen das wirkungsvolle Flussmotiv: Die legendäre »Moldau« des tschechischen Komponisten Bedřich Smetana, geschrieben 1874, stand nicht nur für die böhmische Landschaft, sondern erst recht für die Eigenständigkeit einer nationalen tschechischen Geschichte. Was Unterdrückern jeder Couleur nie entging: Nach dem deutschen Einmarsch 1939 wurde Smetanas Zyklus verboten, und unter sowjetischer Herrschaft blieb er ein misstrauisch betrachtetes politisches Manifest. Auch Bertolt Brecht nutzte 1944 diesen Fluss, um Hoffnung zu transportieren:

Am Grunde der Moldau wandern die Steine
Es liegen drei Kaiser begraben in Prag.

Das Große bleibt groß nicht und klein nicht das Kleine.
Die Nacht hat zwölf Stunden, dann kommt schon der
Tag.

Heute sind viele Fluss-Grenzen tatsächlich nur noch symbolisch: Da ist etwa die Mainlinie, inzwischen nur noch die Nordgrenze Süddeutschlands, früher Trennung der Einflusssphären der Großmächte Österreich und Preußen. Auch verschiedene Kulturräume definieren sich am fließenden Wasser: Die Elbe gilt als protestantisch, der Rhein als katholisch, auch wenn das nicht immer ganz genau stimmt. Und manchmal fließt das Wasser bloß noch zwischen rivalisierenden Städten oder Stadtteilen wie Frankfurt und Offenbach oder Hamburg und Harburg. In Europa war es nach 1945 die Elbe, an der eine zwei Großmächte trennende Grenze verlief, der Eiserne Vorhang zwischen Ost und West. Sie löste damit den Rhein, bis dahin der »Schicksalsstrom Europas«, als politischen Hotspot ab. Der hatte diese Rolle zum ersten Mal als Schutz der Germanenstämme vor den römischen Invasionsheeren gespielt. Bis Julius Cäsar den römischen Priester- und Kaisertitel »pontifex maximus«, oberster Brückenbauer, ganz wörtlich nahm: 55 vor Christus ließ er für sein Invasionsheer in nur zehn Tagen die erste Brücke über den Rhein schlagen, denn, wie er selbst festhielt, »er glaubte, mit Schiffen überzusetzen sei nicht sicher genug, und er war der Ansicht, dass eine Überfahrt weder seiner noch des römischen Volkes Würde entsprechen würde«. Übersetzt: Dieser beispiellose Brückenschlag diente genauso der psychologischen wie der realen Kriegsführung, der Einschüchterung der Eingeborenen durch das Potenzial einer Supermacht, die sogar einen derart mächtigen Fluss unterwirft.

Wie bedrohlich so etwas wirken kann, erlebte die Polin Olga Tokarczuk noch Jahrtausende später. Sie war noch ein Kind, als die Armeen des Warschauer Paktes die Tschechoslowakei überfielen:

> »Ich sah die Oder im Sommer 1968. Zuerst beobachteten wir vom Hof aus, wie schwere Panzer über die Straße in Richtung Fluss rollten, und die Erwachsenen sprachen besorgt davon, dass es Krieg geben würde. Ich nahm mein kleines Fahrrad und fuhr hinter den Panzern her. Sie hinterließen gelbe Staubwolken und tiefe Fahrrinnen, in denen mein Fahrrad umstürzte. Als ich auf den Damm kam, sah ich eine ungeheure Klammer, die sich über den Fluss spannte, eine Pontonbrücke, über die die letzten Panzer gefährlich schwankend auf die andere Seite fuhren. Es war ein unangenehmer Anblick, die Oder kam mir entheiligt vor, durch die Pontonbrücke zur Arbeit eingespannt, wie ein Pferd unters Joch genommen. So in der Mitte durchschnitten zuckte sie in der Sonne wie ein Fisch. Ich konnte nicht begreifen, dass diese großen Metallfahrzeuge mit solcher Leichtigkeit übers Wasser fahren konnten. Vor meinen Augen vollzog sich ein unmoralisches, anstößiges Wunder.«

Entsprechend dieser Rolle als umstrittene, nur mit militärischer Macht zu überwindende Grenze wurden Flüsse immer politischer gesehen und damit ihrer Natur mehr entfremdet als irgendeine andere Landschaft. »Von der Maas bis an die Memel«, wie es 1841 in Hoffmann von Fallerslebens Deutschlandlied heißt, mag noch ein reines Sehnsuchtsbild für ein damals in unzählige Fürstentümer zersplittertes Deutschland gewesen sein. Konkreter waren da die Ansprüche, die sich mit dem Rhein verbanden und die Frankreich und die deutschen Staaten zu erbitterten Feinden machten. »Auf zum Rhein. Man setze die nationale Bewegung fort durch den Krieg«, hieß es zum Beispiel 1840 in Frankreich. Zu den wütenden Reaktionen auf deutscher Seite gehörte auch ein Lied, dessen Text kein Dichter, sondern ein Amateur, der Industrielle Max Schneckenburger, im gleichen Jahr sozusagen im verbalen Affekt verfasste. Es machte Geschichte:

Es braust ein Ruf wie Donnerhall,
Wie Schwertgeklirr und Wogenprall:
Zum Rhein, zum Rhein, zum deutschen Rhein!
Wer will des Stromes Hüter sein?
Lieb' Vaterland, magst ruhig sein,
Fest steht und treu die Wacht, die Wacht am Rhein!

Damit war dieser Strom der Inbegriff einer politischen Landschaft geworden. Die »Wacht am Rhein«, 1854 von Carl Wilhelm vertont, blieb bis zum Ersten Weltkrieg so etwas wie die zweite deutsche Nationalhymne, das im Land meistgespielte und -gesungene Lied überhaupt. Das meist parodierte und karikierte allerdings auch: »Wacht ihr am Rhein so viel derr wollt, / In Frankfort lasst mich schlafe!«, brachte der Mundartdichter Friedrich Stoltze es 1884 auf den Punkt. 1840, als die politischen Rhein-Wellen am höchsten schlugen, markierte Nikolaus Beckers »Rheinlied« den Tiefpunkt dieser zum Glück nur verbalen Auseinandersetzung:

Sie sollen ihn nicht haben,
Den freien deutschen Rhein,
Ob sie wie gier'ge Raben
Sich heiser danach schrein …
Sie sollen ihn nicht haben,
Den freien deutschen Rhein,
Bis seine Flut begraben
Des letzten Manns Gebein!

Auf dieses bald ebenfalls sehr populäre Lied bezog sich dann wieder Heinrich Heine, als er 1844 in »Deutschland. Ein Wintermärchen« den alten »Vater Rhein« seufzen lässt:

»Das dumme Lied und der dumme Kerl!
Er hat mich schmählich blamieret,
Gewissermaßen hat er mich auch
Politisch kompromittieret.«

Nicht genug mit den ständigen politischen Besitzansprüchen. Der Rhein wurde auch sonst mit tieferer Bedeutung be- und überfrachtet, wie es kein anderer deutscher Fluss je hatte hinnehmen müssen, und er stand dabei als Stellvertreter für sie alle:

Der Fluß glitt einsam hin und rauschte,
Wie sonst, noch immer, immerfort,
Ich stand am Strand gelehnt und lauschte,
Ach, was ich liebt, war lange fort!
Kein Laut, kein Windeshauch, kein Singen
Ging durch den weiten Mittag schwül,
Verträumt die stillen Weiden hingen
Hinab bis in die Wellen kühl.

Unverkennbar romantisch ist das Joseph von Eichendorff. Der Rhein blieb aus gutem Grund der klassische Fluss der Romantik: Seine Hänge sind mit Weinbergen und Burgen gesäumt, und irgendwo in seiner Obhut ruht das bekannteste Symbol für Verborgenes in geheimnisvollen Flusstiefen, das sagenhafte Rheingold. Es ist der fluchbeladene Schatz der Nibelungen, 144 Wagenladungen rotes Gold und Edelsteine, den Siegfried damit erkämpft, dass er einen Drachen tötet. Siegfrieds Mörder Hagen versenkt ihn später im Rhein, bevor er selbst von Siegfrieds Witwe niedergemetzelt wird. Der Rhein als Schatzfluss – eine hartnäckige, archaische Überlieferung, weit, weit älter als das Nibelungenlied, das zu Beginn des 13. Jahrhunderts niedergeschrieben wurde. Der reale Hintergrund all dieser Überlieferungen könnte eng mit der Geschichte und der symbolischen Bedeutung einer anderen deutschen Landschaft verknüpft sein, mit der des Teutoburger Waldes. In Fachkreisen wird heiß diskutiert, ob der Rheingold-Sage nicht eine ganz reale Begebenheit zugrunde liegen könnte. Sind die Siegfried-Legenden, die überall in Nordeuropa verbreitet waren, vielleicht ein letztes sprachliches Echo der Varusschlacht? Nach der vernichtenden Niederlage im Germanenwald zog sich das Imperium Romanum hinter den Rhein zurück. Der große Fluss markierte fortan die Grenze zwischen romanischem und germanischem Europa, zwischen zwei Kulturen, deren Differenzen bis in unsere Tage immer wieder mit Waffengewalt ausgetragen wurden. Bedeutet der sagenhafte Siegfried, der den Drachen erschlägt, vielleicht einen späten Abglanz des Cheruskers Arminius, der den eigentlich unbesiegbaren, gepanzerten römischen Heerwurm vernichtete? Es gibt verblüffende Parallelen, die dafür sprechen würden, einschließlich des Schicksals der beiden Protagonisten: Sowohl der reale Arminius als auch der sagenhafte Siegfried wurden jung von missgünstiger Verwandtschaft ermordet. Ist also das sagenhafte Rheingold, versenkt »bei dem Loche«, am Ende römisches Raubgut, gar die verschwundene Kriegskasse des Varus? Ein ewiges, faszinierendes Rätsel, nur eines steht da fest: Der Rhein war schon vor über 2000 Jahren ein Schicksalsstrom Europas.

Ich weiß nicht, was soll es bedeuten,
dass ich so traurig bin;
ein Märchen aus alten Zeiten,
das kommt mir nicht aus dem Sinn.

Die Luft ist kühl und es dunkelt,
und ruhig fließt der Rhein;
der Gipfel des Berges funkelt
im Abendsonnenschein.

Die schönste Jungfrau sitzet
dort oben wunderbar;
ihr goldnes Geschmeide blitzet,
sie kämmt ihr goldenes Haar.

Sie kämmt es mit goldenem Kamme
und singt ein Lied dabei;
das hat eine wundersame,
gewaltige Melodei.

Den Schiffer im kleinen Schiffe
ergreift es mit wildem Weh;
er schaut nicht die Felsenriffe,
er schaut nur hinauf in die Höh.

Ich glaube, die Wellen verschlingen
am Ende Schiffer und Kahn;
und das hat mit ihrem Singen
die Lore-Ley getan.

Heinrichs Heines Loreley, der Flusslied-Klassiker schlechthin, betörend wie sonst nur das Rheingold selbst. Nur eben nicht aus uralten Zeiten: Tatsächlich ist die blonde Sirene eine Erfindung des Romantikers Clemens von Brentano und hatte 1800 in seinem längst vergessenen Roman »Godwi« Premiere. Unsterblich machte diese Lore-Ley dann erst 1824 Heinrich Heine, in dessen Gedicht sich sowohl antike Fluss- und Quellnymphensagen, also Verkörperungen dieser Landschaft, als auch Grimms Märchen von der Gänsemagd, der goldhaarigen Königstochter, spiegeln. Unter den um die vierzig Vertonungen war es die 1837 geschriebene von Friedrich Silcher, sanft, melancholisch und eingängig wie ein Volkslied, die der gefährlichen Blondine den ewigen Spitzenplatz im Pantheon der Flussmythen sicherte. So viel wabernde Mythologie – da wird es dann irgendwann höchste Zeit für Christian Morgensterns sozusagen antizyklisches Gedicht »Das Wasser«:

Ohne Wort, ohne Wort
rinnt das Wasser immerfort;
andernfalls, andernfalls
spräch' es doch nichts andres als:

Bier und Brot, Lieb und Treu, –
und das wäre auch nicht neu.
Dieses zeigt, dieses zeigt,
daß das Wasser besser schweigt.

Das tut es jedoch nicht immer, im Gegenteil. Ein Fluss kann jederzeit ebenso wild und mörderisch werden wie die See. Mit Überschwemmungen forderten auch Flüsse regelmäßig tödliche Tribute, und das tun sie bis heute. Im Sommer 2021 mussten die Anwohner der Ahr, die von den Romantikern als »die wildeste Tochter des Rheins« besungen wurde, erleben, zu welcher Wildheit auch ein romantischer Fluss in der Lage ist. Von einer verheerenden Flutwelle überrumpelt, standen sie plötzlich mitten in einem hoch technisierten Land ebenso ohnmächtig da wie unzählige Flussanrainer seit Jahrtausenden. Günther Weisenborn hielt in »Zwei Männer« diese archaische Erfahrung fest:

»Jetzt aber halfen keine Patronen und kein scharfes Auge. Dieser Feind hier, das Wasser, war bösartig wie hundert Schlangen, die heranzischten, und todesdurstig wie der grösste Puma auf dem Ast. Man konnte das Wasser schlagen, es wuchs. Man konnte hineinschießen, es griff an. Es biss nicht, es stach nicht, das Wasser, es suchte sich nur mit kalten Fingern eine Stelle am Mann, seinen Mund, um ihn anzufüllen, bis Blasen aus der Lunge quollen.«

Als »der schreckliche Feind, der nicht nachlässt zu toben, bis er nicht Land und Leute verdorben hat«, wurde deshalb der Rhein Anfang des 19. Jahrhunderts bezeichnet. Da schien die umfassende »Korrektur« des unbotmäßigen Gewässers, die der badische Ingenieur Gottfried Tulla plante, Segen und Fortschritt gleichermaßen: »Kein Strom oder Fluss, also auch nicht der Rhein, hat mehr als ein Flussbett nötig«, lautete das Motto: »In der Regel sollten in kultivierten Ländern die Bäche, Flüsse und Ströme Kanäle sein und die Leitung der Gewässer in der Gewalt der Bewohner stehen.« Die totale Unterwerfung aller Natur als Heilsbringer – damit war Tulla, dessen Begradigungs-Pläne zwischen 1817 und 1876 zum größten Teil umgesetzt wurden, ein typischer Repräsentant einer unbegrenzt technik- und fortschrittsgläubigen Epoche. Und der Rhein wurde – mal wieder – deren Symbol.

Dass das mit der »Korrektur« seine Nebenwirkungen haben kann, war allerdings auch schon damals bekannt. Eingriffe in den Lauf eines Flusses gibt es seit uralten Zeiten, und oft bringen sie unerwartete Probleme mit sich.

Zum Beispiel ließ die seit dem frühen Mittelalter übliche Dreifelderwirtschaft ein Drittel der Ackerfläche regelmäßig brachliegen. Prompt spülten Regen oder Schneeschmelze diese wertvolle Ackerkrume in die Flüsse, verschlammten und versandeten ihre Betten und verursachten massive Umweltprobleme, darunter bedrohliche Fischsterben. Aus Sachsen sind solche Ablagerungen aus dem 8. Jahrhundert nachgewiesen, die Rheinmündung versandete durch sie, und im 11. Jahrhundert gab es im Themsebecken ebenfalls große Probleme. Erschwerend kam das Wasseraufstauen für früheste Industrie, zum Beispiel für Getreidemühlen dazu, das ebenfalls riesige Sedimentablagerungen verursachte und viele Fische von ihren Laichplätzen abschnitt. Die Folgen für das lebensnotwendige Grundnahrungsmittel Fisch waren dann derart dramatisch, dass zum Beispiel in Schottland im 13. Jahrhundert frühe Umweltschutzgesetze erlassen wurden:

> »Der Wasserstrom soll allenthalben so frei sein, dass ein gut gefüttertes, dreijähriges Schwein sich innerhalb des Stroms in alle Richtungen drehen kann, ohne dass Schnauze oder Schwanz dabei den Rand des Wassers berühren.«

Das war ein anschauliches, überall greifbares, jedem Analphabeten bekanntes und sogar halbwegs standardisiertes Längenmaß: Die Rückenlänge eines dreijährigen, also ausgemästeten Schweins dürfte damals ziemlich genau der eines großen Wildschweins entsprochen und etwa anderthalb Meter betragen haben. Wenn so ein Brocken sich noch drehen konnte, ohne »den Rand des Wassers«, also die Ufer, zu berühren, bedeutete das: Egal, welche Bauwerke ein Flussbett verengten, mindestens anderthalb Meter Strömungsbreite mussten immer frei bleiben.

Auch für die immer wachsenden Großstädte war eine freie Strömung unentbehrlich, nutzten sie doch, unter dem Motto »Aus den Augen, aus der Nase, aus dem Sinn«, die Landschaft konsequent als riesige Kloake. Diese natürliche Wasserspülung war schon früh chronisch überlastet. Köln zum Beispiel leerte ständig große Jauchegruben in den Rhein, die dann nur schwer abflossen, die Themse in London stank trotz Tide bestialisch, und Paris schaffte es schon im frühen 15. Jahrhundert, dass die Seine »verschmutzt und verdorben« war. Was in Jahrhunderten der Industrialisierung nicht besser wurde. Bis zu unseren Tagen gehörte quasi zum Markenzeichen eines größeren Flusses immer auch ein ausgeprägt unangenehmer Geruch. 1947 wird in Wolfgang Borcherts Kriegsheimkehrerdrama »Draußen vor der Tür« der lebensmüde junge Beckmann von der Elbe kräftig zusammengestaucht, bevor sie ihn kurzerhand ausspuckt:

> »Ah, da reißt du deine Kinderaugen auf, wie? Du hast wohl gedacht, ich wäre ein romantisches junges Mädchen mit blaßgrünem Teint? Typ Ophelia mit Wasserrosen im aufgelösten Haar? Du hast am Ende gedacht, du könntest in meinen süßduftenden Lilienarmen die Ewigkeit verbringen. Nee, mein Sohn, das war ein Irrtum von dir. Ich bin weder romantisch noch süßduftend. Ein anständiger Fluß stinkt. Jawohl. Nach Öl und Fisch.«

Und nach Abwässern, versteht sich. Lange hatte diese Brühe dann nahezu ungefiltert das Trinkwasser großer Städte geliefert, erstaunliche Artenvielfalt inklusive: »Vom Tier in Hamburgs Wasserrohr / Da kommen 16 Arten vor«, hieß es zum Beispiel Ende des 19. Jahrhunderts, und das war nicht übertrieben. Im 20. Jahrhundert wurde dann zwar das Trinkwasser besser gefiltert, die Abwässer aber noch lange nicht. Städtische Abwässer, Düngemittel und Pestizide aus der Landwirtschaft, ungeklärte Chemie- und Industrieabfälle, darunter mörderische Gifte – den Flüssen blieb nichts erspart. Aus Lebensadern ganzer Landschaften wurden Abwasserkanäle, düstere, oft auch noch in Beton gefasste Symbole rasanter Umweltzerstörung. 1988, noch in der DDR, schrieb Thomas Rosenlöcher in »Die Elbe«:

Der Uferweg, die Böschung und die Steine.
An schwarzer Mauer schwarze Industrie
Entleert sich schweigend in das schwarze Wasser.
Doch mitziehn Wiesen, und der Berghang, einst
Geleit und Halt, vor Schönheit fast verzitternd,
rollt noch sein Grün über die roten Dächer,
vorbei an einer Villa, weit geöffnet
die Fenster, da Musik herüberweht
und fernher, wo gebaut wird, Pinke Panke,
als gälte es, den Fluss zu dirigieren,
dass er an seinen Rändern heller strudelnd
Du schöner Fluss mit deiner Flut
über glitschige Steine aufwärts fließt
und sich am Grund die Fladen leise regen,
und rascher in der Mitte, nur hinunter,

lautloses Kettenknirschen, Rohgejohl.
Was hab ich nur. Es geht, es geht doch alles.
Selbst noch der tote Fluss fließt fort.

Zum Inbegriff einer fließenden Leiche, eines buchstäblich zu Tode missbrauchten Gewässers wurde der Rhein. Wieder spielte der Schicksalsstrom die traditionelle Fluss-Rolle: »Er zeigt stellvertretend, wie weit wir es gebracht haben«, bilanzierte der Bundesminister für Atomenergie und Wasserwirtschaft 1962: »Vater Rhein ist die größte Kloake Europas.« Doch gerade dieses Desaster, 1969 augenfällig an einem europaweiten, horrorfilmreifen Fischsterben, brachte die Dinge endlich buchstäblich in Fluss: Rund um den zum Himmel stinkenden Kadaver des Rheins entstanden in den Siebzigerjahren die ersten Bürgerinitiativen, und eine ganz neue Strömung brach sich Bahn: Zum ersten Mal wurde Umweltschutz nicht als Faible weltfremder Biologielehrer und Literaten à la Hermann Löns, sondern als gesellschaftliche Aufgabe gesehen. Auch wenn diese Zusammenhänge zunächst den wenigsten klar waren: »In blütenweißer Wäsche ringen wir lamentierend die Hände an phosphatverseuchten, vor Überdüngung stinkenden Seen und Flüssen«, bilanzierte der Journalist und Umweltschützer Horst Stern. Wenigstens diese Gleichgültigkeit wäre heute, dank des warnenden und ja: symbolischen Beispiels der Flusslandschaften, so nicht mehr denkbar. Vieles bleibt trotzdem noch zu tun, aber vieles hat sich tatsächlich verändert. Allem voran der Rhein: Seine Wasserqualität ist deutlich gebessert, der Fluss bekommt an einigen Ufern seine Freiheit und damit einen Teil der früheren Artenvielfalt zurück. Ein Wandel, der Goethe und dem von ihm abgewandelten Heraklit noch einmal eine unerwartet aktuelle Bedeutung verleiht:

Gleich mit jedem Regengusse
Ändert sich dein holdes Tal
Ach, und in dem selben Flusse
Schwimmst du nicht zum zweitenmal.

DIE KARGE LANDSCHAFT: HEIDE

»Mit einem Male wurde das anders: Die Heide kam in Mode. Es regnete Menschen, es hagelte Volk. Sie kamen, wenn die Heide blühte, in hellen Haufen angezogen, zu Fuß, zu Rad und zu Wagen, rissen das blühende Heidekraut ab, fragten den Schnuckenschäfer dumm und albern, gaben mit weißer, roter und blauer Kreide auf den grauen Steinen an, daß sie Meyer, Müller oder Schulte hießen und hinterließen eine Unmenge von Wurstpellen, Eierschalen, Stullenpapier, Stanniol, Konservenbüchsen und Flaschenscherben und manchmal auch einen kleinen Heidebrand, so daß der Oberförster eine Tafel aufstellen lassen mußte, auf der zu lesen stand, daß derjenige, welcher usw., mit nicht unter soundso viel Mark Strafe usw. Und sonntags mußte ein Forstarbeiter dort Schildwache stehen.«

Nichts Neues unter der Sonne. Was klingt wie ein aktueller Seufzer über die Folgen des Massentourismus stammt aus dem Jahre 1910. »Heidedichter« Hermann Löns beklagt hier die Folgen eines Booms, den er selbst mit ausgelöst hat. Die Heide, einst unscheinbares Aschenputtel unter den deutschen Landschaften, hatte Karriere gemacht. Sie war plötzlich ein viel besungener, viel besuchter Tourismus-

Hotspot und auch sonst rundum »in«: Heideszenen in Öl, nur echt mit Pfeife rauchendem Schäfer und Hünengrab, machten in Kunstausstellungen und an Wohnzimmerwänden den deutschen Eichen und röhrenden Hirschen Konkurrenz. Das Verblüffende an diesem dramatischen Wandel: Was sich da binnen einer Generation verändert hatte, war nicht etwa die Heide selbst. Es war der öffentliche Blick auf sie, es war ihr Image, das sich so vollständig umgekehrt hatte. Lange wäre das unvorstellbar gewesen, denn seit Menschengedenken hatte sich die Heide mit dem Moor den Ruf als ödeste, unheimlichste und unattraktivste Landschaft Deutschlands geteilt. Was passend war, da beide sozusagen verschwistert sind, oft ineinander übergehen, und das eine aus dem anderen entstehen kann. »Die Heide ist das Leichentuch des Moores«, hieß es, und in der Tat: Da, wo Moor trockengelegt wurde, war der Boden zunächst oft so sauer, trocken und sandig, dass Landwirtschaft nicht möglich war und sich dafür sofort die typische, karge Heideflora ansiedelte.

Heide, früher auch Haide genannt, war ursprünglich die generelle Bezeichnung für unbebautes, unfruchtbares, nicht urbar zu machendes Land, also für einen besonders abweisenden Landschaftstyp. Goethes bedauernswertes »Röslein auf der Heiden« ist deshalb keine botanische Verirrung, sondern war einfach ein einprägsames Symbol für Schönheit inmitten von trostloser Ödnis. Heute versteht man unter »Heide« eine Landschaft, die durch Sträucher oder Zwergsträucher mit immergrünem, hartem Laub geprägt ist, vor allem durch das sprichwörtliche Heidekraut, die Besenheide, Calluna vulgaris. Sie gedeiht auf sonnigen bis lichten sandigen Standorten, verträgt kalkfreien, sogar sauren Untergrund. Dazu überlebt sie als Tiefwurzler sogar auf sehr trockenem Untergrund, ist also eine perfekte Pionierpflanze für Extremstandorte. Besenheide breitet sich nach und nach flächendeckend aus, wird ungefähr 40 Zentimeter hoch und blüht als junge Pflanze üppig – die klassische, bei Touristen und Honigbienen gleichermaßen beliebte leuchtend violette Heideblüte. Akzentuiert wird diese flächige Farbenpracht an feuchteren Standorten von der etwas helleren Glockenheide, der viel besungenen, aber selten gewordenen Erika. »Wenn das Heidekraut blüht im September, wenn die Heidberge in Rosenrot, Purpur und Violett getaucht sind, dann zieht auch der Stadtmensch in die Heide hinaus und schwärmt für ihr Blühen und Glühen«, schilderte Hermann Löns, und zu diesen Stadtmenschen gehörte auch sein Zeitgenosse Rainer Maria Rilke:

Wo der Saum der Hügelketten
Fern den müden Himmel hält,
dort zerfließt in violetten
Farbentönen schon die Welt.

Dieses einmalige Landschaftsbild ist jedoch immer gefährdet. Lässt man der Natur ihren Lauf, verholzt Calluna schnell und wird immer höher und lichter, Moose und Gräser wachsen in die Heidefläche ein. Die Erika verschwindet sofort, die Besenheide stirbt langsamer von der Mitte her ab. Am Boden aufliegende Äste können sich zwar neu bewurzeln, aber die geschlossene Heidefläche ist dahin. Diese Chance nutzen konkurrenzstarke Gräser, die jede Lücke besetzen, gefolgt von Gestrüpp und Baumschösslingen, und bald ist die Heidefläche Geschichte, oder vielmehr: Kiefernwald. Was praktisch bedeutet: Diese ganze Landschaft braucht ständige Pflege. Soll die Heide blühen, darf sie niemals alt werden. Die offenen, zusammenhängenden Flächen, die unsere Vorstellung von Heide bestimmen, müssen regelmäßig verjüngt werden. Genau das ist die Aufgabe der großen Schafherden, die das Heidekraut ständig abfressen und damit so in Form halten, dass es vom Spätsommer bis in den Herbst ein eindrucksvolles, einmaliges Landschaftsbild präsentieren kann: »Dann aber dehnt sich das Blühend-Braunviolette, oben die Blüten leuchten, unten streckenweis holziges Braun, alles ist so fest und dicht, dass es wirklich wie ein Pelz aufsitzt«, staunte der Berliner Kritiker Alfred Kerr.

Ausgedehnte Heideflächen finden sich fast überall auf den langen nordeuropäischen Geestrücken, die an die Küstenmarschen angrenzen und in Dänemark sogar »Heidelandschaft« heißen. »Marsch, Geest und Moor vergegenwärtigen uns gewissermaßen die menschlichen Temperamente«, meinte »Marschendichter« Hermann Allmers.

> »Die Marsch repräsentiert das Phlegmatische. Die leichte Geest dagegen ist durch und durch sanguinisch. Hier ist alles Wechsel, bald ernst, bald heiter, bald dürr, bald fruchtbar, bald Tal, bald Hügel, hier dämmeriger Wald, dort schattenlose Sandwüste; hier grüner Wiesengrund und wallende Kornfelder, dort stille rohrumflüsterte Teiche, – alles in schroffen Gegensätzen, wie der Ausdruck eines sanguinischen Gemüts.«

Die Heide ist tatsächlich ein schroffer Gegensatz, ein Paradoxon in sich: eine scheinbar unbezähmbare, nicht nutzbare Landschaft, die doch von menschlichen Eingriffen abhängig ist. Abgesehen von den Heideflächen direkt am Meer, auf denen Bäume nie gedeihen konnten, hat ihre Existenz überall sonst mit frühen menschlichen Umweltsünden begonnen, meist mit Kahlschlag, Flächenbrand oder Übernutzung. Hier wie überall nutzte die Natur anschließend ihre Chance, und aus diesem Zusammenspiel haben sich dann über lange Zeit nicht nur unsere Kulturlandschaften, sondern auch einzigartige, eigenständige neue Biotope entwickelt. Die größten zusammenhängenden blühenden Heideflächen Mitteleuropas werden heute in der Lüneburger Heide kultiviert. Sie gehört mit ungefähr 6000 Jahren Alter zu den ältesten bekannten Kulturlandschaften überhaupt, und der Sage nach verdankt sie ihre Entstehung einem gewaltigen Raubbau: Als Lüneburg noch inmitten dichter Wälder lag, erlegten Jäger ein Wildschwein mit weiß verkrustetem Fell, die später legendär gewordene Salzsau. Das Tier hatte sich in einem salzigen Tümpel gewälzt, der eine Solquelle verriet, gespeist von einem gewaltigen Salzstock darunter. Salz war damals das einzige bekannte Konservierungsmittel, kostbarer als Gold. Folgerichtig schlugen die Lüneburger zügig die umliegenden Wälder kahl, um Brennholz für die großen Sudpfannen zu gewinnen, in denen das Salz getrocknet wurde. Ergebnis: eine sehr reiche Stadt inmitten einer sehr tristen Steppe. Soweit die Sage, und die Landschaft wirkte karg genug, um Heinrich Heine zu einem bissigen Vergleich zu verhelfen: »Das Gesicht nur ein Mund zwischen zwei

Ohren, die Brust trostlos öde, wie die Lüneburger Heide.« Da lässt es sich erraten: Heinrich Heine war zeitweise, nicht ganz glücklich, in Lüneburg zu Hause. Im »Buch der Lieder« nutzte er denn auch die ihm so wohlvertraute Heide als Liebeskummer- und Todessymbol:

Es träumte mir von einer weiten Heide,
Weit überdeckt von stillem, weißem Schnee,
Und unterm weißen Schnee lag ich begraben
Und schlief den einsam kalten Todesschlaf.

Seine Zeitgenossin Caroline Schlegel gruselte sich schon zu Lebzeiten. Sie schrieb 1801 in einem Brief:

> »Die Eile war das Beste von der Reise, denn hilf Himmel welch ein Land! Ich wurde seekrank von dem einförmigen Anblick der Heide und des Himmels, und so geht es doch von Braunschweig bis hieher 18 Meilen in Einem fort, dürre braune Heide, Sand, verkrüppelte Bäume mit Moos und Schimmel überzogen, alle Meile ein Dorf statt Meilenzeiger, das recht aus dem nemlichen Boden hervorgewachsen zu seyn scheint.«

Die derart verrufene Lüneburger Heide entstand in Wirklichkeit wohl weniger aus einem einzelnen Kahlschlag, sondern eher aus einer Kombination dieses Raubbaus an den Wäldern und spezieller menschlicher Bewirtschaftung, Marken- oder Heidebauernwirtschaft genannt. Das Heidekraut, das überall dort aufwuchs, wo auf den dürftigen Böden der Wald fiel, wurde dabei alljährlich gemäht oder in

Plaggen gestochen und als Stalleinstreu genutzt. Klein getreten und mit tierischem Dünger angereichert, kam diese Streu anschließend als Dünger auf Ackerflächen, die davon ganz allmählich fruchtbarer wurden. Die Heide selbst blieb durch den ständigen Aderlass mager, jung und blühfähig. Zusätzlich wurde besonders genügsames Vieh, meist Schafe, zum Grasen auf die sprießenden Heideflächen getrieben und verjüngte sie noch einmal. Die so gewonnene üppige Blüte wiederum ernährte die Honigbienen, eine weitere Grundlage der Heidebauernwirtschaft, die auf so gut wie jedem Hof gehalten wurden. Modernere Landwirtschaft brachte da im 19. Jahrhundert einen ersten Wandel: Statt die Heide mühsam per Hand abzuplacken – noch heute Synonym für eine besonders harte Arbeit –, wurde sie kurzerhand abgeflammt, also in Brand gesetzt, um sie im Jugendstadium zu erhalten, und auf die Felder kam statt Stalleinstreu Kunstdünger. Das hatte fatale Folgen für Flora, Fauna und die gesamte weitere Umwelt: Der berüchtigte Heide- oder Haarrauch war über dem Boden oft so dicht, dass er jede Sicht nahm, und wurde in der Brandsaison im Frühling Hunderte von Kilometern weit über Land getrieben.

Selbst ohne diese beängstigenden Feuer galt die Heide noch in der ersten Hälfte des 19. Jahrhunderts durchgängig als verrufene, von dumpfen Hinterwäldlern bewohnte Riesensteppe, als landschaftliche Verkörperung tristester Hoffnungslosigkeit. Goethe gab da im »Faust« den Ton an: »Ich sag' es dir: Ein Kerl, der spekuliert, / Ist wie ein Tier auf dürrer Heide. / Von einem bösen Geist im Kreis herumgeführt, / Und ringsumher liegt schöne grüne Weide.« Bei

Nikolaus Lenau heißt es: »Hier lebt die Erde still und arm und trübe«. Für Ludwig Uhland erfüllt sich »Des Sängers Fluch« so: »Und rings statt duft'ger Gärten ein ödes Heideland, / Kein Baum verstreuet Schatten, kein Quell durchdringt den Sand.« Theodor Storm schließlich fand hier sogar den Inbegriff verpasster Lebenschancen:

Über die Heide hallet mein Schritt;
Dumpf aus der Erde wandert es mit.
Herbst ist gekommen, Frühling ist weit –
Gab es denn einmal selige Zeit?
Brauende Nebel geisten umher;
Schwarz ist das Kraut und der Himmel so leer.
Wär ich hier nur nicht gegangen im Mai!
Leben und Liebe – wie flog es vorbei.

In den 1850er-Jahren fasste der sächsische Pädagogikprofessor Hermann Masius die gängige Sichtweise auf diese Landschaft so zusammen:

> »Ein wunderbar gemischtes Gefühl ergreift den Fremden, der sie zuerst betritt. Beklemmt steht er still, als sei er plötzlich auf einen verödeten, ausgestorbenen Planeten geworfen. Da sprießt kein Halm, da grünt kein Baum, da rankt sich keine Blume hinan: da ist nur Himmel und Heide. Ueberall dieselben langgestreckten, wüsten Rücken, überall dasselbe düstere Braun, dieselbe schwermütige Stille. Alles ist mumienhaft erstorben. Auch die Vegetation, die mit unüberwindlicher Zähigkeit das Land unterworfen, gleicht

> fast nur einem Pflanzengespenst, das kein Wechsel der Jahreszeit lebenerweckend berührt. Als sei plötzlich der Meeresgrund emporgehoben und die am Boden wurzelnden Tanggestrüppe unter dem ungewohnten Strahl der Sonne versengt: so stellt sich diese ununterbrochen von dem graubraunen Zweigwerk der Erika überzogene Fläche dar, das Bild eines verfallenen Gemütes, das aus sich selbst alles Leben gelöscht hat.«

Der häufigste Waldbaum der Heide passt perfekt zu diesem melancholischen Tenor. Es ist die Kiefer, die dunkle, ernste Föhre. Der genügsame immergrüne Nadelbaum wirkt wie ein lebender Holzschnitt, bringt mit seiner Starre, seiner rötlichen Rinde und den langen Nadelbüschen ein grafisches Element in eine ohnehin schon herbe Landschaft: »Waldkonzerte! Waldwindchöre! / Düstres Solo strenger Föhre«, heißt das bei Christian Morgenstern, oder »Vom Ufer starret Gestumpf hervor / Unheimlich nicket die Föhre«, bei Annette von Droste-Hülshoff. Theodor Fontane dagegen, aus der Mark Brandenburg mit »dunklen Kiefernwäldern«, wie es in der Landeshymne heißt, mehr als vertraut, sah diesen Baum eher als Mittler in eine andere Welt:

Am Waldessaume träumt die Föhre,
Am Himmel weisse Wölkchen nur;
Es ist so still, dass ich sie höre,
Die tiefe Stille der Natur.

Der andere typische Heidebaum könnte gegensätzlicher nicht sein. Die zarte, helle, duftige Birke gilt als Inbegriff alles Heiteren, als Verkörperung von Leben und Bewegung, Frühling, und, wie bei Paul Celan, von Heide:

Es steht gekrümmt ein Birkenstamm
Gekrümmte weiße Kreide.
Drei Wolken links. Ein Bergeskamm.
Und Heide, Heide, Heide.

Glaubt man Goethe, ist dieser Baum ein botanischer Stimmungsaufheller:

> »Wer sein Leben lang von hohen ernsten Eichen umgeben wäre, müßte ein anderer Mensch werden, als wer täglich unter luftigen Birken sich erginge.«

In einer typischen Heidelandschaft allerdings sind Birken und Eichen etwa gleichermaßen häufig vertreten, die Birken an Wegen und Straßen, die Eichen rund um die Höfe. Das ergäbe also sozusagen ein botanisches Patt – und die strengen Kiefern, die ganze Wälder dominieren, sind ohnehin immer in der Überzahl.

Die weißrindige Birke ist dazu der perfekte Kontrast. Sie ist eben nicht erstarrt, nicht statisch kühl, sondern beweglich heiter. Ihr großer Charme besteht in den zarten, schwingenden Zweigen mit Blättern, die sogar einen Kurt Tucholsky völlig aus dem verbalen Konzept brachten:

»Mir fehlt ein Wort. Ich werde ins Grab sinken, ohne zu wissen, was die Birkenblätter tun. Ich weiß es, aber ich kann es nicht sagen. Der Wind weht durch die jungen Birken; ihre Blätter zittern so schnell, hin und her, dass sie … was? Flirren? Nein, auf ihnen flirrt das Licht; man kann vielleicht allenfalls sagen: die Blätter flimmern … aber es ist nicht das. Es ist eine nervöse Bewegung, aber was ist es? Wie sagt man das? Was man nicht sagen kann, bleibt unerlöst – ›besprechen‹ hat eine tiefe Bedeutung. Steht bei Goethe ›Blattgeriesel‹? Ich mag nicht aufstehen, es ist so weit bis zu diesen Bänden, vier Meter und hundert Jahre. Was tun die Birkenblätter –? Während ich dies schreibe, stehe ich alle vier Zeilen auf und sehe nach, was sie tun. Sie tun es. Ich werde dahingehen und es nicht gesagt haben.«

Was immer sie tut, die Birke ist neben der Linde ein klassischer Baum der Liebe, in einem Gedicht des deutsch-französischen Dichters Yvan Goll sogar der Liebe über den Tod hinaus:

Ich möchte diese Birke sein
Die du so liebst:
Hundert Arme hätt ich um dich zu schützen
Hundert grüne und sanfte Hände
Um dich zu streicheln!
Ich hätte die besten Vögel der Welt
Um dich bei Tagesanbruch zu wecken
Und am Abend zu trösten

In den Stunden des Sommers könnt ich dich
Unter Blumenblättern aus Sonne verschütten
In meinen Schatten hüllte ich zur Nacht
Deine ängstlichen Träume
Ich wollt ich wäre diese Birke
Zu deren Fuß sie dein Grab höhlen werden
Und die mit ihren Wurzeln
Dich noch umklammern wird.

Letzteres wird sie bestimmt nicht tun, denn die Birke ist ein Flachwurzler. Das ist ihr großes Handicap in der Heidelandschaft: Sie fällt auf den lockeren, sandigen Böden leicht schweren Stürmen zum Opfer. Obwohl, das fand auch Christian Morgenstern, der Wind ihr eigentlich steht wie kaum einem anderen Baum: »Wie mag in einem rechten Sturm ein Baum zum Gefühl seiner selbst kommen! Wie wunderbar ist eine Birke im Sturm! Wie göttlich graziös! Wie unsagbar malerisch!« Die Birke ist ganz dem Diesseits zugewandt, und es liegt ihr überhaupt nicht, Grenzgängerin zwischen Leben und Tod zu sein.

Solche Doppelgesichtigkeit, so viel unheimliche Ambivalenz passt dafür perfekt zum Dritten im Baum-Bunde, dem Wacholder, auf Niederdeutsch Machandelboom. Nach ihm ist sogar ein spezifischer Landschaftstyp benannt, die Wacholderheide. Dieses graugrüne, sehr aromatische Zypressengewächs hat derart spitze Nadeln, dass kein Tier es verbeißt, und steht deshalb oft allein über weiten Heideflächen. Was die Schafe verschmähten, liebten die Menschen seit alters her: Wacholder ist eine der ältesten Gewürz-Ritual- und Räucherpflanzen der Menschheit. Sein Name soll vom althochdeutschen »wehal« für kräftig, immergrün und lebendig stammen, das im Mittelhochdeutschen zu »wechalter« wurde. Was »Wachhalter« bedeuten sollte, denn der Wacholder galt als »Hüter der Schwelle« zwischen Leben und Tod. Dort, wo er steht, sollen sich die Tore zur Totenwelt öffnen können. Vielleicht deshalb hat der Wacholder tatsächlich etwas latent Unheimliches. Bei Zwielicht oder beim in dieser Landschaft häufigen, um die Sträucher zerflatternden Nebel kann er wirklich an kerzengerade aufgerichtete oder schlangenhaft verkrümmte Gestalten erinnern, die plötzlich am Weg auftauchen. Magische Kräfte hat er auf jeden Fall: Wacholder kann über 2000 Jahre alt werden und ist damit ein Methusalem selbst unter den langlebigen Gehölzen.

Da ist es sicher kein Zufall, dass der Zauberbaum in einem der grausamsten Märchen der Gebrüder Grimm eine Schlüsselrolle spielt. Neben diesem »Machandelboom« wirken moderne Splattermovies zahm. Hier wird gemordet und zerstückelt, dass das Blut nur so spritzt, und sogar das eigene Kind gekocht und aufgefressen:

»Mein Mutter der mich schlacht,
mein Vater der mich ass,
mein Schwester der Marlenichen
sucht alle meine Benichen,
bindt sie in ein seiden Tuch,
legt's unter den Machandelbaum.«

... singt das in einen Vogel verwandelte Mordopfer. Der mächtige Wacholder bringt die Erlösung:

»Da fing der Machandelbaum an, sich zu bewegen, dabei ging ein Nebel von dem Baum aus, und mitten in dem Nebel, da brannte es wie Feuer, und aus dem Feuer flog so ein schöner Vogel heraus, der sang so herrlich und flog hoch in die Luft, und als er weg war, da war der Machandelbaum wie er vorher gewesen war, und das Tuch mit den Knochen war weg.«

Der Knabe kommt mithilfe des Schwellenbaumes von den Toten zurück, und natürlich wird am Ende alles gut.

Es lag nicht nur an seinen magischen Kräften, dass der unwirtschaftliche Wacholder in der Heidelandschaft lange mit Respekt behandelt wurde. Man schonte ihn als natürlichen Stacheldraht, als Begrenzung für die auseinandergezogen grasenden Herden, und vor allem als Schattenspender für Hirten und Schafe, die in seiner Nähe gerne ruhten. So war es, wenn auch botanisch falsch, so doch immerhin in sich folgerichtig, dass Luther bei seiner Bibelübersetzung den Strauch, unter dem der lebensmüde Prophet Elija in tiefen Schlaf fiel, als Wacholder identifizierte.

Elija, den der Engel des Herrn, also die Selbsterkenntnis, unter einem »Wacholder« aus absoluter Verzweiflung rettet, ist früher Trendsetter für eine völlig andere Landschaftssicht, für einen total gewandelten Blick auf die Heide: Er erlebt die Kargheit als einen Ort tiefer Erkenntnis. Jahrtausende später folgte ihm da der berühmte Naturforscher Alexander von Humboldt: »Im kalten Norden, in der öden Heide kann der einsame Mensch sich aneignen, was in den fernsten Erdstrichen erforscht wird, und so in seinem Innern eine Welt sich schaffen, welche das Werk seines

Geistes, frei und unvergänglich wie dieser ist.« Das war der absolute Kontrast zum damals üblichen Landschaftsverständnis, das Hermann Masius so zusammenfasste: »Das Gefühl der Einsamkeit ergreift die Seele. Aber es ist nicht jenes erquickende der Waldeinsamkeit, in der wir immer ein leises Wehen und Weben der Schöpfung zu hören glauben, sondern das bange, bedrückende der Leere. Schwermut, Todesmut ist der Ausdruck dieser öden Gefilde.« Da war dann Humboldt einer der Ersten, die die verrufene Landschaft eben nicht als gedankenabtötend und daher in sich öde, sondern als meditativen Raum und als Anregung verstehen konnten. In diese Richtung wandelte sich später die gesamte Zeitstimmung, so weit, dass schon der Weg zur Heide, vor allem aber durch sie, zum erstrebenswerten Ziel wurde:

Laß deine Augen offen sein,
geschlossen deinen Mund,
und wandle still,
so werden dir
geheime Dinge kund …

… beschrieb Hermann Löns das später. Die Landschaft stand für gewandelten Zeitgeist: »Gerade dann«, bemerkte der französische Maler und Schriftsteller Eugène Fromentin im letzten Drittel des 19. Jahrhunderts,

> »wenn die Natur zum Tode verurteilt wird, wenn die Industrie sie zerstückelt, wenn Eisenbahnlinien sie umwühlen, wenn die Fabrikarbeit den Menschen einsperrt, wenn der Mensch die Erde behandelt, wie es

ihm paßt, gerade dann sucht der menschliche Geist die Natur. Er sieht sie so, wie er sie bisher noch nie gesehen hatte, er betrachtet diese ewige Mutter zum ersten Mal, er erfährt sie durch sein Studium, überrascht und bezaubert, er überträgt sie auf Papier und Leinwand, hält sie damit lebendig und deutlich fest, mit einer Wahrhaftigkeit ohnegleichen.«

Für solche Wahrhaftigkeit bürgt die Heide. Sie ist nun nicht mehr der karge Ort eines ständigen, stillen Überlebenskampfes. Sie füllt sich mit Imagination, wird damit auch literarisch attraktiv und ist das geblieben. Der norwegische Dichter und Bauer Hans Børli empfand es in unseren Tagen so:

Aber träum deinen Traum.
Das ist das Einzige
was deine Augen schützt
vor allzu nackten Wahrheiten:
Der Traum ist blühendes Heidekraut, das über die Felszeichnungen des Todes auf dem Ur-Gestein deiner Seele wächst.

In den Anfangsjahren des Heidebooms erschienen zwei Romane, in denen diese Landschaft tatsächlich Träume verkörpert: »The Return of the Native«, 1878 von Thomas Hardy, und »Das Heideprinzesschen« 1871 von Eugenie Marlitt. Zwei Liebesgeschichten, in denen die Heide gegensätzlich eingesetzt wird. In »Return of the Native«, angesiedelt in der fiktiven britischen Egdon Heath, beherrscht und bedrückt die mächtige Heide alles mit ihrer melancholischen Allgegenwart:

> »Die fernen Ränder der Erde und des Firmamentes schienen ebensosehr Trennungsstrich zweier Welten wie zweier Zeiten zu sein. Das Antlitz der Heide vermochte allein durch sein Aussehen dem Abend eine halbe Stunde hinzuzufügen; ebenso konnte es die Dämmerstunde hinauszögern, den Mittag verdüstern, das Grollen noch kaum entstandener Stürme vorwegnehmen und das Undurchsichtige einer mondlosen Mitternacht so betonen, dass sie Furcht und Zittern hervorrief.
>
> Die Zivilisation war ihr Feind, und von jeher, seit Beginn allen Pflanzenwuchses, hatte sie das gleiche uralte braune Kleid getragen, das natürliche und unveränderliche Gewand jener Bodenformation. Die großartige, unversehrte Natur trug das Mal uralten Fortbestandes, auf den das Meer keinen Anspruch erheben kann. Gegenwärtig bot sie einen Anblick, der vollkommen der menschlichen Natur entsprach: wie der Mensch, mißachtet und geduldig; und überdies seltsam großartig in ihrer düsteren Eintönigkeit. Wie bei Menschen, die lange abgesondert gelebt haben, schien Einsamkeit ihr aus dem Antlitz zu schauen. Die Verlassenheit ihrer Gesichtszüge deutete tragische Möglichkeiten an.«

Tragische Möglichkeiten, die, von der Heide verkörpert, die Handlung dann verwirklicht: Jede der Hauptfiguren strebt nach etwas, das nicht erreichbar ist, und jede einzelne kämpft einen vergeblichen Kampf. Allen voran die betörend schöne neunzehnjährige Eustacia Vye, »das Rohmaterial für eine Göttin«, die noch völlig die traditionelle Heidesicht verkörpert: »Egdon war ihr Hades.« Alle Hoffnung auf Entkommen setzt sie auf Clym Yeobright, der eben als Verkörperung von Fremde und Reichtum aus Paris zurückgekehrt ist. Clym wird sie, so hofft sie, aus der Heide-Hölle in ein glänzendes städtisches Leben retten. Ironie des Schicksals, die die heißblütige, ehrgeizige Eustacia verkennt: Clym, der »Eingeborene«, ist schon ein Vertreter der heraufziehenden neuen Sichtweise. Er ist nur deshalb aus der großen Welt zurückgekommen, weil er sich für diese, seine Landschaft entschieden hat: »Er war durchdrungen von ihren Bildern, ihren Stoffen und ihren Düften. Er war sozusagen ihr Produkt. Nimmt man all die verschiedenen Haßgefühle zusammen, die Eustacia Vye für die Heide empfand, und übersetzte sie in Gefühle von Liebe, man erhielte Clyms Herz.« Fatal attraction: Die beiden verlieben sich zwar heftig ineinander, aber es gelingt Eustacia nicht, Clym seiner Heide abspenstig zu machen. Das Ergebnis sind Tod und bittere Einsamkeit.

In Eugenie Marlitts »Heideprinzesschen« ist der Dressurakt aus Liebe erfolgreich, und es ist nicht der Mann, sondern die Frau, die hier zurechtgebogen wird. Das ist dann so ziemlich das einzige Konventionelle an diesem ungewöhnlichen Trivialroman. Die Heldin, die Ich-Erzählerin Leonore von Sassen, mit siebzehn Jahren nur zwei Jahre jünger als die unglückliche Eustacia, ist nicht nur jüdischer Abstammung, sondern steht auch ganz selbstverständlich dazu – beispiellos und geradezu revolutionär für die Literatur jener Zeit. Und, damals ebenso ungewöhnlich: Die tragende Landschaft ist die bisher literarisch so verachtete Heide. Hier ist sie keine verstörende, verhasste Einöde, sondern ein paradiesischer Ort, ein Elysium voll bunten Lebens:

> »Der einsame Dierkhof hatte just seine schönste Zeit, er lag mitten in einem pfirsichfarbenen Bett. Die Heide fing an zu blühen, und die Bienenschwärme, die bis dahin auf den goldenen Rübsamenfeldern und in der Buchweizenblüte geschwelgt hatten, breiteten sich nun wonnetrunken über die unabsehbaren, honigtriefenden Flächen aus. Aus den Lüften taumelten meine Lieblinge, die blauen Schmetterlinge, so massenhaft nieder, als sei der blaue Sommerhimmel oben in Stückchen zerflattert, über die Sandblößen schlüpften goldflimmernde Laufkäfer, und an den Wiesen und Gartenblumen hingen Perlmuttervögel, der prächtige Admiral und das Pfauenauge.«

Der Schutz dieser heilen Welt lässt das Mädchen zwar naiv und weltfremd, aber auch stark, autark und geborgen heranwachsen. Die Heide-Oase bildet das Gegenstück zur fremden, unwirklichen Stadt, in die es sie dann verschlägt:

> »Wie eine eintönige, sonnenflimmernde Scheibe breitete sich ein weiter Platz draußen hin – mir war, als müßten die erhitzten Pflastersteine dampfen oder helle Funken zurücksprühen. Ach, die rotblühende Ebene

> daheim, mit dem erquickenden Heideduft und den kühlen, rauschenden Eichen um den Dierkhof!«

Ebenso »erquickend« und tief in der Landschaft wurzelnd, beschreibt Marlitt auch die Aufrichtigkeit der Heidebauern. Sie haben Leonore und vor allem ihre von der großstädtischen Gesellschaft diskriminierte, verstoßene und daran zerbrochene jüdische Großmutter lange treu behütet. Für sie steht die »grundehrliche Ilse«, die, aufgeputzt mit ihrem uralten Sonntagshut, ihre Schutzbefohlene Leonore tapfer in die fremde Stadt begleitet: »Sie müssen nicht denken, weil ich vielleicht einen hübschen Hut aufhabe, dass ich eine Dame sein will«, sagt sie, als die Städter sie belächeln. »Ich bin aus der Heide und mein Vater war Besenbinder.«

Zusammenstoß der Kulturen, und die Heide gewinnt. So bestrickend wirkt Leonores frische, aus der ländlichen Freiheit importierte Natürlichkeit, dass selbst die verwöhnte städtische Fürstin schnell dem Charme des Mädchens, vor allem aber dem der so exotisch wirkenden Landschaft erliegt:

> »Ich erzählte und ließ Heinz und Ilse und Mieke und die lustig schreienden Elstern im Eichenwipfel wohlgemut durch das gefeite Prinzessinnenzimmer spazieren; auch die alte, einsame Föhre rasselte mit ihren Nadeln darein, und aus dem Torfsumpf stiegen die Wassergeister und schleppten die weißen Gewänder mit schwernassem Saum über die nachtstille Heide. Ich ließ auch den Schneesturm um das ächzende Dach des

Dierkhofs brausen und saß neben Heinz auf der Ofenbank, während die bratenden Äpfel in der Röhre zischten und spritzten. Manchmal fuhr das hübsche Hoffräuleingesicht wie erschrocken unter der Gardine hervor und starrte mich mit spöttischem Erstaunen an; allein das beirrte mich nicht – die großen Augen der Prinzessin strahlten ja immer heller auf und ruhten voll Innigkeit auf mir, sie hörte genau so aufmerksam, ich möchte sagen, atemlos zu, wie Heinz und Ilse, wenn ich auf dem Fleet die Märchenwunder vorlas.«

Am Ende siegt die Heide auf ganzer Linie: Leonore bekommt natürlich den Mann ihrer Träume, ebenso natürlich in einem Happy End unter einer »alten einsamen Föhre«. Die Heide als bergende Idylle, als letzte Zuflucht für eine zu Unrecht Verfolgte, als Schutz vor einer grausamen Welt irgendwo weit da draußen: zu dieser Sichtweise passt auch das klassische, 1847 erschienene Heidegedicht, Theodor Storms »Abseits«:

Es ist so still; die Heide liegt
Im warmen Mittagssonnenstrahle,
Ein rosenroter Schimmer fliegt
Um ihre alten Gräbermale;
Die Kräuter blühn; der Heideduft
Steigt in die blaue Sommerluft.

Laufkäfer hasten durchs Gesträuch
In ihren goldnen Panzerröckchen,
Die Bienen hängen Zweig um Zweig

Sich an der Edelheide Glöckchen,
Die Vögel schwirren aus dem Kraut –
Die Luft ist voller Lerchenlaut.
Ein halbverfallen niedrig Haus
Steht einsam hier und sonnbeschienen;
Der Kätner lehnt zur Tür hinaus,
Behaglich blinzelnd nach den Bienen;
Sein Junge auf dem Stein davor
Schnitzt Pfeifen sich aus Kälberrohr.

Kaum zittert durch die Mittagsruh
Ein Schlag der Dorfuhr, der entfernten;
Dem Alten fällt die Wimper zu,
Er träumt von seinen Honigernten.
– Kein Klang der aufgeregten Zeit
Drang noch in diese Einsamkeit.

Die Literatur war Vorreiter gewesen, und nun begannen immer mehr Reisende, die verborgenen Reize dieser Landschaft zu entdecken, ihre tiefe, stille Schönheit auf den zweiten Blick: »Den Mond untergehen sehen, über Wieseneinsamkeiten, ganz rot würde das silberne Wesen geworden sein, wenn es einsank in Dunstband und Kiefernborte …«, schilderte Arno Schmidt hundert Jahre später. Unter den ersten Heide-Reisenden war auch der legendäre »Turnvater« Friedrich Ludwig Jahn:

»Jetzt aufgeschaut! Wir befahren die Ausläufer der berufensten Heide von Deutschland. Auf der Wasserscheide zwischen Elbe und Weser ruht sie still, wie ein erstarrtes Meer. Die geringe Verschiedenheit der Fläche, die stete Wiederkehr derselben Gegenstände geben dem Ganzen ein Gepräge von hoher Einfalt, und die maßlose Aussicht ein Gefühl der Unendlichkeit. Hier ist Himmel und Heide wie anderswo Himmel und Meer, und die einzelnen Turmspitzen tauchen auf wie Masten aus der Flut. Hier hält das Heimweh den hier Geborenen.«

Wie fest, wie quälend dieses Heimweh halten konnte, beschrieb der Ostpreuße Hermann Sudermann. Eine junge Frau, aus der Heide auf das noch unwirtlichere Moor verheiratet, siecht an der »Moorkrankheit«, am Heimweh dahin:

»Und dann seufzt sie und weint: ›Ach meine Heide, meine Heide!‹ Die Erdme kann ihr die Heide noch so schlecht machen. ›Ich bin ja auch von der Heide zu Hause‹, sagt sie, ›und weiß: Schinden tut man sich dort nicht weniger als hier. Auf dem Sand gedeiht nicht einmal Roggen, und der Hafer sieht aus, als hätte er die Schwindsucht. Und Fichten – na ja – die stehen da höher. Aber Schatten geben sie auch nicht. Und vorwärts kommt man hier besser als dort.‹ ›Aber wenn das Heidekraut blüht‹, sagt die Frau und starrt sehnsüchtig ins Weite, ›und alles ist rot vor lauter Blumchen, und die Hummeln singen drum rum, und die Luft ist warm, und unter dem Kadig (Wacholder) liegt man geborgen so wie im Himmel!‹«

Den ersten Künstlern folgten die städtischen Altertumskundler, die Amateur-Vorgänger heutiger Archäologen. Das Sammeln von Altertümern war Kult in begüterten Kreisen geworden, und diese Besucher buddelten enthusiastisch in den jahrtausendealten Hünengräbern, die überall in der Heide zu finden sind. Was heute als landschaftsprägendes Markenzeichen hoch geschätzt wird, war jahrhundertelang ein schwergewichtiger Anlass zu totaler Verwirrung: Es schien unerklärlich, wer solche Riesenblöcke so perfekt verbaut hatte. Das Wort »Hünengrab« verrät die lange gängige Lösung: Es ist abgeleitet vom mittelhochdeutschen »hiune« und dem niederdeutschen »hûne«, »Riese«. Hunebedden also, riesige Gräber für ein vergangenes Riesenvolk. Generationen von Dichtern, hier Annette von Droste-Hülshoff, schmückten diese Gräber mit blumigen Mythen:

Ha! welche Sehnen wälzten diesen Stein?
Wer senkte diese wüsten Blöcke ein,
Als durch das Heid die Totenklage schallte?
Wer war die Drude, die im Abendstrahl
Mit Run' und Spruch umwandelte das Tal,
Indes ihr goldnes Haar im Winde wallte?

Dort ist der Osten, dort, drei Schuh im Grund,
Dort steht die Urne, und in ihrem Rund
Ein wildes Herz, zerstäubt zu Aschenflocken,
Hier lagert sich der Traum vom Opferhain,
Und finster schütteln über diesen Stein
Die grimmen Götter ihre Wolkenlocken.

Die Wirklichkeit ist verblüffender als jede Sage: Diese Großsteingräber, ursprünglich noch mit dem typischen länglichen Erdhügel bedeckt, sind von ganz normalen Menschen errichtet worden, von Menschen, die in dieser Landschaft erstmals sesshaft geworden waren. Sie stammen aus der Jungsteinzeit, sind also mindestens 5000 Jahre alt. Ihre Erbauer, klein und schmächtig nach heutigen Maßstäben, lebten ein kurzes und geradezu unvorstellbar hartes Leben – und dennoch vollbrachten diese frühen Heidjer wahre Wunder an Gemeinschaftsleistung und Koordination, um ihren Toten einen angemessenen Ruheplatz zu erschaffen. Möglich wurde das einmal durch das sozusagen frei Haus gelieferte Rohmaterial, durch die vielen riesigen Findlinge vor Ort, zum anderen durch die Kombination von Menschen- und Ochsenkraft mit beachtlichen statischen und handwerklichen Fähigkeiten.

Die eindrucksvollen Grabkammern, selten für ein Einzelbegräbnis, sondern meist über viele Generationen als Friedhof genutzt, wurden später oft gezielt zerstört, aus christlichem Glaubenseifer, weil sie dem Ackerbau im Wege waren oder schlicht als Baumaterial. Steine aus Hünengräbern gehören denn auch zum typischen Erscheinungsbild der Heidesiedlungen, und man findet sie überall, in der Kirchenmauer ebenso wie im Kriegerdenkmal. Zum Glück gibt es auch noch nahezu intakte, teilweise in letzter Sekunde gerettete Megalithanlagen, die zu Tourismusmagneten wurden und ebenso zum Landschaftsbild gehören wie Heidekraut und Schnucken.

Nach den Künstlern und Gelehrten kamen die Touristen, erst vereinzelt, dann in immer größeren Scharen. Gegen Ende des 19. Jahrhunderts gab es neue, erschwingliche Verkehrsmittel wie die Eisenbahn, und zum ersten Mal bekamen breitere Bevölkerungsschichten Urlaub, wenn er auch nur ein paar Tage dauerte. Der gerade entstehende Ferntourismus blieb sehr wenigen Privilegierten vorbehalten, doch schon ein kurzer Urlaub in Deutschland, ein Wochenende in neu entdeckter Landschaft, war eine große, neuartige Sensation. Die Lüneburger Heide, günstig gelegen im Dreieck zwischen den Großstädten Hamburg, Bremen und Hannover, avancierte zu einem der begehrtesten Ausflugsziele überhaupt – auch wenn die Begeisterung ihrer Fans durchaus noch auf die tief verwurzelte traditionelle Skepsis stieß: »Ich sehe es noch vor mir«, notierte der sächsische Gymnasiallehrer Ludwig Bräutigam:

> »das mitleidsvolle Lächeln, als ich von den Schönheiten der Lüneburger Heide sprach, von ihrer ergreifenden Einsamkeit, ihren Oasen, ihrem rosenroten Schimmer, der eigentümlichen Stimmung, die über ihr lagert und die der nie vergißt, der sie andächtig durchwandert. Aber wir Schwärmer für die Heide und alle die Heidedichter, Heidemaler und Heidetouristen, wir haben auch recht, wenn wir die Fahrten, die wir durch die Heide unternehmen, zu den schönsten, wunderbarsten und unvergleichlichsten rechnen, die wir auf der weiten Gotteserde ausführen können. ›Heidemaler, Heidedichter, Heidetouristen?‹ Ja! Von den beiden ersteren gibt es heutzutage Dutzende, von den letzteren ungezählte. Ganze Malerkolonien entstehen zur Sommerzeit in der Lüneburger Heide. Keine Gegend

Deutschlands, kein Gebirge, kein Fluß, ist in so vielen Liedern besungen worden wie die verlästerte, geschmähte Heide.«

Der Philosoph Ernst Bloch zog später eine direkte Verbindung zwischen Landschaft, Zeitgeist und Kultur: »Der Sumpf, vor allem die Heide gehören zusammen zum Jugendstil. Sie wurde damals breit entdeckt, obwohl und indem sie so zart abweisend, so einsam für sich ist wie kaum sonst ein Stück Land.«

Kurz vor der Jahrhundertwende, im Jahr 1893, erschien der siebenundzwanzigjährige Großstadtjournalist Hermann Löns zum ersten Mal in der Heide. Löns, das stellte sich schnell heraus, war unter den zahlreichen neuen Heidefans eine Liga für sich. Er war auf Anhieb hingerissen, der Legende nach ebenso von den schönen Bauerntöchtern wie von der viel verkannten Landschaft:

»Überhaupt, man muss es sich ganz abgewöhnen, sich unter ›Lüneburger Heide‹ eine ebene, sandige, mit Heidekraut bewachsene Fläche vorzustellen, deren Hauptmerkmale Eintönigkeit und Langweiligkeit sind. Selbst die einfachste Heide ist nie langweilig, sie bietet ebenso viele, nur ganz andere Naturschönheiten als das Gebirge, die Flusstäler und der Mischwald der Ebene.«

Ihre violett leuchtende Hochsaison, so meinte Löns bald, könne die Heide sogar noch einmal toppen:

»Ist das Heidekraut längst abgeblüht, ist das Silbergrau der trockenen Kelche zu fahlem Graugelb verwittert, dann ist die Heide vergessen, dann ist sie einsam und still; nur wenige Leute wissen, daß dann die Zeit kommt, in der sie ihr allerschönstes Kleid aus der Lade holt. Wenn die wandernden Kraniche unter den Wolken her ziehen, wenn die Wildgänse rufen, wenn der Nordwind über die Buchweizenstoppel geht und die Kartoffelfelder leer und zerwühlt sind, dann legt die Heide ihr herrlichstes Gewand an. Prächtig ist das hohe Fest, das sie im Herbste gibt. Erstaunt steht der Gast, der noch nie bei dieser Feier war; wohin er sieht, scheint es von blankem Golde, leuchtet es in gleißender Pracht, funkelt es in reicher Glut. Da ist kein Birkenbäumchen zu dürftig, als dass es nicht einem güldenen Springbrunnen gliche, jeder Moorbeerbusch glüht rosenrot und alle Porststräucher lodern und brennen. Nicht lange währt der Heide hohes Fest, aber lustig ist es bis zum Ende, bis zum wilden Kehraus, zu dem der Wind seine tollsten Tänze spielt. Dann rieselt das Gold dahin, flittert und flattert und taumelt herab, bis ein hohler Tusch das Ende der Feier kündet. Wer es einmal mitfeiern durfte, das hohe Fest der Heide, der sehnt sich das ganze Jahr über danach.«

Hermann Löns und die Heide – das wurde ein legendärer gemeinsamer Erfolg. Löns kreierte in zahllosen Feuilletons und Büchern den Touristenrummel mit, den er anschließend so hart kritisierte. Eine Zwiespältigkeit, die typisch war: Hermann Löns prägte zwar das Heidebild so maßgeblich, dass er noch heute beinahe automatisch mit dieser Region assoziiert wird, lebte aber selbst nie dort. Er inszenierte sich als kerniger, lodengewandeter Jägersmann, war aber in Wirklichkeit der Inbegriff eines Großstadtdandys. »Fritz von der Leine«, so hieß seine Zeitungskolumne, gab in Hannover den Ton an, und der erfolgreiche Werbetexter und Chefredakteur Löns galt als die männliche Modeikone der Landeshauptstadt. Ein moderner Städter durch und durch, auch darin modern, dass er sich einer damals schon so nicht mehr existierenden heilen Natur als Sehnsuchtsort zuwandte. Die schuf er dann nach seinem Bilde, und das war nun einmal zutiefst widersprüchlich: Auf der einen Seite beobachtete und schilderte Löns scharf, mit geradezu wissenschaftlicher Akkuratesse, auf der anderen beschwor er mit schwülstigem Pathos archaisch-kitschige Welten herauf, die es so nie gegeben hatte. In seinen Werken wechseln präzise und kenntnisreich beobachtete Würdigungen selbst der allerkleinsten Natur, die so noch kaum jemand je geschrieben hatte, mit überladenem Kitsch und geradezu wollüstig präsentierten Tötungsfantasien. Löns war ein rückwärtsgewandter Fabulierer ebenso wie ein modern anmutender Umweltschützer, der 1911 schon meinte: »Pritzelkram ist der Naturschutz, so wie wir ihn haben. Der Naturverhunzung dagegen kann man eine geniale Großzügigkeit nicht absprechen. Sie fährt Auto im 80 Kilometertempo; der Naturschutz kraucht knickebeinig hinterdrein. Die Naturverhunzung arbeitet ›en gros‹; der Naturschutz ›en detail‹.« In diesem Punkt war Löns seiner Zeit weit voraus, in Durchblick, Duktus und Zielsetzung modernen Umweltschützern deutlich näher als den eher betulichen

Naturfreunden seiner Zeit. Seinen persönlichen Schmerz über all die Verluste spiegelt »Die Letzten«, das seiner Gedichte, das Löns selbst am meisten bedeutete:

Es steht auf blankem Heidebrink
Am grauen Findelstein
Ein schwarzer hoher Machangel
So hagstolz und allein

Der Findelstein wird zerschossen,
der Strauch unter Axthieben fällt,
der Heidbrink wird abgefahren;
sie passen nicht mehr in die Welt.

In Hermann Löns und »seiner« Heide verkörperten sich viele der großen generellen Widersprüche seiner Epoche, vor allem der zwischen Naturentfremdung und Suche nach dem Ursprünglichen: »(Uns ist) jede Achtung vor der Natur abhandengekommen, denn wir haben den Zusammenhang mit ihr verloren«, brachte er das Dilemma auf den Punkt. Genauso gespalten und widersprüchlich war Löns selbst, ein labiler, kränklicher Mann mit schweren psychischen Problemen, darunter einem derart ausgeprägten Alkoholismus, dass von seiner Unzuverlässigkeit entnervte Kollegen ihn rüde als »Quartalssäufer« bezeichneten. Löns selbst sah sich da eher als »Herrennatur«. Am Ende floh er, achtundvierzig Jahre alt, aus einem Netz von persönlichen und beruflichen Verstrickungen in den Ersten Weltkrieg. Als Hermann Löns im Herbst 1914 an der Westfront fiel, avancierte er damit zum Mythos: nicht mehr der labile, versoffene Großstadtredakteur, sondern der patriotische »Heidedichter«, der freiwillig fürs Vaterland gestorben war. Mit diesem Tod wurde Löns, was er bis heute geblieben ist: ein Markenzeichen. Etwas, das nur sehr wenigen Schriftstellern je gelang.

»Wer an Heide denkt, denkt sowieso an Löns«, meinte Karl Krolow später. Löns' Gedicht »Auf der Lüneburger Heide« gilt als Hymne der Region, 150 Gedenkstätten und unzählige Straßen und Plätze sind nach ihm benannt. Die Nazis wollten ihn posthum, als er sich nicht mehr wehren konnte, als »Künder des Dritten Reiches« einspannen und mit einem pompösen Staatsbegräbnis inmitten der Heide endgültig vereinnahmen. Das aber ging schief und endete in einer Lokalposse: Menschliche Überreste ungeklärter Identität, eilig auf einem französischen Acker ausgegraben und herbeigeschafft, gerieten in einen Konkurrenzkampf zwischen SA und Reichswehr. Sie sollten nach Parteiwünschen bei den Sieben Steinhäusern bestattet werden, bei genau dem Hünengrab, dessen Karriere als Touristenmagnet Löns so bissig beschrieben hatte. Dort jedoch wurde gerade ein Truppenübungsplatz eingerichtet, und das Militär dachte nicht daran, den fürs Publikum zu öffnen, selbst dann nicht, wenn es braune Uniform trug. So wurden die lästig gewordenen Gebeine zunächst in einem Zinksarg zwischengelagert, und dann buchstäblich sang- und klanglos diskret am Rande der Landstraße zwischen Soltau und Harburg verscharrt. Der Heidedichter im Straßengraben – dieses Sakrileg brachte reichlich Proteste, und so ging die Knochen-Odyssee Monate später weiter: 1935 wurden die Überreste schon wieder exhumiert und samt einer Würdigung vom »Führer« in einem Wacholderhain bei Fallingbostel in einem nachempfundenen Hünengrab bestattet. Der Findling auf dem Grab trägt als Gravur die archaische Wolfsangel, mit der Löns gerne signierte. Wer nun wirklich unter diesem bis heute viel besuchten Stein liegt, blieb für immer ungeklärt.

In den Fünfzigerjahren zog die Region dann erneut einen Heidedichter an, diesmal einen echten, das heißt: einen wirklich ortsansässigen: »(I)ch bin entscheidend angewiesen auf Flachland, Heide, Wiese, Sumpf meinetwegen, ein paar Bäume, langsame Gewässer, leere weite Horizonte, Einsamkeit«, schrieb Arno Schmidt. »Ich bin ja nun mal ein Heidedichter, allerdings etwas anderer Art als Fritz von der Leine, nich?« Im Gegensatz zu Löns lebte er in und mit der Landschaft, über die er schrieb, in einem kleinen Holzhaus in einem noch kleineren Heidedorf. Es besteht auch kein Zweifel daran, dass es Arno Schmidt selbst ist, der dort, im eigenen Garten, unter Wacholder und einem Findling begraben ist. »Ein Haus in Haide und Moor wär' eben doch was Feines«, hatte sich der gebürtige Hamburger sehnsüchtig gewünscht, »da sollten die Kerls mal sehen, was Landschaftsschilderung heißt!« Er bekam es 1958, und seine expressionistischen, teilweise rätselhaften Wortspiele brachten nicht nur einen vollständig neuen Ton in die Landschaftsschilderung, sondern auch die Heide aus dem Betulichen in die moderne Literatur.

> »Gegen Morgen wurde unsere Fahrt reißender. Kiefernkrüppel tauchten aus weißen Mooren, Pfützen rannten auf Schlangenwegen vorbei; viele Birken schwebten hinten durch die Haide. Am Kreuzweg hielt ein Frem-

der mit beiden Handschuhen sein starres Rad; reifige Plankenzäune galoppierten noch einmal ein Stück mit; dann riefen die Wälder wieder Amok über uns.«

Ein großer Teil seines Werkes schildert die Welt, in der Schmidt über zwanzig Jahre lang zurückgezogen lebte – inklusive aller winterlichen Tristesse, derer die norddeutsche Tiefebene fähig ist:

»Belegter Himmel (wie ne Zunge); dann auch: Regen verglaste das Fenster; die Bäume bei der Kirche bewegten ratlos die Äste, bogen sich ratlos um die Ecken, schlugen ratlos in die Restblätter: naß, schwarz, unerbittlich zäh war die Rinde über das vertrackte Wesen gezogen: nackte Eichen sind etwas Furchtbares, man braucht sie nicht erst bei Friedrich gemalt zu sehen. Der Himmel wälzte sich grau von Westen heran, immer drüber.«

»Durchzähl'n! (triefende Bäume mit stoisch verschränkten Armen); dann aber kam der erwähnte Windbefehl, und sie warfen einander die Köpfe zu; die ganze Chaussee hinunter.« Während Löns schwärmte: »Sie wußten nicht, wie schön die Heide spät im Herbst ist, wenn ihr bräunliches Kleid mit silbernen Perlchen bestickt ist, wenn die Moorhalmbüschel wie helle Flammen leuchten«, sah Schmidt dieselbe Landschaft, dieselbe Jahreszeit deutlich nüchterner:

> »Die nass'n braun'n Farrne: knickiejter Todt.« (Und apschterbende Wacholder von hoch=oobm hinein geschteckt; und kahle=Birkn/ Herrbst= & Hertz= Todt.)«

Anfang des 20. Jahrhunderts hatte der gesamten Heide der Tod gedroht, als mit dem Tourismus-Boom einige ihrer schönsten Partien für Wochenendhäuser verkauft, andere aufgeforstet werden sollten. Am Ende rettete diese Landschaft etwas damals ganz Neuartiges: eine Bürgerinitiative, der es gelang, in der Heide ein Naturschutzgebiet nach amerikanischem Nationalpark-Vorbild zu erschaffen – eines der ältesten und bis heute meistbesuchten Schutzgebiete Deutschlands. Auch Hermann Löns hatte diese Initiative unterstützt, kritisierte dann aber heftig, was die Region da überrollte:

> »Zu Pfingsten wurde die Wirtschaft eröffnet. Dreizehn Gesangvereine, zwölf Turnvereine, elf Touristenvereine, zehn Kegelklubs, neun Skatklubs, acht Pfeifenklubs, sieben Radlervereine, sechs Fußballklubs, fünf Tennisgesellschaften, vier Volksschulen, drei Pensionate, zwei Sonderzüge und einhundert Wagen und Autos spien ihren Inhalt aus. Die Begeisterung war ungeheuer, die Betrunkenheit desgleichen. Acht Tage lang hatten die Waldarbeiter zu tun, um das Stullenpapier und die Flaschenscherben aufzusammeln. Aber es waren bloß sieben Haidbrände vorgekommen, und das tröstete den Oberförster etwas.«

Der Naturschutzpark Lüneburger Heide ist bis heute das einzige Großschutzgebiet Deutschlands, das von einem privaten Verein erhalten wird, also nach wie vor von einer Bürgerinitiative. Gepflegt wird diese Heide wie seit undenklichen Zeiten von ihrem Symboltier, dem Schaf. Heidschnucken sind so etwas wie die Verkörperung dieses Landschaftstyps: Sie leben von ihm, er lebt durch sie. Seit biblischen Zeiten sind Schafe auch ein Inbegriff für Harmlosigkeit, Sanftheit und vor allem für die Opferrolle, die sie in vielen Religionen innehaben. Agnus Dei, das Lamm Gottes, das mit der sprichwörtlichen Schafsgeduld im Opfertod auch gleich noch »die Sünde der Welt hinwegnimmt«, steht in der kirchlichen Liturgie für Jesus. Das Opferlamm wird also am Jüngsten Tag auferstehen und über das Böse triumphieren, und entsprechend fromm wird es porträtiert:

Ich hab' ein Lämmchen weiß wie Schnee,
Das geht auf grüner Weide,
Das ist so fromm, das ist so gut,
Tut keinem was zu Leide …

Dem Lämmchen bin ich gar zu gut,
Dem Lämmchen auf der Weide,
Und wer ihm was zu Leide tut,
Tut mir auch was zu Leide.

… fasst Hoffmann von Fallersleben die romantische Sichtweise auf die sanften Wiederkäuer zusammen. Die robusten Heideschafe fallen da etwas aus dem Rahmen, denn ihr voller Name, Graue Gehörnte Heidschnucke, verrät es:

Weiß sind sie nicht. »Heidschnucken von düsteren Farben, blaugrau und mit schwarzem Gesicht. : Die Lämmer sind an' ganzen Leib an: pechschwaaz!«, beschreibt sie Arno Schmidt. Ein Schaf, das eher an ein Stück Wild erinnert, zierlich, tarnfarbig, sicher und ausdauernd auf den Beinen und an eine Landschaft angepasst, die selbst für seine bescheidenen Ansprüche oft noch zu karg ist:

> »So dürftig war die Weide, daß man früher von 2 Neugeborenen zumeist 1 schlachtete und das Übrigbleibende von 2 Müttern säugen ließ : das reichte dann leidlich aus. (Und die Beraubte wurde dadurch getäuscht, daß man dem Kleinen für eine Nacht das Fellchen des Getöteten überzog – biblisch=kindlich und =wahnsinnig !)«

Diese uralte Landschafrasse, die direkt vom sardischen Wildschaf, dem Mufflon, abstammen soll, war über Jahrhunderte der zentrale Bestandteil von Heidewirtschaft und Landschaftsbild. Ihr Name kommt vom Wort Schnökern, Naschen, weil die Schnucke Abwechslung liebt und mit ihrem vorsichtigen Verbiss am Futter tatsächlich nur zu naschen scheint. Ihre harte, extrem lange Wolle war in weniger komfortablen Zeiten als Wärmespender derart kostbar und begehrt, dass man 1848 allein auf den weiten Heideflächen des Fürstentums Lüneburg 380.000 Schnucken zählte, die eine ganze Region ernährten. Vorbei: Heute ist deutsche Schafwolle, zumal derart kratzige, nichts mehr wert, und zwei der drei Heidschnuckenarten – es gibt neben der Grauen noch die Weiße Gehörnte Heidschnucke und die

Hornlose Moorschnucke – sind vom Aussterben bedroht. Die noch etwa 12.000 Heidschnucken Niedersachsens arbeiten meist als vierbeinige Landschaftspfleger, und das tun sie sehr erfolgreich: Sie halten durch Tritt und Verbiss nicht nur die Heide jung und offen, sondern treten im Herbst auch das Saatgut in den Boden, das dann unter besten Bedingungen keimen kann. Und, ganz wichtig: Während der Heideblüte schaffen die Schafe freie Bahn für das zweite bedeutende Tier der Heidewirtschaft, für die Honigbiene, auch sie ein Symbol dieser Landschaft. Die Schafe zerreißen die zahlreichen Spinnennetze zwischen den Pflanzen, in denen auf den ausschließlich maschinell bearbeiteten Heideflächen ein beträchtlicher Teil der wertvollen Bienen umkommt.

Diese so biederen, braven Schäfchen haben allerdings, so unterstellt ihnen Arno Schmidt, auch eine unsolide Seite, mit der sie deutlich an den Heidedichter Löns erinnern, nämlich eine ausgeprägte Neigung zu Rauschmitteln:

> »Trunkenbolde giebts unter den Schafen: die fressen hemmungslos Brahm (also den Besenpfriem, Ginster) und geraten dann in einen Zu-stand von Aufgeregtheit, dem völlige Bewußtlosigkeit folgt : so sind schon viele Füchsen oder Krähenschwärmen zum Opfer gefallen.«

Ginster ist tatsächlich psychoaktiv, aber ob die Schnucken da nun wirklich schwarze Schafe sind oder nicht: Ohne ihre ausgeprägte Arbeitsmoral, sprich: ihren guten Appetit ließen sich die größten zusammenhängenden Calluna-Heiden Mitteleuropas nicht erhalten. In der savannenähnlichen Umgebung, die die Schafe schaffen, leben dann zahlreiche anderswo längst verschwundene Tierarten: Birkhühner zum Beispiel, Raubwürger, Braun- und Schwarzkehlchen, Neuntöter oder Ziegenmelker und eine Vielfalt an Reptilien, Amphibien und Insekten – und natürlich die charakteristische kleine Heidelerche mit dem tarnfarbig gestreiften Gefieder und dem wohlklingenden Gesang, der untrennbar zu dieser Landschaft gehört.

Doch diese ganze bunte, hoch spezialisierte Lebensgemeinschaft steht heute vor demselben Problem wie die letzten artenreichen Blühwiesen, wie Almen oder Deiche, die ebenfalls auf Beweidung angewiesen sind: Sie wird akut vom Wolf bedroht. Im Gegensatz zu alten Haustierrassen wie der Heidschnucke, die vom Aussterben bedroht sind, vermehrt sich der auf der Roten Liste als »least concern«, also nicht gefährdet geführte, aber streng geschützte Wolf exponenziell, und mit den Schafherden wird ihm auch gleich eine mehrtausendjährige Kultur buchstäblich zum Fraß vorgeworfen. Vielleicht liegt in dieser Gefahr aber auch eine Chance, die generelle Frage zu stellen: Was sind einer modernen Gesellschaft uralte Kulturlandschaften und -techniken und darauf basierende Ökosysteme eigentlich noch wert? Was bedeutet uns die Heide, diese einzigartige Landschaft, die ganz Stimmung ist – so, wie sie der Isländer Snorri Hjartarson 1966 eingefangen hat:

Ruhig fliegt ein Rabe übers Heideland
Rot das Kraut im grauen Moos
Still durchzieht den Sinn die Trauer von vergangenen Herbstabenden

Wurzeln im Wiesenfeld
Flügel vor Wolken
Das Dunkel magischblau und die Berge
Die Welt des Menschen am Scheideweg zwischen zwei Welten.

DIE GRENZENLOSE LANDSCHAFT: MEER UND KÜSTE

»Auf einer Seite Sumpf und Binsen, Schilfgeflüster und Wogenrauschen, ferne schwellende Segel und das öde, weite Watt mit seinen flatternden Möwenschwärmen, auf der anderen Seite aber die mächtige grüne Ebene mit ihren buschreichen Dörfern, mit Turmspitzen und stattlichen Bauerngehöften, mit Saatfeldern und Viehscharen, mit Rädergerassel und Sensenklang, mit Taubengeflatter und Lerchengeschwirr. Wer auf all dieses üppige Leben und Treiben nah und fern hinabschaut, wie es die reichen blühenden Marschen hinter ihren hohen starken Deichen entfalten, dem wird schwerlich der Gedanke in den Sinn kommen, dass auch diese gesegneten Fluren einst nichts anderes waren, als was jenseits der Blick erschaut, ein weites sumpfiges Rohrfeld, oder gar ödes kahles Watt ohne alle Vegetation, allenfalls an seinen höchsten Stellen ein paar fleischige Salzpflanzen tragend, und dass sie sofort wieder in den alten, wüsten Zustand übergehen würden, wenn einmal die Deiche verschwänden.«

Besiedelter Meeresboden also, eine Landschaft aus einem Kontrast, wie er abrupter kaum vorstellbar ist: Der Deich, die sichtbare, betretbare Grenze zwischen See und Land, trennt eine Mischung aus uralter Kultur und unbezähmbarer Natur. Seit Hermann Allmers diese Gegensätze 1858 im »Marschenbuch« schilderte, hat sich am Wesentlichen nichts geändert. Menschenwelt stößt hier auf eine Urlandschaft, die direkt aus der biblischen Schöpfungsgeschichte zu stammen scheint: »Und die Erde war wüst und leer, und Finsternis lag auf der Tiefe.« Täglich geschaffen, täglich verloren: Bei Niedrigwasser, also alle sechs Stunden, liegt der Grund der Nordsee, das Watt, frei und wird von den Gezeiten immer neu geformt. Entstanden ist diese amphibische Landschaft, als der Meeresspiegel vor ungefähr 10.000 Jahren stieg, die Küste überflutete und nur ein paar höher gelegene Inseln übrig ließ. Zwischen ihnen und der heutigen Küstenlinie liegt das größte Watt der Welt, insgesamt nahezu 500 Kilometer lang. Diese Weite ist geprägt von einer einzigartigen, geheimnisvollen Atmosphäre, die Theodor Storm 1855 einzufangen versucht hat:

Ans Haff nun fliegt die Möwe,
Und Dämmrung bricht herein;
Über die feuchten Watten
Spiegelt der Abendschein.

Graues Geflügel huschet
Neben dem Wasser her;
Wie Träume liegen die Inseln
Im Nebel auf dem Meer.

Ich höre des gärenden Schlammes
Geheimnisvollen Ton,
Einsames Vogelrufen –
So war es immer schon.

Noch einmal schauert leise
Und schweiget dann der Wind;
Vernehmlich werden die Stimmen,
Die über der Tiefe sind.

Die Stimmen über der Tiefe, die verborgenen Geschichten unter der abweisenden Oberfläche, sind so etwas wie der Inbegriff dieser gesamten Landschaft. Da ist wenig, wie es auf den ersten Blick scheint. Das Watt steigt zwar ständig wie neu geschaffen aus dem Meer auf, doch seine scheinbare Unberührtheit und Weltabgeschiedenheit sind trügerisch: Genau diese Einöde ist ein von Leben wimmelnder Brennpunkt. Durchs Watt führen nicht nur einige der bedeutendsten Schifffahrtsstraßen der Erde, es ist auch eine der ökologisch wertvollsten Regionen unseres Planeten. Es produziert derart reichlich Biomasse, darunter Muscheln, Wattwürmer und Krebse, dass Millionen Zugvögel dort auf ihrem Weg von den Brutgebieten in die Winterquartiere rasten. Im Frühling und im Herbst ist das sensible Ökosystem das vogelreichste Gebiet Europas, ein Stück Urlandschaft, in dem sich doch wie in einem Prisma die biologische, wirtschaftliche, politische und historische Rolle der ganzen Nordsee spiegelt. Heute sind Küsten und Inseln begehrte Tourismusziele. Millionen von Menschen genießen alljährlich ihre einmalige Atmosphäre.

Schwer vorstellbar, aber: Das ist noch nicht lange so. Von der Wertschätzung, die das Watt, das Meer und die Küsten heute als Landschaft ebenso wie als Erholungsort genießen, konnte Anfang des 20. Jahrhunderts noch nicht die Rede sein. Damals steckte der Massentourismus noch in den Anfängen, und das Watt galt als Inbegriff gottverlassener Öde, die man besser schleunigst hinter sich ließ. Doch genau um diese Zeit verhalf seine Atmosphäre einem ungewöhnlichen Buch zum Durchbruch: »Das Rätsel der Sandbank« des irischen Autors Erskine Childers, erschienen 1903, gilt als einer der ersten Spionagethriller überhaupt, als eines der Top-Abenteuerbücher des 20. Jahrhunderts, als das Segler-Kultbuch schlechthin und war bis heute nie vergriffen. Dieser Erfolg ist kein Wunder, denn im Kern ist es zeitlos: Die Schlüsselrolle spielen die deutschen Küsten im Herbst, ihre eingefangenen Stimmungen, von den lieblichen Buchten der Ostsee über den Nordostseekanal bis hin zum Wattenmeer der Nordsee, den Ostfriesischen Inseln und der dahinterliegenden Küste. Zwei junge Engländer, der waghalsige Seemann Arthur Davies und sein Freund Carruthers, der Großstadt-Dandy im diplomatischen Dienst, erkunden diese Küsten mit der kleinen hölzernen Jacht »Dulcibella«. Es ist zwar ein Roman, aber einer im realen Rahmen. Die geschilderten Landschaften sind eben nicht fiktiv, ihre Atmosphäre hat sich bis heute kaum verändert.

Die beiden Protagonisten erleben, ja sie verkörpern zeitweise eine Wechselbeziehung zwischen Mensch und Landschaft, die bis heute fasziniert. Das Besondere dabei: Es ist keine stille, statische Landschaft, kein Feld oder Berg, sondern ihr Charakteristikum ist die ständige Bewegung, die ihr unverwechselbares Eigenleben ausmacht. Es sind Ebbe und Flut, die Tiden, die ihren Rhythmus bestimmen. Carruthers, der Ich-Erzähler, teilt das archaische Gefühl all derer, die zum ersten Mal diesem großen, eigenwilligen Wasser ausgeliefert sind: ein tiefes, körperliches Unbehagen:

»Es dämmerte. Die Küstenlinie des Landes Hannover, nie ganz deutlich, war ganz verschwunden. Eine unheilvolle schwere Dünung unterlief den kurzen Seegang. Ich versuchte mit schwerer körperlicher Arbeit die Furcht zu ersticken; den ganzen Tag über hatte die Aussicht auf ein erstes Ankern auf See sie in mir wachgehalten.

›Das wär's!‹ sagte Davies, als wir das Großsegel geborgen hatten, ›sicher und gemütlich bei vier Faden Wassertiefe in einem herrlichen Sandhafen, keiner da, der uns belästigt, ganz für uns allein. Keine Gebühren, kein Gestank, kein Verkehr, keine Sorgen irgendwelcher Art … Und übrigens‹, fügte er hinzu, ›was den Sturm angeht, sollte es mich nicht wundern, wenn einer aufkäme, das Barometer fällt stark; aber er kann uns nichts anhaben. Weißt du, selbst bei Hochwasser ist die Drift der See …‹

›Oh, fang um Himmels willen nicht wieder damit an. Du wirst uns noch beweisen, daß wir hier sicherer als in einem Hotel sind. Laß uns essen, und zwar verdammt gut!‹

Das Abendessen verlief glatt, aber gerade, als der

Kaffee bereitet wurde, fing der Schiffsrumpf, der bisher regelmäßig gestampft hatte, an zu rollen.

›Ich wußte schon, dass es so kommen würde‹, sagte Davies. ›Ich wollte dich schon warnen, nur – die Ebbe hat gegen den Wind eingesetzt. Es ist ganz ungefährlich …‹

›Ich dachte, du hättest gesagt, bei fallender Tide werde es ruhiger werden.‹

›Wird es auch, aber es kann einem vorkommen, als werde es rauher. Tiden sind eine seltsame Sache‹, fügte er hinzu, als verteidige er einige nicht sehr ehrbare Bekannte.«

Recht hat er. Tiden, abgeleitet vom niederdeutschen »Zeiten«, gehören zu den seltsamsten Phänomenen des Planeten. Sie sind es, die die Ozeane in Bewegung halten. Dieses Steigen und Fallen des Wassers ist in der offenen Nordsee beträchtlich, im Binnenmeer Ostsee gering. Niedrigwasser und Hochwasser wechseln sich in etwa sechsstündigem Rhythmus ab, der Unterschied zwischen beidem heißt Tidenhub.

Schwer vorstellbar, aber es ist tatsächlich der Mond, der diese Bewegung verursacht. Aus ungefähr 400.000 Kilometern Entfernung zieht er wie ein Riesenmagnet das Wasser an. Steht er dabei in Küstennähe, erzeugt er einen Flutberg und einen als Flut steigenden Meeresspiegel, wandert dieser Flutberg mit dem Mond weiter, fällt der Wasserstand, und die Ebbe kommt. Besonders hoch ist eine Springflut oder Springtide. Sie kommt etwa alle vierzehn Tage vor, wenn sich Sonne, Mond und Erde auf einer Geraden befinden und die Gezeiten höher auflaufen als sonst. Normalerweise sind das nur wenige Zentimeter, gefährlich wird es aber bei zusätzlichem auflandigem Wind. Dann kann Sturmflut drohen.

Bei Ebbe liegt das Watt frei. Mit ihm der Schlick, der glibberige Urgrund des Meeres, der zwar herbe riecht und ein Problem für die Schifffahrt darstellen kann, aber auch einen bedeutenden Spaßfaktor hat: Es ist ein sinnliches Vergnügen, beim sommerlichen Wattwandern durch den schmatzenden Matsch zu stapfen, Kinder bewerfen sich begeistert mit ihm, und es gibt sogar deutsche Meisterschaften im Schlickrutschen. Ausgetragen natürlich in passend weißer Kleidung für den maximalen Kontrast zum ölig schillernden, dunklen Modder. Schlick ist ein feinkörniges Sediment und, der Geruch verrät es, ein an organischen Stoffen reicher und daher sehr fruchtbarer Schlamm. Überwiegt der Sandanteil, spricht man von Schlicksanden. Abseits vom Ferienspaß kann das Watt für Unerfahrene und Unvorsichtige sehr gefährlich werden. Die auflaufende Flut hat unzählige Opfer gefordert, und trotz heutiger Rettungsmöglichkeiten hat sich an der Bedrohung, die Hermann Allmers schildert, grundsätzlich nichts geändert:

> »Nur mit größter Umsicht und genau die Zeit beachtend kann man sich aufs Watt hinaufwagen, und mancher mußte seine Unvorsichtigkeit und Kühnheit mit seinem Leben bezahlen, denn wehe dem, der noch weit vom hohen Lande entfernt ist, wenn die Flut eintritt. Eben vorher kann noch alles weit und breit still und ruhig sein, da kommt der Augenblick der Flut; es

> erhebt sich ein frischer Wind, das Wasser fängt an zu rauschen, zu schwellen, zu tönen. Jetzt schießt es heran, schneller, immer schneller, rauschender, gieriger, brausender – und nun kann kaum ein Reiter auf schnellem Rosse der gierig heranwühlenden Flut entfliehen. Sicher verloren und dem entsetzlichsten, allmählichen Ertrinken verfallen ist der arme Fußgänger; er eilt atemlos dem Lande zu, schon dringt die wütende Flut durch alle Priele, und in dem weiten Labyrinth verirrt er sich äußerst leicht; schon strömt das Wasser über den eilenden Fuß, schon erreicht es das Knie, in grauenvollster Angst eilt er weiter … und so weit er späht, alles eine wild rauschende Wasserwüste …«

Hermann Ludwig Allmers, geboren 1821, wurde aus gutem Grund »Marschendichter« genannt. Er verschaffte dieser Landschaft den literarischen Durchbruch, die Aufmerksamkeit eines großen Publikums, ähnlich wie es Hermann Löns später bei der Heide gelang. Anders als der Großstadt-Dandy Löns, der nie in der von ihm viel besungenen Heide wohnte, war Allmers tief in seiner Landschaft verwurzelt, Sohn eines alten Bauerngeschlechts aus Rechtenfleth an der Unterweser. Er lebte, unterbrochen von weiten Reisen, lebenslang im Familiensitz, einem Hof, den er zu einer »Heimstätte edler Kunst« ausbaute. Nach einigen Italientrips und einem Bestseller darüber entdeckte er endgültig sein literarisches Lebensthema: seine norddeutsche Heimat, ihre Küsten und Moore, ihre Natur und ihre Menschen. Die stilisierte er mit posthumer Hilfe des römischen Geschichtsschreibers Tacitus:

»Würde der alte Tacitus heute seinen Griffel abermals zur Hand nehmen, um vom Volke dieses meerumwogten Landes zu berichten, er dürfte es ruhig nennen, wie er es vor tausendachthundert Jahren bezeichnete: Populus inter Germanos nobilissimus – das edelste Volk unter den Germanen.«

Das hörten seine Landsleute natürlich gerne, und so war Allmers zu Lebzeiten populär und viel gelesen, wurde aber nach seinem Tod 1902 fast vergessen. Heute ist er Namenspate für Schulen und Kulturpreise, geschätzt für seine detail- und kenntnisreichen Schilderungen einer bäuerlichen Lebenswelt, über die die Zeit lange hinweggegangen ist, und scharf beobachteten Miniaturen über all das, was diesen speziellen Lebensraum sonst noch bevölkert:

»Der interessante Blasentang, welcher in der Nordsee in Unmassen vorkommt, fehlt hier, obwohl das Wasser schon sattsam Salzgehalt besitzt, weil der Felsengrund, den derselbe notwendig braucht, um daran haften zu können, mangelt. Wo indessen durch Zufall ein Stein, ein Anker oder ein Stück Holz ins Watt geraten, da stellt er sich sofort ein. Jene feinen, häutigen Algen, eine purpurrote und eine breitlaubige grüne, die fast Salatblättern gleicht, sind dafür ziemlich heimisch und bilden die Anfänge der Vegetation. Freilich müssen sie ein paar Ebbestunden im Trockenen sein, allein, sie liegen dann welk, platt und verschrumpft da und gewinnen nicht wieder ihre Schönheit, Farbentiefe und Gestalt, bis das flüssige Element sie von neuem überflutet.«

Es gibt Gezeiten für der Menschen Treiben;
Nimmt man die Flut wahr, führt sie uns zum Glück,
Versäumt man sie, so muß die ganze Reise
Des Lebens sich durch Not und Klippen winden.
Wir sind nun flott auf solcher hohen See
Und müssen, wenn der Strom uns hebt, ihn nutzen,
Wo nicht, verlieren, was zur See wir wagten.

Soweit Brutus in Shakespeares »Julius Caesar«, erschienen 1599. Gezeiten sind ein beliebtes literarisches Motiv, laden ein zu den klassischen Vergleichen mit Menschenleben und Menschenglück, mit dem großen, schicksalhaften Auf und Ab. Dieser Schicksalswechsel kann sogar ganze Landschaften betreffen: Das Watt zum Beispiel verlor etwa um die Zeit, als Hermann Allmers Anfang des 20. Jahrhunderts starb, seine weltenferne Unschuld. Seine Rolle wandelte sich vom Mythischen ins Politische, von Allmers' und Storms unberührter Landschaft voller Nebel, Schilf und Vogelschreie zur strategisch wichtigen Region für die Rivalen Deutschland und Großbritannien. »Deutschlands Zukunft liegt auf dem Wasser!«, proklamierte der ehrgeizige junge Kaiser Wilhelm II., und die plötzliche Hinwendung zum Maritimen löste einen Boom aus, der das Gesicht der ganzen Küste für immer veränderte. Seine Spuren sind bis heute unübersehbar, sei es in den Rotklinkerbauten der Küstenstädte, in den alten Marinebefestigungen oder den großen Hafenanlagen an Ems, Weser und Elbe. Von einem vergessenen bäuerlichen Hinterland »irgendwo da oben am Wasser« avancierte die Küste binnen weniger Jahre zum Inbegriff des Fortschritts, zum militärischen und wirtschaftlichen Brennpunkt einer Wirtschaftswundermacht, die von ihr aus nach »Weltgeltung« griff. Es war der rasanteste Entwicklungssprung einer Region, in der eine andere Großmacht, das Römische Reich, lange vorher das Ende der Welt vermutet hatte:

> »Jenseits der Suionen (vermutlich Südschweden)«, hatte der römische Historiker Publius Cornelius Tacitus Anfang des ersten Jahrtausends nach Christus festgehalten, »liegt ein anderes Meer, starr und fast unbewegt. Daß es den Erdkreis abgürtet und schließt, darf man wohl glauben, weil sich dort der letzte Glanz der sinkenden Sonne bis zum Aufgang erhält, so hell, daß davor die Sterne verblassen. Manche behaupten sogar, der aufsteigenden Sonne Klingen zu hören und ihr Rossegespann und ihr Strahlenhaupt zu erkennen. Damit sind wir, wenn die Sage recht hat, am Ende der Welt.«

Die Menschenwelt stößt hier auf das Grenzenlose, auf das große Unbekannte, die unermesslichen Tiefen. Lange galten die unerforschten Meere als Inbegriff des Bedrohlichen, Feindseligen. Leviathan lebte dort, das biblische, drachenköpfige Ungeheuer aus der Tiefe, das mit Meer und Menschenwerk spielt: »Er macht, daß der tiefe See siedet wie ein Topf, und rührt ihn ineinander, wie man eine Salbe mengt«, heißt es im Buch Hiob. Alles Leben beginnt, glaubt man der Bibel, mit dem Meer, und kommt, glaubt man der Biologie, aus dem Meer. Unter dessen Oberfläche kann sich alles verbergen:

Unter dem Donner hoher Meeresflut
Zuunterst in bodenloser Tiefe
In uralt traumlos ungebrochener Ruh
Schläft, schläft der Krake. Schattenlichter spielen
Um seine dunklen Flanken …

… schildert Alfred Lord Tennyson. Seeungeheuer und Wracks, Skelette und Schätze, Jules Vernes U-Boot »Nautilus« oder die unbekannte maritime Intelligenz, die uns alle in Frank Schätzings »Schwarm« bedroht: Es gibt nichts, was wir der Tiefe nicht zutrauen. Meer bedeutet immer Projektion. Seine Leere und Größe laden dazu ein, sie mit den ganz großen Gefühlen zu füllen. Das grund- und grenzenlose Element hat zudem neben der furchterregenden immer auch eine verlockende Seite: Es ist voller Ressourcen und Chancen. Und es kann verbinden, mit anderen Menschen, mit anderen Kulturen und sogar mit Gott: »Die Mystiker Deutschlands und der Niederlande, denen das Meer als Symbol eines feindseligen, reinigenden Raumes gedient hatte, begannen diese Metapher nun durch die Wüste zu ersetzen«, schreibt der britische Historiker Michael Pye über eine sich gegen 1000 nach Christus wandelnde Sichtweise. »Das Meer war allzu geschäftig, allzu praktisch, während die Wüste immer noch rein und äußerst fremdartig erschien. Man kannte das Meer allmählich« – und so wurde es mehr und mehr zum Verkehrsweg, der wichtigsten Verbindung zwischen weit auseinanderliegenden Ländern, und damit zum Wirtschaftsraum.

Verändert hat es sich dabei nie. Heute wie zu biblischen Zeiten bleibt es eine Landschaft, die sich jede Vertraulichkeit verbittet, ein autonomer, autokratischer Raum, in dem wir Menschen bestenfalls geduldet sind. »Herr, gib acht auf uns, denn das Meer ist so groß und unser Boot so klein«, lautet ein uraltes Fischergebet, das noch US-Präsident John F. Kennedy auf einem Schildchen ins Oval Office begleitete. Jeder, der das Meer befährt, erlebt dort schnell die Präsenz von etwas Mächtigerem mit eigenen Gesetzen, einer eigenen Atmosphäre und einem oft unheimlichen Eigenleben. Davies und Carruthers, die Protagonisten im »Rätsel der Sandbank«, bekommen das schon direkt unter der Küste zu spüren:

> »Jeder unbefestigte Gegenstand im Boot setzte sich hörbar in Bewegung. Kannen schepperten, Schränke klapperten, Kästen stießen hohle Seufzer aus. Kleine Gegenstände schlichen sich aus dunklen Verstecken und tanzten grotesk trunkene Figuren auf dem Fußboden. Der Mast wimmerte qualvoll bei jeder Krängung, das Schwert hatte Schluckauf und würgte. Oben schien man eine weitere Horde Dämonen freigelassen zu haben: Deck und Mast waren Leiter, die jeden Laut verstärkten: leichtes Klopfen gegen die Tampen glich Hammerschlägen, und das Klatschen des Falls gegen den Mast schien dem Knattern eines Maschinengewehrs ähnlich.«

Das Watt und das offene Meer gehören zu den wenigen ursprünglichen Landschaften, die es noch gibt, vom Menschen nicht geformt und nicht zu formen. Nutzen ist möglich, Verschmutzen geht immer, Verändern nicht. Das

Meer bleibt das Meer, behält ungebrochen seinen Charakter. Ganz anders die angrenzenden Küsten. Sie sind eine uralte, von Menschen nicht nur geprägte, sondern sogar geschaffene Kulturlandschaft, mit einem tiefen, endlosen Himmel voller malerischer Wolkentürme und einer weiten, grünen Weidelandschaft, die so topfbodeneben ist, dass es dort traditionell heißt, man sehe Besucher schon Tage vorher kommen. Keine Erhebungen, kaum Bäume, keine Steine. Aus dieser Ebene scheinen die wuchtigen alten Kirchen und die Rotklinkerhöfe auf ihren Wurthügeln geradezu herauszuwachsen, unter den wie Pudelmützen tief herabgezogenen Dächern die Wände fest in den Boden zu stemmen. Gegen sie drückt ein ewiger Wind, der, glaubt man Allmers, selbst robuste Gehölze zu Fluchtreflexen veranlasst:

> »Bäume wagen kaum herüberzuschauen in das wilde Meer, sie hocken wie ängstlich und frierend hinter dem warmen Deiche, um sich vor ihrem ärgsten Feind, dem rauhen, salzführenden Seewinde zu bergen. Nur so hoch der Deich ist, gedeihen die Bäume, sowie aber ein Zweig höher wächst, verdorrt er. Auf freien Stellen erblickt man ganz dieselben niedrigen und verkrüppelten Baumgestalten, wie sie auf hohen Bergkuppen vorkommen, alle ragen mit dürren, wildzerzausten Gipfeln zum Himmel, alle Stämme sind landeinwärts geneigt, alle strecken ihre Äste meerabwärts, als würden sie angstvoll fliehend ihren Brüdern im dichten Gehölz der Geest zustreben.«

Eine harte, großflächige, kahl gefegte, alles andere als anheimelnde Landschaft: klamme Nässe in der kalten Jahreszeit, waagerecht windgepeitschter Regen rund ums Jahr, dazu »Kühe in Halbtrauer«, wie Arno Schmidt die schwarzbunten Rinder nannte, die überall auf den Weiden stehen und im Herbstnebel husten, kurz: ein veritabler Kulturschock für die Bewohner lieblicherer Gegenden. Und doch wird die Marsch geliebt. Nicht nur von den Künstlern, die ihre kühle, überwältigende Größe, gepaart mit der Macht der allgegenwärtigen See, immer wieder anzieht, vor allem ihre Bewohner hängen mit geradezu fanatischer Zähigkeit an dieser unwirtlichen Ecke. Über Jahrtausende investierten sie unglaubliche, heute kaum noch vorstellbare Anstrengungen, um wenigstens am Rande des großen Wassers Lebensraum zu finden und zu halten. »Gott schuf das Meer, der Friese die Küste«, hieß es dann auch mit anmaßendem Stolz, und das lohnte sich: Einmal dem Zugriff des Meeres entzogen, ist der schwere, mit organischer Substanz durchsetzte Marschenboden außerordentlich fruchtbar. Das Vieh gedieh auf den saftigen tiefgrünen, löwenzahn- und schaumkrautgesprenkelten, von breiten Gräben umgebenen und von schreienden Kiebitzschwärmen überschaukelten Weiden wie nirgendwo sonst. Fettvieh, vor allem Mastochsen aus den Marschen, war europaweit berühmt, brachte entsprechend hohe Preise und wurde in Massen nach Großbritannien verschifft, wo das traditionelle Roastbeef oft aus den deutschen Marschen kam.

Die Bauern, die sich hier oft über viele Generationen halten konnten, wurden reich, selbstbewusst und durch und durch von ihrer Umgebung geprägt: Wenn sie schon dem Meer standhielten, sahen sie erst recht keinen Anlass, sich menschlichen Autoritäten zu beugen. Das war so gewesen, seit es Überlieferungen gibt: Nachdem die Römer um die Jahrtausendwende die Gegend am Rande der damaligen Zivilisation erstmals erkundet hatten, schilderte der Historiker Plinius der Ältere das erbärmliche Leben der damaligen Küstenbewohner und endete mit einem verblüfften Fazit: »Und diese Leute meinen, wenn sie jetzt von den Römern besiegt würden, in Knechtschaft zu geraten.« Sein Kopfschütteln klingt noch nach über zweitausend Jahren deutlich durch. Die zivilisierten und eher pragmatischen Römer stießen hier auf eine Grundhaltung, an der sich nach ihnen noch viele große Herren die Zähne ausbissen: Mochten diese Küstenstämme noch so elend im Schlamm sitzen, es war ihr Schlamm, ihre selbst eroberte und zäh verteidigte Landschaft, und der Rest der Welt konnte sich gerne nach Rom, nach Oldenburg, Bremen oder sonst wohin scheren – Hauptsache weit weg von der geliebten Marsch. Eine tief sitzende, halsstarrige, oft ebenso mörderische wie suizidale Grundhaltung, ein Stolz, ohne den man in dieser unwirtlichen Ecke vermutlich keinen Winter durchgehalten hätte. Später mündete er in dem legendären friesischen Motto: »Lewer dod as Slav!«, das hier zeitweise grimmig ernst genommen wurde.

Karl der Große hatte den Küstenbewohnern, so wurde überliefert, die »friesische Freiheit« zugesichert, das Recht, niemanden als den Kaiser über sich dulden zu müssen. So setzten die großen Bauernfamilien hartnäckig auf genossenschaftliche Selbstverwaltung und Autonomie und verweigerten sich dem überall sonst üblichen Feudalsystem. Heeresdienste, Steuern, Zins für die Bremer Erzbischöfe oder die Oldenburger Grafen, und vor allem: Untertanenstatus? Leibeigenschaft? No way. Lewer dod as Slav, und das wurde hier so ernst genommen, dass oft sogar die Frauen mit in Fehden gegen die benachbarten Granden zogen.

Allerdings blieb ihnen auch wenig anderes übrig, denn die Angreifer hatten es immer auf das fruchtbare Land abgesehen. Die, die es geschaffen hatten, waren da eher im Weg und wurden rigoros aus der Welt geschafft. Was hier wörtlich zu nehmen war. Ein dramatisches Beispiel dafür, wie untrennbar die Schicksale von Landschaft und Bewohnern hier ineinandergriffen, ist das kleine Stedingen, ein Landstrich in der heute oldenburgischen Wesermarsch. Das potenziell fruchtbare Land, im Besitz des Erzbistums Bremen, war bis zum frühen Mittelalter durch dauernde Überschwemmungen weder zu bewohnen noch zu bewirtschaften. So warb die Kirche mit einem damals einmaligen Angebot um Siedler, die diese Region eindeichen und urbar machen sollten: nur sehr geringe Abgaben und vor allem Freiheiten, die anderswo für Bauern undenkbar waren, darunter Selbstverwaltung und sogar das Recht, den eigenen Besitz zu vererben. Siedler, meist aus Friesland und Sachsen, strömten regelrecht ins Land und schafften es binnen weniger Generationen, die sumpfige Region als erste aller Marschen einzudeichen, zu entwässern und urbar zu machen. Die Landschaft veränderte völlig und für immer ihr Gesicht, wurde vom unwegsamen Riesensumpf zum immer fruchtbareren Agrarland. Was die heftige Begehrlichkeit der Bremer Erzbischöfe weckte, die sich das jetzt wohlhabende Land nun doch komplett untertan machen wollten – und dabei auf einen Widerstand stießen, der an das legendäre kleine gallische Dorf erinnerte. Fast hundert Jahre dauerte der Kampf der kleinen Bauernrepublik um eine Landschaft, die ihren Bewohnern wieder und wieder zu Hilfe kam: Oft blieben die Angreifer in unwegsamen, ihnen unbekannten Sümpfen einfach stecken. Bis die Bremer Erzbischöfe zu einem in der deutschen Geschichte einmaligen Mittel griffen: Sie schafften es, sowohl den Papst als auch Friedrich II., den Kaiser des römisch-deutschen Reiches, dazu zu bewegen, die widerspenstigen Bauern mit einem Bannfluch zu belegen, das heißt, sie kollektiv zu vogelfreien Ketzern zu erklären. Der Papst rief aus Rom offiziell zu einem Kreuzzug gegen diese Antichristen auf. Heermassen aus mehreren Ländern kamen daraufhin zusammen, um ausnahmsweise nicht ins Heilige Land, sondern in die Sümpfe und Weiden der Wesermarsch zu ziehen. 1234 beendete diese gewaltige Übermacht die Freiheit der kleinen Bauernrepublik, in einer Schlacht, die eher einem Massaker glich. Noch heute ist an der Kampfstätte bei Altenesch ein gewaltiger Hügel zu sehen, letzte Ruhestätte von bis zu 7000 Menschen und Andenken an einen systematischen Massenmord: Wer nicht rechtzeitig aus Stedingen entkam oder sich vollständig unterwarf, wurde umgebracht. Das so entvölkerte Land wurde an diesmal kirchentreue Untertanen neu vergeben.

Auch die anderen Küstenbewohner, die sich zum Teil noch Jahrhunderte länger wehrten, hatten am Ende weniger Glück als die ähnlich unbeugsamen Gallier Asterix und Obelix in ihrem kleinen gallischen Dorf. Sie hatten nicht nur keinen Zaubertrank, sie hatten auch noch ewiges doppeltes Pech: Wenn gerade keine feindlichen Heere einmarschierten, überfiel sie die nächste Stumflut, und vice versa, Jahrhundert um Jahrhundert. 1514, drei Jahre nach einer Rekordflut, wurden die letzten aufbegehrenden Kämpfer denn auch von einem Oldenburger Heer in einer blutigen Schlacht endgültig unterworfen. Aber nur, darauf legen sie heute noch Wert, weil ihre eigene Landschaft sie quasi verriet: auf knallhart gefrorenen Flüssen und Mooren gelangte eine gewaltige Übermacht tief ins Land. Nach mehr als einem halben Jahrtausend war es vorbei mit der friesischen Freiheit. Der friesische Stolz – manche sagen auch: die friesische Sturheit – überlebte auch die nächsten Jahrhunderte.

Die Deiche, die in dieser Landschaft immer wieder die Schlüsselrolle spielen, blieben auch weiterhin der Inbegriff eines ewigen Überlebenskampfes. Ursprünglich, seit dem 3. Jahrhundert vor Christus, waren Siedlungen auf Warften oder Wurten, auf großen, kreisrunden, per Hand aufgeschütteten Erdhügeln, erbaut worden. Doch kam die Flut, versalzten Wiesen und Felder, das Trinkwasser wurde knapp, die Landschaft amphibisch und die Lebensbedingungen entsetzlich. Der römische Feldherr Drusus, der diesen Außenposten der Menschheit um 12 vor Christus erkundete, schilderte ihn dem hörbar befremdeten Historiker Plinius so:

> »Eine Gegend, von der es zweifelhaft ist, ob sie zum Land oder zum Meer gehört. Dort bewohnt ein beklagenswertes Volk hohe Erdhügel, die mit Händen nach der Maßgabe der höchsten Flut errichtet sind; in den

so erbauten Hütten gleichen sie Seefahrern, wenn das Wasser das umliegende Land bedeckt, Schiffbrüchigen, wenn es zurückgetreten ist; auf die zugleich mit dem Meere zurückweichenden Fische machen sie um ihre Hütten herum Jagd. Es ist ihnen nicht vergönnt, Vieh zu haben, sich von Milch zu ernähren wie ihre Nachbarn, ja nicht einmal mit wilden Tieren zu kämpfen, da jegliches Buschwerk fehlt. Aus Schilfgras und Binsen flechten sie Stricke, um Netze für die Fische daraus zu fertigen, und indem sie den mit den Händen ergriffenen Schlamm mehr am Winde als an der Sonne trocknen, erwärmen sie ihre Speisen und die vom Nordwind erstarrten Glieder durch Erde. Zum Trinken dient nur Regenwasser, das im Vorhof des Hauses in Gruben gesammelt wird.«

Mehr Schutz boten und bieten die Deiche. Erst mit ihnen wurde das Küstenland großflächig bewohnbar und konnte kultiviert werden, ohne sie wäre es auch heute noch Meeresboden. Ab etwa 1000 nach Christus begann man, diese Befestigungen in Gemeinschaftsleistung aufzuwerfen, zunächst ringförmig um Siedlungs- und Ackerflächen. Seit dem 12. Jahrhundert wurden diese Deiche nach und nach miteinander verbunden, bis zum Ende des 13. Jahrhunderts eine geschlossene Linie entlang der Nordseeküste ntstanden war. Dieser Goldene Ring – schon der Name verrät, welchen potenziellen Wohlstand er brachte – umschloss das komplette Friesland von der heutigen niederländischen Provinz über Ostfriesland, Butjadingen und Dithmarschen bis hoch nach Nordfriesland und gilt mit seinen ebenfalls eingedeichten Flussmündungen als Pionierbauwerk allen modernen Küstenschutzes.

Schlendert man heute an einem sonnigen Sommertag den Deich entlang, um den unbegrenzten Blick über den weiten Außengroden, das Grünland zwischen Deich und Meer, zu genießen, riecht dabei den herben Wermut und den salzigen Meerwind, sieht die Vogelparadiese auf den nährstoffreichen Salzwiesen, die vollen Badestrände, die Strandkörbe und die unbeschwerte Ferienlandschaft, fällt es schwer, sich vorzustellen, wie gnadenlos hart, wie erbarmungslos der Hintergrund dieser Bauwerke ist – und jederzeit wieder werden kann.

Deiche sind der menschliche Versuch, der Grenzenlosigkeit der See Grenzen zu setzen. Ein Widerspruch in sich, der deutlich macht: So etwas verlangte und verlangt enorme gemeinsame Anstrengungen, immer wieder und wieder, vom frühen Mittelalter bis heute. Ohne Deiche war alles verloren, also hatte sich dem Deichbau alles unterzuordnen. Wirklich alles: »De nich will dieken, mot wieken – wer nicht deichen will, muß weichen«, lautete das harte Motto. Wer sich nicht am Deichbau beteiligte, verlor seinen Besitz ebenso wie seinen Platz in der Gemeinschaft. Deichfrevel war das schwerste aller Verbrechen. Die traditionell so eigensinnigen und uneinigen friesischen Stämme, die sich nie auf einen politischen Zusammenschluss einigen konnten, vollbrachten beim Deichbau wahre Wunder an Gemeinschaftsleistung und Koordination – und immer wieder war doch alles vergeblich. Da brauchte es keinen menschengemachten Klimawandel, die Natur war zu allen Zeiten brutal genug: Die Nordseeküste ist geformt durch schwere Sturmfluten, die ganze Landstriche wegrissen, in denen kaum jemand überlebte. »Die Elbe und die Weser brandeten drei Tage lang. Sie wurden über die Maßen groß und liefen über. Als das Wasser wieder wegfiel, wurden viele Tote gefunden, davon kam eine große Pestilenz«, schrieb der Chronist Renner über die Flut von 1012, den ersten Anstoß zum gemeinschaftlichen Deichbau.

Hunderttausende starben über die Jahre, zahllose Gebeine liegen heute noch tief im Watt begraben – auch ihr Schicksal gehört zu den »Stimmen über der Tiefe«, die diese Landschaft prägen und die Theodor Storm so eindrucksvoll heraufbeschwört. Viele Ortschaften wurden in einer einzigen Nacht einfach ausgelöscht, weggeschwemmt, darunter das sagenhafte Rungholt, ein wohlhabendes Handelszentrum zwischen Pellworm und Nordstrand. Untergegangen ist es 1362 in der »Groten Manndränke«, einer Jahrhundertflut, die bis heute als die schwerste gilt, die je die deutschen Küsten heimgesucht hat. Rungholts Glocken sollen immer noch unter der Wasseroberfläche zu hören sein, und alle sieben Jahre, so heißt es, taucht die Stadt in der Johannisnacht, der Nacht auf den 24. Juni, aus dem Meer auf. Detlev von Liliencron, zeitweise preußischer Beamter auf Pellworm, widmete ihr 1883 ein Gedicht, das bald in jedem Schullesebuch stand:

Heut bin ich über Rungholt gefahren,
Die Stadt ging unter vor sechshundert Jahren.
Noch schlagen die Wellen da wild und empört,
Wie damals, als sie die Marschen zerstört …
Trutz, Blanke Hans …

Den gängigen Begriff vom »Blanken Hans« prägte, so heißt es, ein unvorsichtiger Deichgraf, der 1662 die Nordsee von der Krone eines neuen Bauwerkes aus stolz herausforderte: »Trotz nun, blanke Hans!« Was sich das Meer nicht zweimal sagen ließ und den Deich prompt mit einer Sturmflut zerschmetterte. Trotz aller Katastrophen hielten die meisten Küstenbewohner mit unbeirrbarer Zähigkeit an ihrem Land fest – aber nicht alle. Im 5. Jahrhundert hatten die Bewohner des Elbe-Weser-Dreiecks kollektiv die Nase voll von Nebel und Kälte, Stürmen und Schufterei, Rheuma und der oft tödlichen Malaria, die als »Marschenfieber« weit verbreitet war. Sie verließen ihre klammen Wurten, schifften sich auf die wenigstens etwas weniger unwirtlichen Britischen Inseln ein und wurden als Angelsachsen die Vorväter der heutigen Briten.

Wer zu Hause blieb, sah sich weiter den fürchterlichen Sturmfluten ausgesetzt, mit denen sich die Nordsee ihren Beinamen Mordsee redlich verdient hat. Die hilflosen Opfer müssen sich gefühlt haben wie in der biblischen Offenbarung des Johannes: »Und ich sah, und es war wie ein gläsernes Meer, mit Feuer vermengt.« Das klingt wie eine exakte Beschreibung der Julianenflut von 1164, der ersten dokumentierten Sturmflut an der deutschen Küste: »In jenen Tagen erhob sich ein großes Unwetter mit heftigem Sturmwind, leuchtenden Blitzen und krachendem Donner. Dazu entstand eine solche Überschwemmung des Meeres, wie man sie seit alten Zeiten nicht erlebt hatte.« Eine Kette, die nie abriss, und erst recht nicht abreißen wird: Steigende Meeresspiegel machen die Gefahr aktuell wie lange nicht. Der endlose Kampf der Küstenbewohner gegen die übermächtigen Naturgewalten galt als derart beeindruckende menschliche Kulturleistung, dass Johann Wolfgang von Goethe den Deichbau 1832 als abschließendes, umfassendes Erlösungsmotiv in seinem Faust II benutzte:

Wie das Geklirr der Spaten mich ergötzt!
Es ist die Menge, die mir fröhnet,
Die Erde mit sich selbst versöhnet,
Den Wellen ihre Gränze setzt,
Das Meer mit strengem Band umzieht …
Ja! diesem Sinne bin ich ganz ergeben,
Das ist der Weisheit letzter Schluß:
Nur der verdient sich Freiheit wie das Leben,
Der täglich sie erobern muß …
Solch ein Gewimmel möcht' ich sehn,
Auf freiem Grund mit freiem Volke stehn.
Zum Augenblicke dürft' ich sagen:
Verweile doch, du bist so schön!

Und tatsächlich: diese, wenn auch nur virtuelle Hingabe ans Gemeinwohl rettet Fausts Seele vor dem Leibhaftigen: »Wer immer strebend sich bemüht, den können wir erlösen.« Was zwar literarisch zum Klassiker der Klassiker wurde, zum Inbegriff Goethescher Weisheit, für die realen Deichbauer aber leider nie galt. Die konnten sich noch so strebend bemühen, oft genug mussten sie erleben, wie die Arbeit vieler Jahre in wenigen Momenten vernichtet wurde. Ebenso oft überlebten das weder sie noch ihre Familien und Dörfer. Diese ewige Wechselwirkung zwischen Mensch, Meer und Küstenlandschaft spiegelt Theodor

Storms Novelle »Der Schimmelreiter«, die sich von uralten friesischen Sagen ableitet und 1888 erschien. Das passte, denn in genau diesem Jahr schien mit dem jungen Kaiser Wilhelm II. der Fortschritt selbst den deutschen Thron zu besteigen. Für das technische und naturwissenschaftliche Zeitalter, auf dessen Segnungen man nun hoffte, ist Hauke Haien, die Hauptfigur des Romans, ein Vorbote. Der junge Deichgraf hat ein unverwechselbares Markenzeichen: einen prachtvollen, geisterhellen Schimmel unbekannter Herkunft, von dem die abergläubische Umgebung prompt munkelt, er sei ihm von den Mächten des Bösen geschickt worden. Kein Zufall: Der Schimmelreiter ist ein faustischer Typ, unablässig um Erkenntnis ringend, seiner Zeit zu weit voraus.

So unterliegt er am Ende auch nicht den Naturgewalten – der neue Deich, dessen Bau er durchgesetzt hat, steht auch nach einem Jahrhundert noch fest –, sondern dem Konflikt mit genau der Gemeinschaft, der er eigentlich dienen will. Zermürbt vom Kampf gegen Aberglauben und Gleichgültigkeit, lässt er wider besseres Wissen zu, dass eine Schadstelle am alten Deich nur notdürftig repariert wird. Und dann kommt, was kommen muss: eine riesige Sturmflut, die die vertraute Landschaft in ein Endzeitszenario verwandelt:

> »Nur Berge von Wasser sah er vor sich, die dräuend gegen den nächtlichen Himmel stiegen, die in der furchtbaren Dämmerung sich übereinanderzutürmen suchten und übereinander gegen das feste Land schlugen. Mit weißen Kronen kamen sie daher, heulend, als sei

> in ihnen der Schrei alles furchtbaren Raubgetiers der Wildnis. Der Schimmel schlug mit den Vorderhufen und schnob mit seinen Nüstern in den Lärm hinaus; den Reiter aber wollte es überfallen, als sei hier alle Menschenmacht zu Ende; als müsse jetzt die Nacht, der Tod, das Nichts hereinbrechen …
>
> ›Herr Gott, ja, ich bekenn es‹, rief er plötzlich laut in den Sturm hinaus, ›ich habe meines Amtes schlecht gewaltet!‹ Er richtete sich hoch auf und stieß dem Schimmel die Sporen in die Weichen; das Tier bäumte sich, es hätte sich fast überschlagen; aber die Kraft des Mannes drückte es herunter. ›Vorwärts!‹ rief er noch einmal, wie er es so oft zum festen Ritt gerufen hatte. ›Herr Gott, nimm mich; verschon die anderen!‹«

Nimm mich, verschon die anderen – da ist es, das archaische Motiv, das auch die christliche Kirche mit dem Ende Jesu aufgriff: der Opfertod, um die Gemeinschaft zu erlösen. »Spät und oberflächlich christianisiert«, nannte Thomas Mann die Bewohner der Nordseeküste, und »mit den Wurzeln zäh und brauchtreu im Ur-Heidnischen«. Brauch war es hier, dass Deiche, »was lebiges« verlangen, wenn sie halten sollen, ein lebendig begrabenes Opfer, mindestens ein Tier, am besten aber ein unschuldiges Kind. Aberglaube gegen Moderne: Der Schimmelreiter rettet zwar einen kleinen Hund, der von den Deichbauern lebend eingegraben werden soll, aber im Moment seines großen Scheiterns opfert er sich und seinen Schimmel.

Das Archaische siegt also am Ende doch, und Ruhe bekommt der Deichgraf selbst mit seinem Opfer nicht: Der gespenstische Schimmelreiter soll sich seitdem regelmäßig auf der Deichkrone zeigen, wenn Sturmfluten und Katastrophen drohen – die friesische Version des biblischen apokalyptischen Reiters: »Und ich sah, und siehe, ein fahles Pferd. Und der darauf saß, des Name war: Der Tod, und die Hölle folgte ihm nach«, heißt es in der Offenbarung des Johannes. In Zeiten steigender Meeresspiegel wird er wohl bald wieder öfter reiten müssen, aber immerhin gibt es eine späte Anerkennung. Das Land Schleswig-Holstein taufte 1960 einen Koog an der Westküste, ein vorausschauendes Pionierprojekt, das erstmals nicht nur der Landgewinnung, sondern ebenso dem Naturschutz diente und heute ein Vogelparadies ist, nach seinem berühmtesten gescheiterten Visionär: »Hauke-Haien-Koog«.

»Jeder (hat) sein Privat-Deutschland«, beschrieb Kurt Tucholsky seine besondere Beziehung zu einer besonderen Landschaft.

> »Meines liegt im Norden. Es fängt in Mitteldeutschland an, wo die Luft so klar über den Dächern steht, und je weiter nordwärts man kommt, desto lauter schlägt das Herz, bis man die See wittert. Die See – Wie schon Kilometer weiter jeder Pfahl, jedes Strohdach plötzlich eine tiefere Bedeutung haben … wir stehen nur hier, sagen sie, weil gleich hinter uns das Meer liegt – für das Meer sind wir da. Winddurchweht steht der Busch, feiner Sand knirscht dir zwischen den Zähnen …
>
> Die See. Unvergeßlich die Kindheitseindrücke, unverwischbar jede Stunde, die du dort verbracht hast –

und jedes Jahr wieder die Freude und das ›Guten Tag!‹ und wenn das Mittelländische Meer noch so blau ist … die deutsche See. Und der Buchenwald, und das Moos, auf dem es sich so weich geht, daß der Schritt nicht zu hören ist; und der kleine Weiher, mitten im Wald, auf dem die Mücken tanzen – man kann die Bäume anfassen, und wenn der Wind in ihnen saust, verstehen wir seine Sprache.«

Szenenwechsel. Von der Sturmflut in die Idylle, von der Nord- zur Ostsee. »Die Nordsee«, heißt es auf Rügen, »ist ein interessantes Meer. Die Ostsee ist ein schönes Meer.« Und in der Tat: Zumindest an den deutschen Küsten des »mare balticum«, wie das große Binnenmeer auch genannt wird, ist alles deutlich sanfter, gemäßigter und lieblicher als beim harten westlichen Gegenstück. Das Wasser ist nur schwach salzhaltig, es gibt kaum Gezeiten. Der Sand ist fein und weiß, die Steine bunt und glatt gewaschen, und das Meer wirkt nicht braunschaumig, hart und immer latent aggressiv, sondern ruhig, nahezu freundlich, klar über seinem oft steinigen Grund, schimmernd irgendwo zwischen Tiefblau und einem geradezu tropischen Türkis.

»Nicht einmal der heftige Wind konnte die Ekstase des Tauchens bis hinunter auf den weichen verführerischen Sand beeinträchtigen«, schildert Carruthers seine erste Nahbegegnung mit der Ostsee, »in den ich gierig meine Finger grub und wo ich durch ein durchsichtiges Blau schaute, feenhaft zart und engelrein, das man in dieser Vollkommenheit nur im Innern des Eises sieht. Wieder hinauf zur Sonne, zum Wind und dem Flüstern des Waldes von der Küste her …«

Das ist der große Vorteil der vielseitigen Ostseelandschaft: Sie ist viel üppiger bewachsen als die ebenen Nordseeküsten mit ihrer vom schneidenden Salzwind geduckten Vegetation. Hier gibt es überall Wälder bis direkt an den Strand, darunter lang gezogene, harzduftende Kiefernforste und die herrlichen Buchenbestände des Weltnaturerbes rund um die Kreidefelsen von Rügen. Den überwältigenden Eindruck, den die Nordsee ihrer Macht verdankt, schafft die Ostsee mit purer Schönheit. Erich Kästner ist ein Teenager, als er sie zum ersten Mal sieht:

»Eine Stunde später stand ich, vom Strandhafer zerkratzt, zwischen den Dünen und sah aufs Meer hinaus. Auf diesen atemberaubend grenzenlosen Spiegel aus Flaschengrün und Mancherleiblau und Silberglanz. Die Augen erschraken, doch es war ein heiliger Schrecken, und Tränen trübten den ersten Blick ins Unendliche, das selbst keine Augen hat … Fern am Horizont tauchte eine Rauchfahne auf, dann ein Schornstein, und nun erst das Schiff, denn die Erde war ja rund, sogar das Wasser. Monoton und naß, mit weißen Spitzenborten gesäumt, klatschten die Wellen gegen den Strand. Schillernde Quallen spuckten sie aus, die im Sande zu blassem Aspik wurden. Raunende Muscheln brachten sie mit und goldgelben Bernstein, worin, wie in gläsernen Särgen, zehntausendjahrealte Fliegen und Mücken lagen, winzige Zeugen der Urzeit.«

Die Ostseeküste ist ein lebendes Gesamtkunstwerk von einer Landschaft, mit silbernem oder aprikosenfarbenem Licht, weiß glänzenden Kreidefelsen, spektakulären Sonnenuntergängen und stillen, sternenfunkelnden Nächten:

> »Am schönsten war die Welt am Meer in sternklaren Nächten. Über unseren Köpfen funkelten und zwinkerten viel mehr Sterne als daheim, und sie leuchteten königlicher. Der Mondschein lag wie ein Silberteppich auf dem Wasser. Die Wellen schlugen am Strand ihren ewigen Takt. Von Gjedser zuckte das Blinkfeuer hinüber. Wir saßen auf der Mole. Uns war so vieles unbekannt, und wir schwiegen.«

Doch der zeitlose, heute wie damals beinahe greifbare Caspar-David-Friedrich-Charme sollte nie darüber hinwegtäuschen, dass dieses Meer ebenso mörderisch sein kann wie sein westliches Gegenstück. Die kurze, harte Dünung der Ostsee ist berüchtigt, und auch sie kennt verheerende Sturmfluten. Im November 1872 zum Beispiel verwüstete eine gewaltige Überschwemmung den gesamten südlichen Ostseeraum – und zwar nachhaltig: »Die Folgen jener Schreckenstage werden noch lange fühlbar bleiben«, wird es in dem Sammelband »Küstenfahrten an der Nord- und Ostsee« noch 1880 geschildert.

> »Die Ländereien leiden vielfach schwer unter der Versandung und der Schwängerung des Bodens mit dem Seewasser, so dass manche Kulturpflanzen und vor allem die Kartoffel kaum mehr zu gedeihen vermögen.

> Der Hauptschaden aber tritt uns in den Wäldern entgegen, wo auf den überfluteten Strichen die Kiefern und Fichten ganz abgestorben sind oder jetzt nachträglich noch absterben und auch die übrigen Holzgattungen die härtesten Verluste erlitten haben.«

Es gab ein Menetekel, einen buchstäblich sagenhaften Präzedenzfall: Vineta. Mit ihm hat auch die Ostsee ihre versunkene Stadt, ihre Sage von Hybris und Strafe: »Vineta ist einst größer gewesen als irgendeine andere Stadt in Europa, größer selbst als die gewiss sehr große und schöne Stadt Konstantinopel.« Anders als Rungholt, das 1921 tatsächlich im Watt entdeckt wurde, hat sich das historische Vineta, das deutsche Atlantis, bis heute noch nicht eindeutig geoutet. Es gibt eine Reihe Theorien, wo es gelegen haben könnte, mit dem Schwerpunkt um die heute polnische Ostseeinsel Wollin, doch keine Gewissheit. Ansonsten sind die Legenden beider Orte nahezu identisch:

> »Ihre Bewohner waren über alle Maßen reich, da sie mit allen Völkern der Erde Handel trieben und ihre Schiffe aus allen Teilen der Welt die schönsten und kostbarsten Waren brachten. Je mehr Reichtum Einzug hielt, desto mehr verfielen die Bewohner aber auch dem Hochmut und der Verschwendung.«

Warnungen, sei es durch extreme Witterung, sei es sogar durch eine Seejungfrau, ignorieren die hochmütigen Frevler in beiden Städten. Also werden sie vernichtet, sterben durch die entfesselte Macht der Landschaft, weggefegt von der wütenden See. »Man sagt, wo jetzt nichts als Wasser ist, hätten einst die schönsten Dörfer und Städte gestanden, das Meer habe sie plötzlich alle überschwemmt, und bei klarem Wetter sähen die Schiffer noch die leuchtenden Spitzen der versunkenen Kirchtürme, und mancher habe dort in der Sonntagsfrühe sogar ein frommes Glockengeläute gehört«, schrieb Heinrich Heine in seinen »Reisebildern«. Rungholt und Vineta sind so prototypisch wie die Sintflut, Atlantis oder Babylon: Ein Menetekel, ein warnendes Beispiel für menschliche Hybris, die Gott auf dem Umweg über die Natur schrecklich bestraft. Und, heute vielleicht ebenso aktuell, ein Beispiel für die Macht und Gefahr einer Landschaft, die sich plötzlich gegen die wendet, die sich in ihr zu sicher gefühlt haben.

Dennoch: »Das Wasser ist ein freundliches Element für den, der damit bekannt ist und es zu behandeln weiß«, meinte der Binnenländer Johann Wolfgang von Goethe, und tatsächlich: Die Ostsee ist relativ – relativ! – freundlich, wurde also bald zum wichtigen Wirtschaftsraum, für dessen weltweite Verbindungen das sagenhafte Vineta ein eindrucksvolles Beispiel gibt. Inbegriff dieses Erfolges blieb bis heute die Hanse, deren dicke, hölzerne Koggen zwischen dem 12. und dem 17. Jahrhundert die Märkte an Ost- und Nordsee, von Flandern bis Russland, von Birka bis Byzanz belieferten und beherrschten. Die Hanse war eine ungewöhnliche Vereinigung: Sie hatte keine Regierung und keine Flagge, keine Verfassung, keine Verwaltung und keine Statussymbole – dafür aber jede Menge realer Macht. »Die Hansa teutonica«, lautete ihre Selbstdefinition, »ist ein festes Bündnis von vielen Städten, Orten und Gemeinschaften zu dem Zwecke, dass die Handelsunternehmen zu Wasser und zu Land den gewünschten Erfolg haben.«

Denn das war der einzige Zweck der Hanse: gemeinsames Geldverdienen. Es gab reichlich Reibereien unter den Partnern, aber sobald es um die Kasse ging, war man sich sofort einig, notfalls gegen ganze Staaten. Auch für Piraten wie den legendären Störtebecker gab es kein Pardon. Generell aber war die Hanse, auch das sehr ungewöhnlich für diese Zeit, ausgesprochen kriegsfeindlich: »Lasset uns tagen«, lautete ihr Motto, »denn schnell ist das Fähnlein an die Stange gebunden, aber es kostet viel, es in Ehren wieder abzunehmen.« In diesem pragmatischen Kaufmannsgeist gediehen nicht nur die Städte, sondern ganze Regionen blühten auf wie nie zuvor. So wurde die Hanse ein bedeutender kultureller Faktor für den Nord- und Ostseeraum und prägte mit ihrer Mischung aus Pragmatismus und Weltoffenheit viele Städte bis heute. Unübersehbar sind überall die schlichten und doch so souverän wirkenden backsteinroten Kirchen und Gebäude aus ihrer Zeit, »Freie und Hansestadt« nennen sich stolz Hamburg, Bremen und Lübeck, und »Hanseat« gilt bis heute als eine Art norddeutscher Adelstitel.

Haupthandelsware der frühen Hanseaten war das »Silber des Meeres«, der Hering. Seine riesigen Schwärme schienen Symbol für die Unerschöpflichkeit der Ozeane. »Millionen, Billionen, wer könnte es wagen, die Zahl dieser Legionen zu ermessen?«, fragte noch 1861 der französische Historiker Jules Michelet. »Menschen, Fische, alles wirft sich auf sie, aber sie ziehen weiter … Auf ihren Zügen vergießen sie wahre Ströme an Fruchtbarkeit.« Nicht nur die

Fülle des silber glänzenden Schwarms war überwältigend, auch die Pracht jedes einzelnen Tieres: »Heringsblick« nennt das Wörterbuch der Gebrüder Grimm den »blitzenden glanz, den die heringe von sich werfen, wenn sie in scharen zusammen schwimmen«. Der Autor W. G. Sebald schildert 1995:

> »Die Schuppen an seinen Seiten und am Bauch schimmern einzeln in einem orange-goldenen Ton, haben jedoch in ihrer Gesamtheit einen reinweißen, metallischen Glanz. Gegen das Licht gehalten, scheinen die hinteren Partien auf in einem Dunkelgrün von solcher Schönheit, wie man es sonst nirgendwo sieht.«

Der fettreiche Hering wurde, eingesalzen oder geräuchert, für die gesamte Bevölkerung zum Grundnahrungsmittel. Eine Karriere, die er vor allem dem Christentum verdankte: Das verlangte von seinen Gläubigen immerhin 140 Fastentage im Jahr, erlaubte dann aber Fisch. Der große geschäftliche Durchbruch für die Hanse kam, als es ihr gelang, frische Heringe in Fässern mit Salzlake zu konservieren, sodass sie zuverlässig, standardisiert und massenweise auf den Markt kommen konnten. Wer von da an Salz und Heringe kontrollierte, beherrschte de facto Nordosteuropa, und die Hanse kontrollierte gleich beides. Es lohnte sich doppelt: Das Konservierungsmittel Salz wurde so wertvoll wie Gold. Der Abbau von Salztorf machte unter anderem das sagenhafte Rungholt reich, trug aber durch Bodenabsenkung auch zu dessen Untergang bei.

Das neue, für eine regelrechte Massenproduktion eingesetzte Konservierungsverfahren sorgte für bisher nie da gewesene, standardisierte Qualität und Haltbarkeit – wenn dabei auch Mogelpackungen durchaus vorkamen. So bat der Rat von Eisenach auf einem Hansetag dringend:

> »... dass auch in die Mitte der Fässer Heringe von gleicher Qualität wie oben und unten gelegt werden: von mehreren Seiten wird nämlich Klage erhoben, dass die Heringe, die von euch ausgeführt werden, oben und unten in den Fässern gut und frisch und in der Mitte wertlos und faul sind. Wir bitten euch, künftig einer solchen Fälschung vorzubeugen.«

War der Hering das Silber, so war der Bernstein, die zweite herausragende Handelsware, das Gold der Meere. In seinem warmen, sanften Glanz verkörpert er eine spezielle Verbindung von Untergang und Wiederauftauchen und damit die See, aus der er stammt: Sie ist Quelle des Lebens ebenso wie riesiger Friedhof, voller Wracks und Gebeine, die selten wieder auftauchen. Anders der Bernstein: Das Harz der Wälder, die vor über 30 Millionen Jahren untergingen, wird als greifbare Schönheit an die Küste zurückgespült – und hat eine Wirkung auf Menschen, die in vielen Kulturen als überwältigend empfunden wurde. Sobald es poliert ist, fängt und spiegelt das Harz das Licht in allen Gold- und Honigfarben, manchmal auch in weißen und sogar grünlichen Tönungen – so, als sei es wirklich ein angespültes Stück der Sonne selbst.

Der strahlende Stein war schon zu Römerzeiten ein besonders begehrter Schmuck und galt im Mittelmeerraum als sehr viel wertvoller als in seiner nördlichen Heimat: »Sie suchen auch im Meer und sind unter allen Völkern die einzigen, die den Bernstein (sie nennen ihn glesum) an seichten Stellen und am Strande selbst sammeln«, überlieferte Tacitus über die Nordeuropäer.

> »Doch haben sie, rechte Barbaren, sein Wesen und seine Entstehung weder bedacht noch erkundet. Ja, er lag lange umher wie anderer Auswurf des Meeres, und erst unsere Sucht nach Schmuck schuf ihm seinen Namen. Sie selber gebrauchen ihn nicht; sie sammeln die rohen Stücke, bringen sie unbearbeitet zu Markt und wundern sich über den gezahlten Preis.«

Nicht erst in der Antike war der prachtvolle Stein populär: Im unvorstellbare 16.000 Jahre alten Lager eines norddeutschen Rentierjägerstammes wurde eine kleine Bernsteinscheibe mit einem eingeritzten Pferdekopf gefunden – Schmuck, Jagdzauber oder beides? Der älteste aus Deutschland bekannte Bernsteinanhänger ist sogar 30.000 Jahre alt. In der Jungsteinzeit, um 4000 bis 1800 vor Christus, wurde aus dem Amulett dann Frauenschmuck – die Geburt der berühmt-berüchtigten Bernsteinkette. Zeitweise muss der begehrte Rohstoff teurer gewesen sein als Gold. Plinius überliefert, dass selbst eine kleine Bernsteinfigur mehr wert war als ein Menschenleben, was bedeutet: Man konnte dafür einen Sklaven kaufen.

Was das Meer zu geben hatte, wurde seit Beginn aller menschlichen Kultur gern genommen, es selbst allerdings von den Binnenländern ängstlich gemieden. Wer nicht musste, hielt sich nicht in seiner Nähe auf. Furcht und Gleichgültigkeit dieser Landschaft gegenüber lebten lange, obwohl schon Ende des 18. Jahrhunderts ein Bedeutungswandel begonnen hatte, den vorher kaum jemand für möglich gehalten hätte: Ganz allmählich wurde aus dem gefürchteten Meer ein Sehnsuchtsziel, die Küste wandelte sich von einem Ort der Bedrohung zu einem der Erholung. Baden im Meer, zunächst von Ärzten empfohlen, wurde ein gesellschaftliches Ereignis. Doch vor allem die Nordseeinseln, vom mondänen Norderney abgesehen, blieben noch lange rau, ursprünglich und abgelegen. Erskine Childers fängt genau ein, welche Stimmung seine Romanfiguren Davies und Carruthers noch Anfang des 20. Jahrhunderts dort vorfinden:

> »Eine niedrige Linie von Sanddünen, rosig und hellbraun in der untergehenden Sonne, an einem Ende ein kleines weißes Dorf, eng um einen wuchtigen Leuchtturm geschart – das war Wangerooge, die östlichste der Ostfriesischen Inseln … Ich fand das Dorf halb verloren zwischen Wanderdünen, die mit mathematisch ausgerichteten Reihen von Meergrasbüscheln bepflanzt sind … Die Inseln waren anscheinend, wie wir uns das vorgestellt hatten, zum größten Teil Ödland mit einer kleinen Bevölkerung von Fischern und einer beschränkten Zahl von Badegästen im Sommer.«

Über diese Bevölkerung, hier die Einwohner Norderneys, hatte Heinrich Heine 1826 gespottet:

»Mitten in der duftigen Heimat des Frühlings sehnen sie sich wieder zurück nach ihrer Sandinsel, nach ihren kleinen Hütten, nach dem flackernden Herde, wo die Ihrigen, wohlverwahrt in wollenen Jacken, herumkauern und einen Tee trinken, der sich von gekochtem Seewasser nur durch den Namen unterscheidet.«

Zu den Wegbereitern des Meer-Booms hatten viele Künstler gehört, in Deutschland vor allem Maler wie der Romantiker Caspar David Friedrich, dessen Bilder auch einem größeren Publikum erstmals die Reize dieser Landschaft vermittelten. Mit der Moderne, mit Verstädterung und Industrialisierung wuchs die Sehnsucht nach Naturromantik, und da kam die Küste gerade recht. Zunächst reiste der Adel ans Meer, dann folgte das wohlhabende Bürgertum. Für die große Masse jedoch war Urlaub ebenso unvorstellbar wie eine Reise unerschwinglich. Einer der wenigen Glücklichen, die sich so etwas regelmäßig leisten konnten, war der junge Dichter Heinrich Heine, dem sein wohlhabender Hamburger Onkel schon im ersten Drittel des 19. Jahrhunderts Badereisen finanzierte: »Ich liebe das Meer wie meine Seele. Oft wird mir sogar zu Mute, als sei das Meer eigentlich meine Seele selbst.«

Typisch für diese frühen Badegäste und ihre biedermeierlich-besinnliche Art, sich auf die Landschaft einzulassen, war Thomas Manns Senatorenfamilie Buddenbrook:

»Sie gingen, das rhythmische Rauschen der langgestreckten Wellen neben sich, den frischen Salzwind im Gesicht, der frei und ohne Hindernis daherkommt, die Ohren umhüllt und einen angenehmen Schwindel, eine gedämpfte Betäubung hervorruft. Sie gingen in diesem weiten, still sausenden Frieden am Meere, der jedes kleine Geräusch, ob fern oder nah, zu geheimnisvoller Bedeutung erhebt.«

Der polnisch-britische Schriftsteller und Kapitän Joseph Conrad sah das eine Generation später sehr viel realistischer:

»Die See war dem Menschen niemals freundlich gesinnt, was auch immer von Liebe gesagt wird, die gewisse Gemüter (an Land) vorgeben, und trotz aller Verherrlichungen, deren Gegenstand sie in Poesie und Prosa ist. Noch nie ist die See, wie die gütige Erde, irgendeiner Menschrasse treu geblieben. Weder Tapferkeit noch mühselige Arbeit noch Selbstaufopferung haben irgendein Merkmal auf ihr hinterlassen, nie hat sie eine Herrschaft als endgültig anerkannt. Das Meer kennt kein Mitleid, keine Treue, kein Gebot, kein Erinnern – als wäre es zu groß, zu allmächtig für gewöhnliche Tugenden.«

Diese Größe und die unbezwingbare, gleichgültige Zeitlosigkeit der See bedeuten auch den unwiderstehlichen Reiz, der von ihr ausgeht: »Das schlichte Wissen, dass das Meer nahe ist, gibt der Landschaft eine andere Atmosphäre«, urteilt in unseren Tagen der britische Schriftsteller James Hamilton-Paterson, und Heinrich Heine schwärmte:

»Gar besonders wunderbar wird mir zumute, wenn ich allein in der Dämmerung am Strande wandere – hinter mir flache Dünen, vor mir das wogende Meer, über mir der Himmel wie eine riesige Kristallkuppel – ich erscheine mir dann selbst sehr ameisenklein, und dennoch dehnt sich meine Seele so weltenweit. Die hohe Einfachheit der Natur, wie sie mich hier umgibt, zähmt und erhebt mich zu gleicher Zeit, und zwar in stärkerem Grade als jemals eine andere erhabene Umgebung.«

Heine war einer der Trendsetter, denen viele andere Künstler folgten, darunter auch Maler wie der Berliner Max Liebermann, der im Sommer 1872 begann, die Stimmungen an Nordseeständen einzufangen. Sein impressionistischer Kollege und Freund Karl Hagemeister schuf in einem weltabgeschiedenen Winkel Nordrügens die gewaltigen Wellengemälde, für die er berühmt wurde – auch wenn er sich dafür bei Sturm an einem Felsblock festbinden lassen musste und seine Farben und Pinsel ihm buchstäblich um die Ohren flogen. Der deutsch-amerikanische Maler Lyonel Feininger porträtierte über viele Jahre hinweg die pommersche Ostseeküste in zarten, liebe- und ausdrucksvollen Studien, die später als »entartete Kunst« verfemt wurden. Als ebenso »entartet« galt der Schleswig-Holsteiner Emil Nolde, einer der führenden Expressionisten, der ironischerweise ein glühender Nazi war, aber im Dritten Reich dennoch verboten blieb. Siegfried Lenz nutzte sein Schicksal später als Anregung für den Roman »Deutschstunde«.

Vor gut hundert Jahren, nach dem Ersten Weltkrieg,

ging es dann so richtig los mit dem Massentourismus an Nord- und Ostseeküsten. Bald traf sich dort im Sommer halb Deutschland auf engstem Raum. Keine sanfte, elitäre Buddenbrook'sche Biedermeier-Idylle mehr, stattdessen frühes Mallorca, Badestrände voller Menschenmassen, denen die Landschaft um ihrer selbst willen egal war: »Die Dünen waren leer, die Wälder waren leer«, staunte Erich Kästner.

> »Während der Ferien lagen die Mietskasernen am Ozean. Sie hatten keine Dächer, das war gut. Sie hatten keine Türen, das war peinlich. Und die Nachbarn waren funkelnagelneu, das war für die Funkelnagelneugierde ein gefundenes Fressen. Sie schmorten zu Tausenden in der Sonne, als sei die Herde schon geschlachtet und läge in einer riesigen Bratpfanne. Manchmal drehten sie sich um. Wie freiwillige Koteletts. Es roch, zwei Kilometer lang, nach Menschenbraten. Am Rande des Erhabenen fand das Lächerliche statt.«

»Die Welle bricht sich. Kann mans ihr verdenken?«, ätzte angesichts dessen Theobald Tiger alias Kurt Tucholsky ein paar Jahre später. Bis heute gibt es da nichts Neues unter der Meeressonne, und nach wie vor ist an der Küste alles zu finden: vollgestopfte Strände und stille, winddurchwehte Wälder, Idylle und Ballermann, Trubel und der zeitlose Frieden, den Günter Kunert in »Auf der Schwelle des Hauses« einfängt:

In den Dünen sitzen. Nichts sehen
als Sonne. Nichts fühlen als
Wärme. Nichts hören
als Brandung. Zwischen zwei
Herzschlägen glauben: Nun
ist Frieden.

DIE DOPPELBÖDIGE LANDSCHAFT: MOOR

»Mit einem Male ist man in einer anderen Welt. Alles heitere Grün ist verschwunden, nichts zu erblicken als schwarzbraunes Land von unheimlichem, verbranntem Ansehen, begrenzt von einer ernsten, tiefblauen Ferne. Im Moor findet die tiefste Melancholie ihren Ausdruck, welchen der köstlichste Frühlingsmorgen und der sonnigblaueste Sommertag nicht ganz verscheuchen können, der aber bei trübem, wolkigem Himmel, im Spätherbst oder zur Winterzeit, wahrhaft grauenerregend auf die Seele zu wirken vermag.«

Hermann Allmers bringt es auf den Punkt: Das Moor ist eine Landschaft wie keine andere. Monochrom und abweisend, uralt und doch immer im Schöpfungszustand. Nicht Land, nicht Wasser. Geboren nicht aus der Geologie, sondern aus dem Tod. Oder vielmehr: aus der ewigen Kombination von oberflächlichem Leben und dicht darunterliegendem Tod. In dieser Urlandschaft gibt es wenig mehr als eine endlose Fläche unter einem ebenso endlosen Himmel. Zwischen diesen gegensätzlichen Polen bleibt dafür umso mehr Raum für die menschliche Fantasie. Selbst ein eingeschworener Realist wie Friedrich Engels vergisst im Moor jeden historischen Materialismus und wird ganz Emotion:

»In einer Sturmnacht, wenn die Wolken gespenstisch um den Mond flattern, wenn die Hunde von fern einander zubellen, dann jagt auf schnaubenden Rossen hinein in die endlose Heide. In der Ferne blitzt das Wasser der Moore im Widerschein des Mondes, Irrlichter gaukeln darüber hin, unheimlich ertönt das Geheul des Sturmes über die weite Fläche; der Boden wird unsicher unter euch, und ihr fühlt, dass ihr in den Bereich der deutschen Volkssage gekommen seid.«

O schaurig ist's übers Moor zu gehn,
Wenn es wimmelt vom Heiderauche,
Sich wie Phantome die Dünste drehn
Und die Ranke häkelt am Strauche,
Unter jedem Tritte ein Quellchen springt,
Wenn aus der Spalte es zischt und singt! –
O schaurig ist's übers Moor zu gehn,
Wenn das Röhricht knistert im Hauche!

… beginnt der deutsche Klassiker, »Der Knabe im Moor« von Annette von Droste-Hülshoff, der auch heute noch in vielen Schulen zum Standardprogramm gehört. Zwar bringen die häkelnden Ranken und die diversen Gespenster Teenager inzwischen eher zum Kichern, aber als Prototyp einer Stimmungslandschaft, als Symbol des Ausgeliefertseins an eine unheimliche Natur ist das Moor heute so wirksam wie eh und je:

Fest hält die Fibel das zitternde Kind
Und rennt, als ob man es jage;

Hohl über die Fläche sauset der Wind –
Was raschelt drüben am Hage?
Das ist der gespenstische Gräberknecht,
Der dem Meister die besten Torfe verzecht …

Ist es wirklich so schaurig, das Moor? Selbst heute noch, in nüchternen Zeiten, in denen es die endlosen, einschüchternden Hochmoorflächen längst nicht mehr gibt? Jein. Genau betrachtet ist es nicht mehr und nicht weniger als eine der wenigen erhaltenen Urlandschaften mit einer angepassten Lebensgemeinschaft, aber von der Hand zu weisen ist der unheimliche Genius Loci eben doch nicht. Moore sind eine typische Landschaftsform Nordeuropas, aus der Sicht der Geologie klar definiert: »Moor« bedeutet ein Gebiet mit einer mindestens 30 Zentimeter mächtigen Schicht aus nicht oder nur teilweise zersetzten Pflanzenresten, dem bekannten Torf. Es gibt Nieder- und Hochmoore, die beide ihre Ursprünge in verlandenden Gewässern haben. Niedermoore sind sozusagen der Beginn eines Moores: Sie entstehen dort, wo in nährstoffreichen Gewässern Pflanzenschicht um Pflanzenschicht abstirbt, wo eine immer dicker und tragfähiger werdende Decke aus diesem organischen Totmaterial alljährlich weiter in die Seefläche vordringt und sich dabei so lange verfestigt, bis sie auch größere Pflanzen hält. Diese Niedermoore sind oft relativ klein und wie Inseln in eine andere Umgebung eingebettet.

»Und die Landschaft liegt unverbraucht da wie am ersten Tag. Liegt da, als wartete sie auf einen, der größer ist, mächtiger, einsamer. Auf einen, dessen Zeit noch nicht gekommen ist.« Diese, hier von Rilke, viel beschriebenen

Landschaften, die großen, klassischen Moore der Sagen und der Literatur, sind die heute sehr seltenen Hochmoore. Die können aus Niedermooren hervorgehen, deren Torfmoose immer weiter nach oben wachsen und nach unten hin absterben. Sobald diese Schicht zu mächtig wird, schafft es das Grundwasser nicht mehr, die Moosauflage bis oben hin zu durchströmen, und sie wird nur noch von Regen und Schnee bewässert. Wie ein großer Schwamm wächst sie dann immer weiter dem Licht entgegen, und es entsteht ganz allmählich ein typisches, uhrglasförmig aufgewölbtes Hochmoor. Die Moosdecke sackt nach jeder Vegetationsperiode zusammen und wächst insgesamt nur um etwa einen Millimeter pro Jahr. Die Geburt eines Hochmoores dauert also immer unvorstellbare Jahrtausende, und die Landschaft bleibt dabei ewig lebendig, im stillen, zeitlupenhaften Wechsel zwischen Wachsen und Sterben, zwischen hellem Torfmoosgrün und dunkler Schwermut, wie sie Georg Trakl einfängt:

Wanderer im schwarzen Wind; leise flüstert das
dürre Rohr
In der Stille des Moors. Am grauen Himmel
Ein Zug von wilden Vögeln folgt;
Quere über finsteren Wassern.

Aufruhr. In verfallener Hütte
Aufflattert mit schwarzen Flügeln die Fäulnis;
Verkrüppelte Birken seufzen im Wind.

Abend in verlassener Schenke. Den Heimweg umwittert
Die sanfte Schwermut grasender Herden,
Erscheinung der Nacht: Kröten tauchen aus silbernen Wassern.

Die kleinen Niedermoore sind so relativ nährstoffreich, dass sie früher auch Reichmoor genannt wurden, Biotope für ein vielfaches Tier- und Pflanzenleben. Moorpflanzen sind generell besonders gut an die kargen Lebensbedingungen angepasst: die wie verkrüppelt wirkenden, bizarren Zwergbirken durch ihren Kleinwuchs, der Rundblättrige Sonnentau dadurch, dass er die knappe Ration, die ihm der Untergrund bietet, um auf klebrigen Fallenblättern gefangene Insekten ergänzt. Viele andere überleben durch große Genügsamkeit. Schilf, Segge und Erle sind die typischen Pflanzen der Niedermoore. »Die Moorflora ist eine charakteristische und interessante«, schilderte sie Allmers.

»Wir finden die reizendsten wie die seltsamsten Pflanzengebilde, und eine Sommerwanderung durch das Moor ist für den aufmerksamen Beobachter deshalb auch höchst unterhaltend, so einförmig und düster die Landschaft auch ist. Die größere Menge der Moorpflanzen besteht aus sehr kleinen Holzgewächsen, deren Zweiglein meistens am Boden sich hinstrecken. Fast alle diese Gewächse haben harte, lederartige, immergrüne Blätter, deren Farbe völlig mit dem tiefen Ton des Bodens harmoniert und meistens sehr dunkel ist, ebenfalls ins Graue oder Braune spielen; ebenso sind sie fast alle von herbem, zusammenziehendem

Geschmacke und vielen Gerbstoff enthaltend, doch entwickeln einige die niedlichsten und zartesten Blüten, die man sehen kann, und späterhin manche blaue oder rote eßbare Beere.«

In Hochmooren dagegen ist Essbares rar, egal, ob für Mensch, Tier oder Pflanze. Diese Flächen sind sauer, mager und artenarm – eine seltsame, amphibische Landschaft, weitgestreckt und flach, gehalten überwiegend in Braun- und Grüntönen, unterbrochen von dunklem, ölig schillerndem Wasser. Ein Schritt ins Moor ist wie ein Schritt auf die Oberfläche eines fremden Planeten. So jedenfalls schildert es 1864 der renommierte deutsche Reiseschriftsteller Johann Georg Kohl:

»Obgleich wir uns, wie gesagt, mitten in der schönsten Jahreszeit befanden, in welcher Alles umher, was nicht Moor war, grünte und blühte, und in der alle Gebüsche der Haide vom Gesange der Vögel erklangen, so war doch auf diesem Moor-Plateau alles todt und öde, wie im tiefsten Winter. Obgleich die Sonne lieblich strahlte, wanderten wir auf tiefen glitscherigen Morastwegen wie im trüben November. Die Oberfläche war überall mit verschiedenen Sorten schmieriger und schwammiger Moose bewachsen. Wir konnten uns einbilden, es wäre ein riesiger verfaulter, auf der Erde hingestreckter Baumstamm, auf dessen abgestorbener Rinde wir wie kleine Käfer kröchen. Obgleich man im Grunde genommen in einer Niederung steckte, so hat man dabei doch den Eindruck, als befände man sich auf einer hocherhabenen Anhöhe. Solche Öde sah man nur an den Enden und Gipfeln der Erde, auf dem Rücken der Hochgebirge und dicht unter dem Wolkenschleier der Gletscher.«

Diese Einöden, die früher große Teile Norddeutschlands und Nordeuropas bedeckten, schienen grenzenlos. 1778 wurde der junge münstersche Leutnant Hermann Anton Flensberg ins Emsland geschickt, um das riesige Moor an der niederländischen Grenze zu vermessen. Angesichts der braunen Unendlichkeit, die sich da vor ihm bis zum Horizont erstreckte, konnte er nur noch staunen: »Das Moor liegt ausgeschüttet wie eine Meeresfläche.« Einzelne Birken unterbrachen die Ebene, manchmal Kiefern, dazu Heide und Bent- oder Pfeifengras. Buchstäblich die Basis dieses Landschaftstyps sind die wurzellosen, enorm wasserhaltenden Torfmoose, unten tot und bräunlich vertorft, mittig noch lebend grün, oben der wachsende Trieb, der das Moor immer weiter aufwölbt und aussieht wie winziges hellgrünes Edelweiß. Typisch sind auch die Wollgräser, besonders gut an Sumpf und Säure angepasste Grassorten, deren wattig weiße, puschelige, in jedem Windhauch tanzende und sich im dunklen Wasser spiegelnde Fruchtstände die ernste Szenerie mit beinahe unpassend wirkender Helligkeit und Verspieltheit auflockern – ein seltener Moment von Leichtigkeit in einer Umgebung, in der sonst selbst das Tierleben gedämpft wirkt:

»Auch in ihm spricht sich die düstere Landschaft aus«, hielt Allmers fest, »es ist spärlich und still, stiller als in

> jeder anderen Gegend. Da haust nur das Birkhuhn, die menschenscheue Rohrdommel lässt in stiller Nacht ihren unheimlichen Laut hören, die Sumpfeule nistet auf dem Erdboden oder in Binsenbüschen, und man sieht sie selbst am Tage mit lautlosem Fluge wie ein graues Gespenst über das braune Land schweben, hier und da fliegt eine Moorschnepfe vor dem Wanderer auf, oder eine Bekassine, die ihr heiseres Rätsch ausstößt. Sonst ist alles stumm, denn auch der Insekten hegt das Moor nur äußerst wenige. Ein Hauptbewohner desselben aber ist die giftige, braungefleckte Kreuzotter, die man an heißen Tagen oft spiralförmig zusammengerollt in der Sonne liegen sieht.«

Endloses Nichts und schwarzes Wasser, gespenstische Eulen und allgegenwärtige Giftschlangen – kein Wunder, dass schon die erste überlieferte Beschreibung so einer Landschaft nicht eben enthusiastisch ausfiel: Publius Cornelius Tacitus, Schriftsteller und Senator im klimatisch begünstigten Rom, kanzelte Nordgermanien vor ungefähr 1900 Jahren damit ab, das Land sei »schaurig durch seine Wälder und häßlich durch seine Sümpfe«. Vor ihm schon sprachen indogermanische Stämme, die bereits das große Wasser, das Meer, gesehen hatten, hier von »mari« oder »meri«, dem stillen Wasser. Im Althochdeutschen wurde »muor« daraus. Das althochdeutsche »fenna« für Wasser setzt sich im norddeutschen »Veen« oder »Venn« für eine morastige Niederung fort.

Im heutigen Niedersachsen, der immer noch hochmoorreichsten deutschen Landschaft, entstand aus der sächsischen Sprache dann das bis heute gebräuchliche Wort »Moor«. In Süddeutschland blieb auch die indogermanische Bezeichnung »Moos« für Sumpf gebräuchlich, etwa im heute größten deutschen Moor, dem Murnauer Moos. Die urigen Landschaften tragen oft klangvolle, uralte Namen wie Großes Bourtanger Moor, früher das größte zusammenhängende Moorgebiet Westeuropas, Ewiges Moor, Grundloses Moor, Schwarzes Moor, Wolfsbruch oder gleich Teufelsmoor. »Man sagt, das Teufelsmoor habe seinen unheimlichen Namen davon bekommen, daß in alten Zeiten so manche Wanderer, die sich ohne Führer hindurchwagten, in ihm spurlos verloren gingen. Sie waren, so ging die Sage, eine Beute der höllischen Mächte geworden, die in dem einsamen Moore hausen«, überlieferte Allmers.

Diese höllischen Mächte haben einen irdischen Namen: Dobben. Das bedeutet Wasserlöcher, auf denen ständig wachsende Grasmatten schwimmen, die Schwingrasen genannt werden. Noch einmal Hermann Allmers:

> »Diese Dobben sind freundliche Oasen vom üppigsten und saftigsten Grün mitten in dem öden, schwarzbraunen Moore. Oft sind sie nicht unbedeutend, von reichem Heuertrag, und ihr Wurzelgewebe ist so zähe und fest, dass sie ohne Furcht mit Pferd und Wagen befahren werden, wie sehr auch ihr Boden zittert und sich einbiegt. Allein gefährlich ist es, wenn ein Dobben noch nicht zugewachsen. Der unvorsichtige Wanderer versinkt plötzlich spurlos. Der geheimnisvolle, finstere Schlund verschlingt den Menschen in einem Nu. Er

ist ohne Rettung verloren, wenn man nicht sofort mit Stricken und Stangen zu ihm eilen kann. An Schwimmen ist selten zu denken; denn der schwarze Moorschlamm hängt sich fest an den Körper und verhindert jede Bewegung der Glieder; der Angstruf verhallt in der menschenleeren Öde, ein gräßlicher Erstickungstod ist unausbleiblich.«

Mehr Glück hat da Dorothy Sayers' Gentleman-Detektiv Lord Peter Wimsey: Er ist nicht allein, als er nachts vom Weg abkommt:

»›Kommen Sie zurück Mylord!‹ rief der Diener in plötzlicher Verzweiflung. Und dann in angstvoller Erleuchtung: ›Um Gottes willen, bleiben Sie stehen, Mylord – das Moor!‹

Ein heller Schrei in der undurchdringlichen Schwärze. ›Dableiben – rühren Sie sich nicht – es hat mich!‹ Und dann ein schauriger, schlürfender Ton.«

Mensch und Moor – das steht für eine jahrtausendealte Hassliebe. Schon in der Steinzeit haben sich Menschen am Rande der großen Moore niedergelassen und Bohlenwege in die Sümpfe gebaut. Die systematische Besiedelung begann im frühen Mittelalter, zunächst auf den in den Sumpf ragenden Geestrücken. Mit dem 18. und vor allem 19. Jahrhundert wurden die Moore selbst immer weiter entwässert, besiedelt und kultiviert, ein Landgewinn, der bei stetig wachsender Bevölkerung bitter nötig war. Unter dem preußischen König Friedrich II. lautete die Vorgabe: »Jährlich ein neues Dorf!« Viele dieser Dörfer sind heute noch im Oderbruch zu finden. Auch ein Teil Ostfrieslands und große Partien der Moore bei Bremen wurden so erschlossen. Die Aufgabe, die den Neusiedlern dabei gestellt wurde, war derart hart, dass ein gängiges Sprichwort zum inoffiziellen Motto der Moorkultivierung wurde: »Des ersten Tod, des zweiten Not, des dritten Brot.«

Mit der Erschließung der großen Moore begann auch ihre Zerstörung, bis fast überall nur noch große, offene Wunden von erschöpften Torfgruben an diese Landschaft erinnerten. Zwar hatte man schon in der Bronzezeit vereinzelt Torf abgebaut, um ihn zu trocknen und mit ihm zu heizen, doch erst mit zunehmender Siedlungsdichte intensivierte sich auch der Torfabbau, bis er seit Anfang des 18. Jahrhunderts zunehmend mechanisiert, später industriell betrieben wurde. Das rasche Bevölkerungswachstum ab dem 13. Jahrhundert hatte auch die Siedlungen immer tiefer ins Moor gedrängt. Mit ihnen kam die Moorbrandkultur, eine der ältesten Landwirtschaftsformen überhaupt. Man entwässerte die Oberfläche des geplanten Ackers, brannte die Vegetation ab und pflanzte auf dem so gewonnenen Boden vom 16. Jahrhundert an Buchweizen, eine enorm widerstandsfähige Pionierpflanze, kein Getreide, sondern ein Knöterichgewächs, das die Moorkultur revolutionierte. Buchweizen wurde in die noch warme Asche gesät, und mit den weißen, stark duftenden Blütenrispen blühte den geplagten Siedlern endlich ein erstes Hoffnungssymbol: eine eigene Ernte! Später konnten noch Sommergetreide und Kartoffeln angebaut werden.

Rainer Maria Rilke beschrieb die Agrarlandschaft, die

im ehemaligen Teufelsmoor entstanden war, in seinem Tagebuch so:

> »Unter den großen Himmeln liegen flach die dunkelnden farbigen Felder, weite Hügelwellen voll bewegter Erika, daran grenzend Stoppelfelder und eben gemähter Buchweizen, der mit seinem Stengelrot und dem Gelb seiner Blätter köstlichem Seidenstoff gleicht. Und wie das alles daliegt, nah und stark, dass man es nicht übersehen oder vergessen kann. Jeden Augenblick wird etwas in die tonige Luft gehalten, ein Baum, ein Haus, eine Mühle, die sich ganz langsam dreht, ein Mann mit schwarzen Schultern, eine große Kuh oder eine hartkantige, zackige Ziege, die in den Himmel geht. Da gibt es nur Gespräche, an denen die Landschaft teilnimmt, von allen Seiten, mit hundert Stimmen.«

Mit der groß angelegten Moorkultur kamen die Umweltprobleme: 1761 schon errechnete der norwegische Biologe Søren Abildgaard, dass es mehr als 600 Jahre dauern würde, bis eine größere Torfgrube wieder zuwachse. »Unsere Urenkel werden uns dereinst des Leichtsinns anklagen«, fürchtete 1820 eine Oldenburger Zeitung angesichts immer größerer, rücksichtslos gelegter Flächenbrände. Wie schwer diese Umweltbelastung gewesen sein muss, führte noch 200 Jahre später die Bundeswehr eindrucksvoll vor Augen: Ausgerechnet 2018, nach dem heißesten, dürrsten Sommer seit Menschengedenken, beschoss sie ein ausgetrocknetes Hochmoor, die Tinner Dose beim niedersächsischen Meppen, mit 74 Luft-Boden-Raketen. Ergebnis: ein verheerender, monatelanger Großbrand im Naturschutzgebiet. Der Rauch setzte nicht nur eine halbe Million Tonnen schädliches Kohlendioxid frei, er zog auch deutlich sicht- und riechbar viele Hunderte von Kilometern weit – ein ungeplantes Comeback des berüchtigten Heiderauches, der früher regelmäßig ganze Landstriche überzogen hatte.

Im Gegensatz zur Bundeswehr hatten die Moorsiedler allerdings keine Wahl, wollten sie nicht schlichtweg verhungern. Sie waren die in der Gesellschaft, die nirgendwo sonst festen Boden unter die Füße bekamen und ihn sich hier im wahrsten Sinne des Wortes erarbeiten konnten. Im Austausch für diese fast unmögliche Aufgabe boten die Landesherren eine einmalige Chance: Wer sich dem schwankenden Moor anvertrauen und hier sein Glück versuchen wollte, bekam seine Parzelle entweder billig zum Kauf, zu geringer Pacht, manchmal sogar für die Anfangsjahre kostenfrei. Existenzgründer, die die mörderische Arbeit nicht scheuten – und ihr nicht schnell erlagen –, hatten damit eine der wenigen Chancen in Deutschland, ohne Kapital Eigentum zu erwerben und unabhängig zu werden, in seltenen Fällen sogar wohlhabend. Das lockte, und so entstanden in der archaischen Landschaft Moorkolonien, eigentümliche Pioniergesellschaften mit einem Bevölkerungsgemisch, wie man es nirgendwo sonst antraf: von wurzellosen Außenseitern wie Ex-Sträflingen oder nach langem Dienst entlassenen Soldaten bis hin zu vielen hoffnungsvollen jungen Familien, die sich hier alle unabhängige Existenzen aufbauen wollten. Über das für Herren und Untertanen gleichermaßen erfreuliche Ergebnis schwärmte

Gräfin Maria von Schaumburg-Lippe in den 1770er-Jahren:

> »Die ganze Gegend nach dem Meere zu wird jetzt rianter (lieblicher); das so lange öd gewesene Moor zeigt jetzt schöne Gärten, Häuser, Wiesen und frohe Menschen, die nun glücklich mit ihrem kleinen Eigentum sind, da sie vorher nichts hatten. Das so beliebte Garten bestehlen sollte nun von selbst aufhören. Ist das nicht schön?«

Solche Aussichten waren eine echte Alternative. Wenn das Geld für die Emigration ins Glückssucher-Traumland Amerika nicht ausreichte, wanderte man eben ins Moor aus. Es war ebenfalls ein Wechsel in eine andere Welt, nicht weniger anstrengend und gefährlich, aber deutlich billiger. Der preußische Staat verlangte dafür allerdings den idealen Existenzgründer, fleißig, genügsam und gehorsam. Der norddeutsche Moorkolonisator Jürgen Christian Findorff, genannt »der Vater aller Moorbauern«, mahnte im 18. Jahrhundert: »Vor allem hüte man sich, Säufer und Prozeßgänger aufzunehmen, diese Leute taugen gar nichts im Mohre.« Hermann Sudermanns Erzählung »Jons und Erdme«, in der ein junges Paar sich hoffnungsvoll entschließt, sofort nach der Hochzeit in eine Moorkolonie im Memeldelta zu gehen, schilderte 1917 die Erfahrungen solcher Pioniere:

> »Dann allmählich verändert sich das Bild. Die Wohnhäuser werden ärmlicher – demütiger, möchte man sagen – die Wirtschaftsgebäude hören auf, und statt der

beackerten Felder breiten sich kahle Moorheiden aus bis ins Endlose hin, von viereckigen schwarzen Teichen unterbrochen, die vom Torfstechen übrig geblieben sind. Auf denen sprießt junges Sumpfgrün. Wie beschorft ist alles.

Der Moorvogt hat den ganzen Weg über kein Wort zu ihnen gesprochen. Jetzt wendet er sich um und sagt: ›Hier könnt ihr euch nun eine Baustelle aussuchen.‹ Und er geht ihnen voran, seitwärts auf den Moorboden hinaus, der unter ihren Füßen quatscht und einsinkt. Und wo der Moorvogt den Stock einstößt, bleibt ein wasserglänzendes Löchelchen übrig.

Da endlich macht der Jons seinem bedrückten Herzen Luft und fragt beinahe schreiend: ›Kann man denn hier überhaupt bauen?‹

Der Moorvogt weist mit seinem Stock zurück in die Runde. ›Die haben alle einmal so gebaut‹, sagt er. ›Das Trockenmachen ist eure Sache.‹«

Diese Priorität legte schon Findorff in seinem »Moorkatechismus« fest:

»Soll ein wildes Mohr zum besseren Gebrauch geschickt gemacht werden, so ist die Abführung des Wassers das allernothwendigste und erste was geschehen muß. Die zu solchem Ende zu ziehenden Abwäßerungs-Gräben müssen jedoch nicht nach einem Ohngefähr, sondern das Mohr worin die Veränderung geschehen soll, zuvorderst genau vermessen, abgewogen, in Plan gebracht, und hierauf die Anlage der Abzugs-

> gräben nach Beschaffenheit der Umstände bestimmt werden.«

Was für die Siedler praktisch hieß: Sie mussten, bevor sie auch nur halbwegs menschenwürdig leben konnten, zunächst Entwässerungsgräben ausheben, Tag für Tag mit nackten Beinen im eisigen Wasser stehend, und »das Moor beizt und macht Schrunden und Risse«. Anschließend hatten sie sich buchstäblich abzuplacken, ein Wort, das sich in der deutschen Sprache für besonders mühselige, kräftezehrende Arbeit erhalten hat:

> »Die oberste Schicht des Moores, die aus lebendigen Pflanzenstoffen besteht, muß zerkleinert und heruntergeschält werden – ›abplacken‹ nennt man es –, weil der darunterliegende Boden erst dann, wenn sie mit ihm gemischt ist, die natürliche Fruchtbarkeit erhält, die eine Aussicht auf künftige – wenn auch spärliche – Ernten eröffnet.«

Dass dann, im endlich gebauten Häuschen, die Möbel regelmäßig im unsicheren Untergrund versackten, die Wände schimmelten und schwarze Pfützen in der Stube standen, gehörte ebenso selbstverständlich dazu wie Überschwemmungen, Mangelkrankheiten von der Buchweizen-Dauerdiät und eine enorm hohe Sterblichkeit.

Egal, wie unerwünscht die Outcasts der Gesellschaft anderswo sein mochten, zum Schaufeln im eiskalten Wasser, zum Abplacken waren sie allemal gut genug – eine Sichtweise, die das NS-Regime später auf die mörderische Spitze trieb. Zwar wurden die Moorsiedler und ihr Ringen mit den Elementen von der zeitgenössischen Propaganda lauthals als Muster heroischen Germanentums verklärt, doch das nutzte wenig: Der Einsatzwille der Volksgenossen für die Moorkolonisation hielt sich in engen Grenzen. Arbeitsdienst vor Ort war alles andere als begehrt. So wurden von 1933 an die großen Moore des Emslands mit einer Topografie des Terrors überzogen, mit den fünfzehn berüchtigten Emslandlagern. Sie waren ein erster Probelauf für die »Vernichtung durch Arbeit«. Politische Gegner, unter ihnen Friedensnobelpreisträger Carl von Ossietzky, wurden mit Schwerstarbeit bei unmenschlicher Behandlung gefoltert und oft auch ermordet. 1933 schon entstand im KZ Börgermoor das wuchtige, später berühmt gewordene Lied von den »Moorsoldaten«:

Wohin auch das Auge blickt
Moor und Heide nur ringsherum
Vogelsang uns nie erquickt
Eichen stehen kahl und krumm
Wir sind die Moorsoldaten
Und ziehen mit dem Spaten ins Moor
Hier in dieser öden Heide
Ist das Lager aufgebaut
Wo wir fern von jeder Freude
Hinter Stacheldraht verstaut
Wir sind die Moorsoldaten
Und ziehen mit dem Spaten ins Moor
Morgens ziehen die Kolonnen
In das Moor zur Arbeit hin

Graben bei dem Brand der Sonne
Doch zur Heimat steht ihr Sinn.

Einer der Autoren dieses Liedes war der Schauspieler und Regisseur Wolfgang Langhoff, der ebenfalls in Börgermoor interniert wurde und seine Erfahrungen vom Ausgeliefertsein in einer Landschaft, die nur die Kerkermeister unterstützt, später auch noch in dem Tatsachenbericht »Die Moorsoldaten« festhielt:

»›Hier kommt keiner lebendig heraus, das sag ich Euch. Hier im Moor können sie dich über den Haufen schießen und kein Hahn kräht nach dir!‹ ›Ob man von hier aus abhauen kann? Muss doch gar nicht weit zur holländischen Grenze sein. Höchstens zehn Kilometer.‹ ›Mitten durchs Moor, was? Wenn du da nicht Bescheid weißt, sackst du ab! Unweigerlich. Immer tiefer. Dann lieber schon hier verrecken und ein paar von denen noch mitnehmen!‹ ›Ja, die haben gewusst, warum sie das Lager gerade in der Gegend errichtet haben!‹«

Diese Umgebung zwingt jeden zur Unterwerfung, zumindest aber zur Anpassung, aber die kann unter besseren Umständen durchaus auch freundlich sein. Wie ein Kontrast zur stacheldrahtumzäunten Welt eines Bösen, das tiefer und düsterer ist als jedes Sumpfloch, wirken in Hermann Sudermanns Erzählung »Jons und Erdme« die Kinder der Moorsiedler. Diese beiden kleinen Mädchen sind frei von jedem Zwang, wollen auch das Moor zu nichts zwingen und sehen es nicht als Gefängnis, sondern als herrlichen Abenteuerspielplatz. Sie sind einfach glückliche Geschöpfe einer Landschaft, in die sie geboren wurden:

> »Und manchmal findet man Blänken und Teiche – nicht die viereckigen mit dem kohlschwarzen Steilrand, die durch Torfstechen künstlich gemacht sind – o nein doch – diese hier stehen seit der Erschaffung der Welt und stechen von weitem ins Auge wie verborgene Spiegel, die einer im Sonnenlicht hin und her dreht.
>
> Aber hinzukommen ist schwer. Von Humpel zu Humpel muß man springen, sonst versinkt man womöglich im Schlamm. Aber ist man erst da, dann hat man Freude genug. Ringsherum kriecht wohl Nadelgestrüpp, wie Knäuel von Schlangen durcheinandergewunden. Darin klettert man rum und genießt das eigene Fürchten. Und noch was weit, weit Schöneres gibt es. Das ist der Rasen, der in das Wasser hineinwächst und auf dem man sich schaukeln kann … Aber fix muß man sein und das Fliegen verstehen, denn der Rasen schwimmt oben auf, und will man verweilen, dann sinkt er schwer in die Tiefe.«

Eines dieser fröhlichen Kinder könnte der alte Ostpreuße Petschelies gewesen sein, den es in Arno Surminskis Flüchtlingsroman »Kudenow« nach dem Zweiten Weltkrieg aus genau diesem Memeldelta nach Schleswig-Holstein verschlägt. Auch er liebt diese Landschaft gerade für ihre Andersartigkeit:

»Er behauptete, im Moor sei der Wind anders; kein Vergleich mit dem Wind in einem Buchenwald oder über einem Kornfeld. ›Zu Hause hat mich einmal ein Gewitter im Moor überrascht. Das war wie das Jüngste Gericht.‹ Petschelies erzählte von dem Moor zu Hause, das magnetisch war und die Blitze anzog, in dem sich Mäuler auftaten und die Erde bei jedem Donnerschlag zitterte, Elmsfeuer über dem matschigen, bibbernden Sumpf standen, die Lebewesen Reißaus nahmen, Blitze sogar aufwärts zuckten, aus abgestorbenen Baumstümpfen und Torfhalden in den Himmel fuhren, ein Moor, in dem die Wasservögel scharenweise verendeten, ohne sichtbares Zeichen einer Verletzung.«

So etwas ist umso eindrucksvoller, als sich im Moor auch noch das sprichwörtliche stille Wasser findet, das nicht nur tief ist, sondern dazu auch ein ebenso unheimliches Eigenleben führt wie alles hier: Es schillert wie eine Ölschicht, ist undurchsichtig, gluckst, ächzt und erschreckt Vorbeikommende mit plötzlich aufsteigenden und schmatzend zerplatzenden Gasblasen:

Da birst das Moor, ein Seufzer geht
Hervor aus der klaffenden Höhle;
Weh, weh, da ruft die verdammte Margreth;
»Ho, ho, meine arme Seele!«
Der Knabe springt wie ein wundes Reh,
Wär' nicht Schutzengel in der Näh',
Seine bleichenden Knöchelchen fände spät
Ein Gräber im Moorgeschwele.

Damit nicht genug: Zur irrealen Panikstimmung tragen auch all die Geräusche bei, die auf der weiten Fläche kaum zu orten, dafür aber im Dunkeln fast körperlich zu fühlen sind: knurrendes Froschgequake und vor allem das weithin schallende, hohle Hupen der Rohrdommel, auch Moorochse genannt, das tatsächlich an verzweifelte Seufzer verdammter Seelen erinnert. In Søren Kierkegaards »Stadien auf des Lebens Weg« heißt es, der große, gut getarnte Vogel, der zur Familie der Reiher gehört, sei die »heimliche Stimme der Einsamkeit«. Und selbst die unheimliche Akustik reicht noch nicht: Diese durch und durch eigenwillige, seltsamen Gesetzen folgende Einöde wurde oft auch noch durch Irrlichter erhellt, durch mysteriöse Lichterscheinungen, deren Ursprung in der Naturwissenschaft umstritten ist. Gibt es sie überhaupt, oder sind auch sie Fantasiegebilde, wie sie das Moor nun einmal provoziert? Sind es Glühwürmchen, phosphoreszierende Pilze oder, das ist die wahrscheinlichste Theorie, aufsteigende und sich selbst entzündende Faulgase?

Der berühmte Königsberger Astronom und Naturwissenschaftler Friedrich Wilhelm Bessel beschrieb Lichterscheinungen, die er 1807 bei Bremen beobachtet hatte, als

> »zahlreiche Flämmchen welche über einem, an vielen Stellen mit stehendem Wasser bedeckten Grunde entstanden, und, nachdem sie einige Zeit geleuchtet hatten, wieder verschwanden. Die Farbe dieser Flämmchen war etwas bläulich, ähnlich der Farbe des verbrennenden Wasserstoffgases. Hunderte für die Zahl und eine Viertelminute für die Dauer können

beide vielleicht einigermaßen anschaulich machen. Ich erinnere mich, dass einer der Gegenwärtigen die bewegten Flämmchengruppen mit scharenweise ziehenden Wasservögeln verglich. Die Ruderer des Kahns betrachteten die Erscheinung als etwas Gewöhnliches und waren weit davon entfernt, überrascht zu sein.«

Und tatsächlich: Seit Anbeginn der menschlichen Sprache sind solche Naturphänomene aus Mooren rund um die Welt überliefert, als Irrwisch, Spuk- und Totenlicht in Deutschland, als englische Will-o-wisp, französische Feu follet, Narrenfeuer, oder japanische Onibi, Dämonenfeuer. Nomen est Omen: In Deutschland hießen Irrlichter auch Tückebolde oder Lüchtemännekens und galten entweder als Seelen ungetaufter Kinder, die Sterbliche ins Verderben locken sollten, oder gleich als Manifestation des Satans. Es gibt auch moderne Irrlichter: In der Harry-Potter-Saga heißen sie Hinkepanks, trügerisch zarte, aber umso fiesere Kreaturen:

»Professor Lupin hatte einen Glaskasten mit einem Hinkepank mitgebracht, einem kleinen einbeinigen Geschöpf, das aussah, als bestünde es aus Rauchschwaden und wäre recht schwächlich und harmlos. ›Der Hinkepank lockt Reisende in die Sümpfe‹, sagte Professor Lupin und die Klasse schrieb eifrig mit. ›Seht ihr die Laterne, die er in der Hand hat? Er hüpft voraus – die Leute folgen dem Licht – und dann –‹

Der Hinkepank machte ein fürchterlich quietschendes Geräusch am Glas.«

Das Moor als Heimat der Irrlichter, der Gespenster, der Wiedergänger, der verdammten Seelen – so wurde es jahrhundertelang wahrgenommen und geschildert. Doch abgesehen von der tatsächlich sehr speziellen Natur, so richtig logisch scheint das nicht. Gespenster, Wiedergänger und alles, was wimmelt und spukt, verlieren doch eigentlich ihren Sinn, sobald sie keine Menschen mehr peinigen können. Was also suchen sie in solcher Zahl in einer der verlassensten Gegenden überhaupt?

Aufklärung liefert da der renommierte Volkskundler Ludwig Strackerjan, der 1909 »Aberglaube und Sagen aus dem Herzogtum Oldenburg« veröffentlichte. Demnach verhält es sich mit der Gespenster-Überbevölkerung so: Spukt es irgendwo, wird der örtliche Pfarrer gerufen. Der bannt das Gespenst mit der ganzen Macht und Autorität Christi in einen Koffer, eine Schnupftabaksdose oder ein ähnlich praktisches Transportbehältnis. Dann müssen »die stärksten Pferde« aus dem Stall geholt werden, und ab geht die Fahrt ins Moor. Schwitzen und schnaufen die Tiere dabei, haben sie schwerer zu ziehen als üblich, wäre das auf dem tiefen Untergrund zwar eigentlich normal, galt aber als untrügliches Zeichen, dass die Ghostbuster erfolgreich waren und wirklich einen Untoten an Bord hatten. Tief, tief im Moor dann entlässt der Geistliche das Gespenst nicht nur, sondern bannt es mit einer Aufgabe: Es muss zum Beispiel alle Sandkörner, alle Kiefernnadeln oder alle Schilfhalme zählen. Hat es das erledigt, ist ihm gestattet, sich in der Neujahrsnacht »einen Hahnenschritt weit« seinem Heimatdorf zu nähern. Anschließend muss es von vorne anfangen. Und so weiter, bis in alle Ewigkeit. Das Moor ist also nichts anderes als eine Gespensterdeponie, eine Endlagerstätte für Geister von weit und breit. Für schwer frustrierte Geister obendrein – und so ist es kein Wunder, dass sie sich auf die wenigen Menschen, die sie ab und zu erwischen können, so gierig stürzen wie auf Droste-Hülshoffs bedauernswertes Knäblein:

Vom Ufer starret Gestumpf hervor,
Unheimlich nicket die Föhre,
Der Knabe rennt, gespannt das Ohr,
Durch Riesenhalme wie Speere;
Und wie es rieselt und knittert darin!
Das ist die unselige Spinnerin,
Das ist die gebannte Spinnenlenor',
Die den Haspel dreht im Geröhre!

Anna Elisabeth Freiin von Droste zu Hülshoff, wie die Dichterin mit vollem Namen hieß, wuchs auf einer Burg im Münsterland auf, und so war ihr diese Landschaft von Kindheit an vertraut. Dass ein derartiges Hauptquartier der Fantasie auch von anderen Künstlern entdeckt wurde, sobald die Lebensbedingungen dort erträglich geworden waren, war nur folgerichtig. Musterbeispiel ist da das Dorf Worpswede im Teufelsmoor, das Ende des 19. Jahrhunderts eine Künstlerkolonie aus dem nahen Bremen anzog. Einer dieser Maler, Fritz Overbeck, schwärmte 1895:

»Bis an den Horizont, wo die blauen Hügel der Geest ansteigen, dehnt sich weithin das Moor, schnurgerade durchschnitten von Kanälen und Fahrdämmen, die wiederum rechtwinklig von anderen gekreuzt werden. In gleichen Abständen am Wege stehen bleiche Birken, deren Stämme, den herrschenden Nordostwinden nachgebend, schräg ansteigen. Darüber spannt sich der Himmel aus, der Worpsweder Himmel, den zu schildern die Feder verzweifeln muss, denn ein allzu armseliger Behelf würden meine Worte sein, um höchste Schönheit würdig auszudrücken. Was hülfen uns unsere Strohhütten, Birkenwege und Moorkanäle, wenn wir diesen Himmel nicht hätten, welcher alles, selbst das Unbedeutendste adelt, ihm seinen unsagbar koloristischen Reiz verleiht, der Worpswede schließlich erst zu dem macht, was es ist.«

Paula Modersohn-Becker, die später geradezu als Verkörperung von »Worpswede« galt, konnte ihren Enthusiasmus noch weniger zügeln:

»Birken, Birken, Kiefern und alte Weiden. Schönes braunes Moor, köstliches Braun! Die Kanäle mit den schwarzen Spiegelungen, asphaltschwarz. Die Hamme mit ihren dunklen Segeln, es ist ein Wunderland, ein Götterland. Ich habe Mitleid mit diesem schönen Stück Erde, seine Bewohner wissen nicht, wie schön es ist. Ja, wenn das Malen nicht wäre?! …«

Die Maler als die, die diese Landschaft retten, weil nur sie sie zu erkennen vermögen – eine durchaus gewagte Behauptung. Sicher wussten seine Bewohner dieses »schöne braune Moor« ebenfalls zu schätzen, sorgte es doch für ihren Lebensunterhalt. Und für harte Arbeit. Für die gesteigerte Sensitivität ihrer wohlhabenden neuen Mitbewohner hatten sie schlicht keine Zeit. Im Gegensatz zu den Künstlern, die das Teufelsmoor als pikante Abwechslung zu ausgedehnten Reisen schätzten, waren sie ganz selbstverständlich ein Teil dieser Umgebung. Manfred Hausmann, Feuilletonredakteur aus Bremen und später Bewohner der Künstlerkolonie Worpswede, schildert das nächtliche Segeln mit einem alten Torfschiffer als Stimmung pur, als ein Aufgehen in der Landschaft:

> »So wate ich durch die Finsternis, durch quatschende Wiesen, ich überquere niedrige Dämme und springe über Gräben und Schilf, ein Kiebitz streicht schattenhaft am Boden hin, wirft sich plötzlich senkrecht hoch und stößt, indem er sich überschlägt und herabfällt, ein verschlafenes Kiiuyt aus. Hier unten liegt noch allerlei Nacht auf den Wiesen, aber ich kann schon erkennen, daß dahinten zwei schwarze Segel langsam durch die Ebene ziehen. Das sind Torfschiffe auf der Hamme, die leer von Bremen zurückkommen und wieder ins Moor hinaufsegeln. Das zweite rufe ich an, ob ich nicht ein Stück mitfahren dürfte. Der weißhaarige Bauer, der am Steuer sitzt, antwortet nicht, er drückt nur die Pinne ein bißchen zur Seite, da nähert sich das Schiff dem Ufer, ich laufe einige Schritte nebenher und kann mich hineinschwingen.
>
> Mojen! sage ich und lasse mich unter dem Mast nieder. Schönen Dank auch!
>
> Der Bauer tut seinen Mund auf und sagt: Jau!

Und dann gleiten wir weiter. Der Wind drängt sich sacht in das geteerte Segel, das schwarze Wasser gluckert am Bug, wir schweben fast. Über uns dämmert der unendliche Himmel mit den Sternen, die jetzt so winzig wie Stecknadelspitzen aussehen. Unbeschreiblich leicht und silbern hängt die Mondsichel im grauen Dunst des Ostens. Ich sehe nur Wasser und einen schmalen samtenen Strich Ufer und lauter Himmel. Ich höre nur die Stille.«

1898 reiste erlauchter Dichterbesuch von weit her an: Rainer Maria Rilke. Der Dreiundzwanzigjährige kam in dem erhebenden juvenilen Glauben, endlich alles besser zu machen als die beschränkten Vorfahren:

»Woran unsere Väter in geschlossenem Reisewagen, ungeduldig und von Langeweile geprägt, vorüberfuhren, das brauchen wir. Wo sie den Mund auftaten, um zu gähnen, da tun wir die Augen auf, um zu schauen, denn wir leben im Zeichen der Ebene und des Himmels. Das sind zwei Worte, aber sie umfassen eigentlich ein einziges Erlebnis: die Ebene. Die Ebene ist das Gefühl, in dem wir wachsen.

Es ist ein seltsames Land. Wenn man auf dem kleinen Sandberg von Worpswede steht, kann man es ringsum ausgebreitet sehen, ähnlich jenen Bauerntüchern, die auf dunklem Grund Ecken tiefleuchtender Blumen zeigen. Flach liegt es da, fast ohne Falte, und die Wege und Wasserläufe führen weit in den Horizont hinein. Dort beginnt ein Himmel von unbeschreiblicher Veränderlichkeit und Größe. Er spiegelt sich in jedem Blatt. Alle Dinge scheinen sich mit ihm zu beschäftigen; er ist überall.«

Die Ironie des Ganzen: Auch die enthusiastischen, aufgeschlossenen und modernen jungen Künstler waren selten am Moor an sich interessiert, an der faszinierenden, amphibischen Urlandschaft in all ihrer Fremdheit. Sie mussten die überwältigende Natur eher ihrer Autonomie berauben, ständig in Vergleich zum Menschen setzen, und sie so ins Vertraute, Erfassbare ziehen. Paula Modersohn liefert da ein anschauliches Beispiel:

»Stimmung bis in die kleinste Fingerspitze. Deine mächtigen großen Kiefern! Meine Männer nenne ich sie, breit, knorrig und wuchtig und groß, und doch mit den feinen Fühlfäden und Nerven drin. So denke ich mir eine Idealkünstlergestalt. Und Deine Birken, die zarten schlanken Jungfrauen, die das Auge erfreuen. Mit jener schlappen träumerischen Grazie, als ob ihnen das Leben noch nicht aufgegangen sei. Sie sind so einschmeichelnd, man muß sich ihnen hingeben, man kann nicht widerstehen. Einige sind auch schon ganz männlich kühn, mit starkem, geradem Stamm – das sind meine ›modernen Frauen‹.«

Die Künstler zog es zum Menschengemachten, zu »Strohhütten, Birkenwegen und Moorkanälen«, zu den Bauernhäusern und den Bewohnern. Und was der feingeistige Rilke über die festhielt, klang verdächtig nach Kulturschock:

»Etwas von der Traurigkeit und Heimatlosigkeit ihrer Väter liegt über ihnen, der Väter, die, als sie auswanderten, ein Leben verließen, um in dem schwarzen, schwankenden Land ein neues zu beginnen, von dem sie nicht wußten, wie es enden sollte. Alle haben nur ein Gesicht: das harte, gespannte Gesicht der Arbeit. Im Frühling, wenn das Torfmachen beginnt, erheben sie sich mit dem Hellwerden und bringen den ganzen Tag, von Nässe triefend, durch das Mimikry ihrer schwarzen, schlammigen Kleidung dem Moore angepaßt, in der Torfgrube zu, aus der sie die bleischwere Moorerde emporschaufeln. Im Sommer, während sie mit den Heu- und Getreideernten beschäftigt sind, trocknet der fertigbereitete Torf, den sie im Herbst auf Kähnen und Wagen in die Stadt führen. Stundenlang fahren sie dann. Oft schon um Mitternacht klirrt der schrille Wecker sie wach. Auf dem schwarzen Wasser des Kanals wartet beladen das Boot, und dann fahren sie ernst, wie mit Särgen, auf den Morgen und auf die Stadt zu, die beide nicht kommen wollen.«

Keine richtigen Menschen also, niemand wie du und ich, eher eine Art biotopangepasster Sumpfgeschöpfe, beschränkt, aber durchaus malerisch und interessant zu studieren. Und wieder die überlegenen Künstler als Erlöser:

»Und was wollen die Maler unter diesen Menschen? Darauf ist zu sagen, daß sie nicht unter ihnen leben, sondern ihnen gleichsam gegenüberstehen, wie sie den Bäumen gegenüberstehen und allen den Dingen, die umflutet von der feuchten, tonigen Luft, wachsen und sich bewegen. Sie kommen von fernher. Sie drücken diese Menschen, die nicht ihresgleichen sind, in die Landschaft hinein; und das ist keine Gewaltsamkeit. Die Kraft eines Kindes reicht dafür aus. Es ist so vieles nicht gemalt worden, vielleicht alles.«

Doch selbst Rilkes elitäre intellektuelle Überlegenheit immunisiert ihn nicht gegen genau das archaische Gefühl, das sich in den Sagen der Moorbewohner, in den Eindrücken der Besucher immer wieder findet, gegen das Unbehagen angesichts einer Landschaft, die den Menschen nicht will und sich ständig gegen ihn wehrt:

»Denn gestehen wir es nur: die Landschaft ist ein fremdes für uns und man ist furchtbar allein unter Bäumen, die blühen, und unter Bächen, die vorübergehen.«

Und weil es seine Fremdheit so deutlich zeigt, muss das Moor auch seit Menschengedenken als archetypische Verkörperung aller Beschwernisse herhalten, die der Sterbliche auf seinem Weg zu Gott zu überwinden hat. Es ist ein Ort, an dem himmlische Hilfe so nötig ist wie kaum irgendwo sonst. In der populären britischen Hymne »Lead, kindly light« heißt es zum Beispiel:

So long Thy power hath blest me, sure it still
Will lead me on.
O'er moor and fen, o'er crag and torrent, till
The night is gone.

Dieser »großen, mächtigen, einsamen« Landschaft räumte ein Zeitgenosse Rilkes die Hauptrolle in einem Thriller ein, der es schnell zu Weltruhm brachte. Arthur Conan Doyle verewigte das Dartmoor in seinem Bestseller »Der Hund der Baskervilles«, in dem ein Adelsgeschlecht von den Sünden der Väter heimgesucht wird. Die Söhne der Baskervilles werden über Jahrhunderte von einer traditionellen Spukgestalt verfolgt, die auch in deutschen Mooren heimisch ist, von einem kohlschwarzen, glutäugigen Höllenhund, Verkörperung der unheimlichen Landschaft, in der er »in jenen finsteren Stunden, da die bösen Mächte ihr Spiel treiben«, seine Opfer sucht:

»›Hören Sie mal, Watson‹, sagte Sir Henry, ›was würde Holmes dazu sagen? Wie war das doch mit der Stunde der Finsternis, in der die Mächte des Bösen entfesselt sind?‹

Gleichsam als Antwort darauf erhob sich plötzlich über der weiten, düsteren Fläche des Moors jener seltsame Schrei, den ich schon einmal am Rande des großen Grimpener Lochs gehört hatte. Der Wind trug ihn durch das nächtliche Schweigen heran, ein langes, tiefes Stöhnen, dann ein ansteigendes Heulen und das grausame Seufzen, mit dem es ausklang. Immer wieder erhob sich der Laut, die ganze Luft schien von dem wilden, drohenden Klang erfüllt zu sein. Sir Henry packte mich am Ärmel, und trotz der Finsternis sah ich, dass sein Gesicht leichenblass geworden war.

›Um Gottes willen, was ist das, Watson?‹

›Ich weiß nicht. Ein Geräusch, das es hier auf dem Moor manchmal gibt. Ich habe es schon gehört.‹

Er verstummte, und tiefes Schweigen umfing uns. Wir lauschten angestrengt, aber es war nichts mehr zu hören.

›Watson‹, sagte Sir Henry, ›es war das Geheul eines Hundes.‹«

Es ist *der* Klassiker aller Moor-Klassiker, eine atmosphärische Studie, in der die Umgebung alles Bewusstsein bestimmt: »Je länger man hierbleibt, desto mehr drückt sich einem der Geist des Moores in die Seele ein, und man wird zum Opfer seiner Öde und seines schaurigen Reizes«, stellt Dr. Watson schnell fest. Das Dartmoor, trostlos und einschüchternd im felsdurchsetzten herbstlichen Braun, ist derart präsent, dass es selbst den großen Sherlock Holmes beinahe zum Statisten degradiert. Die geheimnisvolle Landschaft, die Spukgestalten, und vor allem immer der Tod dicht unter der Oberfläche: »Das Moor wird niemals langweilig«, sagt ein undurchsichtiger Naturwissenschaftler zu Dr. Watson. »Es ist so weit und so wüst und so geheimnisvoll ...« Das Moor holt sich seine Opfer, eins nach dem anderen, am Ende sogar beinahe Sherlock Holmes – »... wären wir nicht gewesen, hätte sein Fuß nie wieder festen Boden betreten« – und bleibt dann ebenso rätselhaft, unberührt und unnahbar zurück, wie Watson es kennengelernt hat. Fortan und bis heute ist diese buchstäblich tiefgründige Landschaft ein beliebtes Motiv in der Kriminalliteratur.

Den scharfen Kontrast zu dieser Feindseligkeit bietet

Arno Surminskis Flüchtlingsroman »Kudenow«. Da spielt das Moor die Rolle, die es im Laufe seiner Besiedlung tatsächlich so oft gespielt hat: Es ist die ewige Heimat derer, die sonst nichts haben. Hier bietet es die letzte Zuflucht für den aus dem Memelland vertriebenen alten Bauern:

> »Der alte Petschelies liebte das Moor. ›So ein Moor mußt du im Frühling sehen, Jungche‹, sagte er, ›wenn die Kiebitze zwischen den Torfballen Kabolski schießen und die Birken ausschlagen und die Sumpfblumen blühen.‹
>
> Um für den Winter vorzusorgen, wanderte er an den heißen Tagen ins Kudenower Moor zum Torfstechen. Das Moor entrückte ihn dem Gekeife der Scheune, den immer lauteren Beschwerden der Frau Nuschtnich, dem Quieken der Kockschen Ferkel, dem Geplärre der Kinder. In den Mittags- und Vesperpausen saß der alte Petschelies im hohen Schneidgras und sah den Fischreihern zu, die ihren Horst anflogen. Im Moor war er zu Hause. Da lag das gleiche Summen in der Luft wie in den Mooren Masurens oder des Memeldeltas. Kiebitze und Wildenten im Schilf, der Geruch modriger Erde und abgestandenen Wassers. Wenn er abends zu seiner Frau in die Scheune heimkehrte, sagte Petschelies: ›Mutterke, ich bin heute zuhause gewesen.‹«

Als er ein paar Jahre später zum zweiten Mal vertrieben wird, flüchtet der einsame alte Mann in diese einzige Heimat, die ihm geblieben ist. Für immer:

»Für ihn war es der vertrauteste Ort von Kudenow gewesen, voller Erinnerungen an zu Hause. Ein Stück Erde, nicht nur um Brenntorf zu stechen, sondern auch um den klagenden Schreien der einsamen Raubvögel zu lauschen und dem Wind zuzuhören, der so eigentümlich in den Birken wisperte.

So sterben Familien aus. Drei Kinder in die Welt gesetzt. Die Tochter dem Typhus geopfert, die Söhne für Führer und Vaterland. Für die Frau ein Holzkreuz auf dem Kudenower Friedhof, für den alten Petschelies nur ein paar verkrüppelte Birken im Moor. Und nichts bleibt übrig.«

Am Ende aller Geborgenheit steht doch nur wieder die im Tod. So ist es nur folgerichtig, dass das Moor am einprägsamsten, am symbolischsten in denen verkörpert ist, die es geholt, festgehalten und bewahrt hat: in den Moorleichen. Angemessen, dass der dänische Archäologe Peter Vilhelm Glob die berühmteste von ihnen, den verblüffend gut erhaltenen Tollund-Mann, vorstellt wie die Hauptfigur eines dramatischen Romans:

»Es war im Frühling 1950, am 8. Mai. Der Tag ging zur Neige, aber aus einem goldenen Tor zwischen gewitterblauen Wolken am Westhimmel brach das Sonnenlicht stark und zugleich gedämpft empor, schien über dem Moor von Tollund und machte in der abendlichen Stille alles auf eine wunderbare Weise lebendig. Auch der Tote tief unten in der umbrabraunen Torfgrube schien wieder Leben zu erhalten. Einem Schlafenden gleich lag er auf dem feuchten Lager, mit gekrümmten Armen und hochgezogenen Knien, den Kopf leicht vornüber geneigt, auf einer Seite ruhend. Es war ein sanftes Gesicht, die Augen waren leicht geschlossen, die Lippen weich aufeinandergelegt wie in stiller Andacht. Es schien, als wäre die Seele des Toten für eine Weile aus einer anderen Welt durch das Himmelstor im Westen wieder zurückgekehrt.«

Wer ist er? Wie kam er ins Moor? Wer sind sie, diese Toten, die überall im nördlichen Europa gefunden werden? Auf jeden Fall unsere direkten Vorfahren: Ihre Fingerabdrücke, jahrtausendealt, entsprechen denen moderner Nordeuropäer. In ihnen sehen wir also der eigenen Vergangenheit buchstäblich ins Gesicht. Das Moor ist ein riesiges Archiv: Im kühlem Untergrund, unter Luftabschluss und fern von Organismen, die organische Stoffe zersetzen, hat es konserviert, was immer in seinen Tiefen gelandet ist, von Pflanzen und Pollen über Opfergaben bis hin zu verunglückten oder absichtlich versenkten Menschen. In einem erstaunlichen Maße blieb ihnen, anders als bei einer Verwesung im festen Boden, ihre Individualität erhalten: Hände und Frisur, Haut und Teile der Kleidung, Mageninhalt und oft sogar gut erkennbare Gesichtszüge. Moorleichen gibt es aus allen Epochen, aber auffallend viele stammen aus der europäischen Eisenzeit, starben von 750 vor bis 500 nach Christus, also um die Zeitenwende zu Christi Geburt.

Ein unverhältnismäßig großer Teil dieser Menschen starb eines gewaltsamen Todes. Der scheinbar so friedlich schlafende Tollund-Mann wurde erhängt, andere fand man erschlagen, erdrosselt, mit Stichverletzungen, durchschnittener Kehle oder sogar allem gleichzeitig, verstümmelt, beschwert mit Stangen und Baumstämmen. Aus ihrer Todeszeit stammen auch die ersten schriftlichen Berichte aus den unheimlichen Nordländern, und so galt für diese Toten lange die aus Tacitus' »Germania« abgeleitete Theorie von den bestraften Verbrechern: »… Feiglinge, Kriegsscheue und körperlich Unzüchtige versenkt man in Schlamm und Sumpf und wirft noch Flechtwerk obendrein.« Doch zu diesem Bild passte vieles nicht. Da sind zum Beispiel die häufigen Leichenfunde an bekannten Opferstellen oder die sorgfältige, wie ehrenvoll wirkende Beisetzung des Tollund-Mannes. Er hatte auch die auffallend glatten, zarten, arbeitsungewohnten Hände mit den sorgfältig manikürten Nägeln, die bei vielen dieser Toten auffielen, ein klares Indiz für ihren gehobenen Status. Eine irische Moorleiche aus dieser Zeit, der Clonycavan-Mann, stylte seine Irokesenfrisur sogar mit einem Haargel aus sehr wertvollen Grundstoffen, aus Ölen und Pinienharzen aus Südeuropa. Er muss also zu Lebzeiten hoch privilegiert gewesen sein, vielleicht sogar einem Königsgeschlecht angehört haben. Andere Körper trugen wertvollen, aus Druidenkulten bekannten Schmuck. Im krassen Gegensatz zu solchem Luxus stand oft der Mageninhalt, der auf massiven spätwinterlichen Mangel hinwies.

Heute neigt man der These zu, dass viele eisenzeitliche Gesellschaften Europas in schweren Hungerzeiten, etwa zum Winterende, den Göttern nicht nur Sach- und Tieropfer ins Moor brachten. Sie könnten auch, so nimmt man an, besonders ranghohe Mitglieder ihrer Gesellschaft gewählt haben, um, rituell getötet, zwischen Menschen und Göttern zu vermitteln, um die Fruchtbarkeitsgöttin gnädig zu stimmen und so das Überleben der Gemeinschaft zu sichern.

Aber genau wissen wir es nicht. Spekulationen gehören zu diesen Toten wie ihre von Huminsäuren rot gefärbten Haare. Auch damit sind sie typischer Teil des Moors, aus dem sie kommen: der Raum, den auch sie unserer Fantasie geben, ist ihre große Anziehungskraft. Sie spiegeln alles Grauen der Sterblichkeit und scheinen mit ihrem seltsamen Überdauern doch die Vergänglichkeit zu leugnen. Sie sind abstoßend und anziehend zugleich, wie ein gut gemachter Horrorfilm. Kein Wunder, dass Moorleichen mit dem Aufkommen der Massenmedien auch zur überregionalen Sensation wurden. Früher gefundene Körper hatten Glück, wenn sie gleich nach dem Auffinden ein neues, diesmal christliches Begräbnis erhielten. Ansonsten landeten sie, oft zerteilt, in den Raritätenkabinetten der Mächtigen oder fielen einem makabren kannibalistischen Ritual zum Opfer: Zu Pulver zermahlen, kamen Moorleichen, ebenso wie ägyptische Mumien übrigens, als »Mumia«, als ein »wachstumsförderndes« Medikament mit angeblich großer Heilwirkung in die Apotheken. Der russische Schriftsteller Leo Tolstoi war einer der vielen, die auf dieses Menschenpulver schworen.

Die erste Moorleiche, deren Ausstellung zu einer öffentlichen Sensation wurde, war der 1871 gefundene eisenzeitliche Mann von Rendswühren. Gut erhalten, wie dieser Tote war, wurde er zunächst für einen ermordeten ungarischen Mausefallenhändler gehalten, dann kurzerhand im

Ofen eines Bäckers fürs Museum gedörrt. Dort nahm er als gefragtes, auf frühen Illustriertenfotos verewigtes Grusel-Ausstellungsstück die »Körperwelten« voraus und zog große Besucherscharen an. Zur internationalen Sensation avancierte dann gut achtzig Jahre später das »Mädchen von Windeby«, gefunden 1952 in Schleswig-Holstein. In der Nähe dieses Körpers lag auch eine männliche Leiche. Das roch nach einem romantischen Knüller, und prompt wurde wieder Tacitus bemüht, diesmal von den Massenmedien:

> »Fälle von Ehebruch sind bei dem so zahlreichen Volk eine große Seltenheit. Seine Bestrafung erfolgt auf der Stelle und ist dem Gatten überlassen. Mit abgeschnittenen Haaren, entkleidet, stößt sie der Gatte in Gegenwart der Verwandten aus dem Haus und treibt sie mit Schlägen durch das Dorf.«

Und dann, so die Schlussfolgerung der Wissenschaft und vor allem der Presse, wurde das sündige Paar wegen »Preisgabe der Keuschheit« zusammen im Moor versenkt.

Das »Mädchen von Windeby« und ihr Ehebruchs-Partner gingen als Deutschlands bekannteste Moorleichen in die düster romantische Legende, den Geschichtsunterricht und die archäologischen Vorlesungen ein. Allerdings nicht allzu lange. Dank moderner Analysemethoden weiß man heute: Das Todesdatum der beiden Leichen liegt ungefähr drei Jahrhunderte auseinander, eine Affäre können sie also nicht gehabt haben. Und das Mädchen ist ein Junge, fünfzehn bis siebzehn Jahre alt, ein zeitloses Musterbeispiel für das, was das Leben mit dieser Landschaft ihren Bewohnern so lange zumutete. Er war sehr schmächtig, mit grazilen Knochen, etwa 1,65 Meter groß und kränklich. Dazu durchlitt er in diesem kurzen Leben immer wieder schwere Hungerzeiten und starb wahrscheinlich an seinen massiven Zahnentzündungen. Sein Körper wurde sorgsam in einen Pelzumhang gewickelt und liebevoll im Moor beigesetzt, auf Heidekraut gebettet, mit einer Wollgrasdecke geschützt und für den Weg ins Jenseits mit Grabbeigaben versorgt.

Anders als dieser von einer menschenfeindlichen Umgebung schwer gezeichnete und früh getötete Knabe im Moor haben wir heute eine einmalige Chance: Das Moor bedroht uns nicht mehr. Und wir können überleben, ohne es weiter zu zerstören. Wir dürfen die letzten Reste der großen Moore, die einmal weite Teile unseres Lebensraumes prägten, endlich entspannt als das betrachten und behandeln, was sie sind: als eine der letzten, faszinierenden Urlandschaften. Ein in der jahrtausendealten Beziehung zwischen Mensch und Moor lange unvorstellbarer Luxus.

DIE FRÖHLICHE LANDSCHAFT: WIESE

Für eine Wiese braucht es Klee und Bienen
Je eins von ihnen,
Und Träumerei.
Die Träumerei tut's auch allein
Bei wenig Bienen.

Die verspielte Fröhlichkeit in Emily Dickinsons Versen verrät es: Die Wiese ist ein Landschaft gewordenes Stück Seligkeit. Glaubt man der Sprache, der Literatur und nicht zuletzt dem Klischee, so ist sie der Inbegriff einer Idylle, offen und einladend, bunt und fröhlich, Verkörperung von Sommer und Sinnlichkeit, Buntheit und Heuduft. Der Traum aller Werbeagenturen also, die so ziemlich alles, was Genuss versprechen soll, bevorzugt vor so einem Hintergrund verkaufen. Bei einer derartigen Überdosis an Glückshormonen dürfen natürlich auch Verliebte nicht fehlen:

Ein Händeineinanderlegen,
ein langer Kuß auf kühlen Mund,
und dann: auf schimmerweißen Wegen
durchwandern wir den Wiesengrund.

Durch leisen, weißen Blütenregen
schickt uns der Tag den ersten Kuß, –
mir ist: wir wandeln Gott entgegen,
der durchs Gebreite kommen muß.

… heißt das bei Rainer Maria Rilke. Durchs Gebreite, also über die Feldflur, kommt aber normalerweise eher eine Vielfalt an Gottes Geschöpfen. Verliebte, Spaziergänger oder fröhliche Picknickgesellschaften, die sich entspannt in dieser einladenden Umgebung niederlassen wollen, können sich auf reichlich vielbeinige Gesellschaft gefasst machen. »Falls die Insekten einmal die Weltherrschaft ergreifen«, hat es der amerikanische Kolumnist Bill Vaughan höflich ausgedrückt, »werden sie sich hoffentlich dankbar daran erinnern, dass sie an all unseren Picknicks teilnehmen durften.« Oscar Wilde nörgelte da schon unmissverständlicher: »Natur ist so unbequem. Der Rasen ist hart, uneben und feucht, und zudem wimmelt es von grässlichen schwarzen Insekten.«

In der Tat, die Wiese hat nicht nur einen harten und mitunter sehr pieksigen Untergrund, sie wimmelt tatsächlich: Sie ist einer der artenreichsten Lebensräume der Welt. Ein beträchtlicher Teil ihrer Bewohner ist a.) winzig und reagiert b.) auf menschlichen Besuch mit Kribbeln und Kraspeln, Stechen und Beißen. Gern an den unmöglichsten Körperstellen, was jeden Abstecher in die Botanik wirklich unvergesslich machen kann. Doch allen harten und bissigen Realitäten zum Trotz: die Sommerwiese ist für uns der Inbegriff einer besonders charmanten, unwiderstehlich einladenden Landschaft. Naturidylle pur, mit nur einer

Einschränkung: Sie ist menschengemacht. Und sie muss vom Menschen erhalten werden, sonst stirbt sie schnell.

> »Warum erfüllen uns Gräser, eine Wiese, ein Baum mit so reiner Lust? Weil wir da Lebendiges vor uns sehen, das nur von außen her zerstört werden kann, nicht durch sich selbst. Der Baum wird nie an gebrochenem Herzen sterben und das Gras nie seinen Verstand verlieren. Von außen droht ihnen jede mögliche Gefahr, von innen her aber sind sie gefeit. Sie fallen sich nicht selbst in den Rücken wie der Mensch mit seinem Geist und ersparen uns damit das wiederholte Schauspiel unseres eigenen zweideutigen Lebens«

… meinte zwar Christian Morgenstern, doch da irrte der Dichter. Und zwar grundlegend: Wiesen sind eine der wenigen Landschaften, die tatsächlich ein »zweideutiges Leben« leben, das heißt in diesem Fall: Sie sind immer von innen heraus gefährdet. Auf sich allein gestellt, fallen sie buchstäblich einer Überdosis ihrer eigenen Schönheit zum Opfer.

Das ist seit Jahrtausenden so. Wiesen sind Kulturlandschaft durch und durch. Ohne den Menschen und sein Vieh wären sie nie entstanden, ohne seine regelmäßige Pflege sind ihre artenreichen Lebensgemeinschaften verloren. Was vor allem daran liegt, dass alle Pflanzen, die sich hier so richtig wohlfühlen, sozusagen botanische Masochisten sind: Sie lieben es hart, das heißt, sie müssen ein-, zweimal im Jahr mit Stumpf und Stiel gemäht oder über die ganze Saison regelmäßig abgefressen werden, sonst können sie nicht existieren. Schnitt oder Verbiss durch Weidetiere sind fest in ihren Lebenszyklus eingeplant. Sie sind die Voraussetzung dafür, dass sich diese speziellen Gemeinschaften über lange Zeiträume entwickeln konnten. Wird ihnen solche Hilfe vorenthalten, töten sich die schönen Wiesen selbst. Sie ersticken unter der Fülle ihrer eigenen Biomasse. Streufilz, ein verklumptes, undurchdringliches Gewirr aus alten Pflanzenresten, wird immer dicker, unterdrückt die empfindlichere Vegetation und vertreibt auch viele lichtbedürftige Tiere. Der Artenreichtum schwindet dramatisch, das Areal wird bald von Büschen erobert. »Was dem Naturfreund zunächst naturnah und ›schön unordentlich‹ erscheint«, schildert der Naturfilmer Jan Haft in seinem Buch »Die Wiese«, »ist der eingeläutete Todeskampf der Wiese.« Aus ist es mit der Idylle, und aus ist es mit dem speziellen Charme, den die Offenheit und der große Artenreichtum dieser Landschaftsform verliehen haben. Das stumme Sterben beginnt. Erst gehen bestimmte Pflanzen, dann immer mehr Tiere, und bald bleibt nur noch, was schon Shakespeare anno 1599 in seinem »Heinrich der Fünfte« beklagte:

Die ebne Wiese, lieblich sonst bedeckt
Mit bunten Primeln, Pimpernell und Klee,
Die Sichel missend, üppig, ohne Zucht,
Wird müßig schwanger und gebieret nichts
Als schlechten Ampfer, rauhe Disteln, Kletten,
Um Schönheit wie um Nutzbarkeit gebracht.

Wie und wann wir ursprünglich zusammengekommen sind, die Wiesen und wir, darüber streiten sich die Gelehrten. Natürlich hat es immer Landstriche gegeben, die versteppten, weil sie kein geeigneter Standort für Gehölze waren, aber das sind die Ausnahmen. Die ursprüngliche Flora unserer Breiten war der Wald, allerdings einer, von dem niemand weiß, wie er nun ganz genau ausgesehen hat. »Eine mitteleuropäische Urlandschaft, die man studieren könnte, gibt es heute nicht mehr«, weiß Haft. »Insbesondere der Wald, wie wir ihn vorfinden, ist eine in Jahrtausenden geschaffene Kulturlandschaft.« Wie hat er die ersten Löcher bekommen? Haben die vor etwa 7500 Jahren sesshaft werdenden Menschen ihre Umgebung immer weiter gerodet, um Holz zu gewinnen, Dörfer zu bauen und auf den frei gewordenen Grasflächen Vieh zu züchten? Oder sind diese ersten offenen Flächen sogar noch eher entstanden, durch Großwild wie Rentier, Moschusochse oder den Europäischen Waldelefanten, das Löcher in den Wald fraß, sie weiter frei hielt und so den allmählich nachrückenden Menschen Gelegenheit gab, dieses Platz- und Grünfutterreservoir für eigene Tiere zu übernehmen und auszubauen?

Dafür, dass alle Wiesenkultur tatsächlich als Waldweide begonnen haben könnte, spricht eine uralte Wirtschaftsform, die sich bis fast in unsere Tage erhalten hat: der Hutewald, eine von Baumgruppen bewachsene, gemischte Wald- und Wiesenlandschaft, die saisonal als Viehweide diente. Auf solchen Flächen bekamen die nach dem langen Winter im Stall geschwächten Nutztiere im Frühjahr das erste frische Grün, dort wurde allherbstlich – buchstäblich – die Sau rausgelassen, um sich an Eicheln und Bucheckern zu mästen. »Der Raum ist mit Stangen eingefriedigt – es ist eine sogenannte Waldkoppel, in der die Pferde gehegt werden, die Stuten mit ihren Füllen, die Kranken und Schwachen, zuweilen auch wohl ein Patient aus dem Rindviehstamme mitten dazwischen«, schildert ein Reiseführer von 1880 diese Landschaftsform.

> »Eine rechte Wiese ist's nicht, aber das Futter steht doch gut genug darin. Hie und da zeigen sich noch ein paar einzelne schattende Bäume und auch sonst zeugen alte kleinere oder größere Stumpen dafür, daß hier vordem Wald gewesen. Die Thiere haben es hier gut, der Schatten ist da, die Weide, die Freiheit. Sie springen denn auch lustig genug umher.«

Um die Weidetiere herrschte ständig reges Leben, von Fliegen über Schwalben, die sie jagten, von Käfern und Insekten im Mist über Vögel und Reptilien, die von ihnen lebten, von Käuzchen, die abends im kurz gefressenen Gras Mäuse jagten, bis hin zum mitweidenden Wild aus dem angrenzenden Wald. Hutewälder, oder vielmehr: deren Reste sind bis heute die artenreichsten Biotope überhaupt. Hier stoßen zwei verschiedene Landschaftsformen aufeinander, Waldrand und Wiese, und das Ergebnis ist eine überwältigende Vielfalt an Leben jeder Art.

Wie immer es auch begann, vom Menschen gezielt gepflegt und bewirtschaftet wird das Grasland in unseren Breiten seit Jahrtausenden. Archäologen fanden Sensen, die aus der Eisenzeit stammen, also 2500 Jahre alt sind. Mit ihnen wurden nicht nur die Blumenwiesen geschaffen und gepflegt, es begann auch unsere ganz große Liebe zu dieser Landschaft:

Frei empfängt mich die Wiese mit weithin verbreitetem
Teppich,
Durch ihr freundliches Grün schlingt sich der ländliche
Pfad,
Um mich summt die geschäftige Bien', mit zweifelndem
Flügel
Wiegt der Schmetterling sich über dem röthlichten Klee,
Glühend trifft mich der Sonne Pfeil, still liegen die Weste,
Nur der Lerche Gesang wirbelt in heiterer Luft.
… Unter demselben Blau, über dem nehmlichen Grün
Wandeln die nahen und wandeln vereint die fernen
Geschlechter,
Und die Sonne Homers, siehe! sie lächelt auch uns.

So wie hier in Friedrich von Schillers »Elegie« lieben wir, lieben Sprache und Dichtung die Wiese seit der Antike. Schon auf den frühesten Paradiesdarstellungen rekeln sich glückliche Menschen auf blumenbetupftem Grün. Das Elysium, die altgriechische Insel der Seligen, vereint mit einer rosenbestandenen Wiese gleich zwei botanische Glückssymbole, und dazu verhilft ein süßer Nektar aus der Quelle des Flusses Lethe zum Vergessen allen irdischen Leids. Die Wiese, zu der wir uns so spontan hingezogen fühlen, ist in der sprachlichen Überlieferung ein lieblicher Ort, ein locus amoenus, wie es in der Literaturwissenschaft heißt, ein idealisierter Naturausschnitt, der den menschlichen Geist beflügelt. Neben der grünbunten Fläche gibt es dort oft noch einen lichten Hain, einen großen Baum, eine Quelle oder einen Bach. Statt krabbelnder und stechender Insekten findet man in diesem Paradies nur bunte Schmetterlinge und Vogelgesang. Immer sind hier Frühling oder Sommer, immer strahlt die Sonne. Maler haben solche Landschaften gern verewigt, Prototypen sind die Paradiesdarstellungen von Lucas Cranach oder François Bouchers Schäferidyllen mit – natürlich! – Liebespaaren. Ernster, realistischer ist später Caspar David Friedrichs romantisches Gemälde »Der einsame Baum«, das eine Huteweide im Harz im ersten Morgenlicht zeigt, nur von Weidetieren bevölkert, idyllisch und ein wenig melancholisch zugleich.

Das Kontrastprogramm zu so viel Kultur und Lieblichkeit bietet der locus terribilis, der schreckliche Ort. Er ist dem Winter und einer öden oder kargen Gegend wie dem Gebirge, Schluchten und Felsen, der Wüste, der Wildnis allgemein zugeordnet. Ein Ort der Klage, gern über verlorene Liebe, ein Ort der geistlichen Weltabkehr, der Einsamkeit oder der tiefen Melancholie, aber auch einer von Wut und Auflehnung: »Bedecke deinen Himmel, Zeus, / Mit Wolkendunst!«, schleudert Goethes genialischer junger Prometheus seinen Göttern herausfordernd entgegen, »Und übe, Knaben gleich, / Der Disteln köpft, / An Eichen dich und Bergeshöhn!« Himmel und Berge, Disteln und Eichen – von solcher abweisenden, stacheligen, wütenden Schroffheit sind literarische Wiesendarstellungen Welten entfernt. Sie sind positiv, höchstens leicht melancholisch, um der heiteren Schönheit Tiefe zu verleihen, und beschreiben, wie Rilkes »Stimmungsbild«, einen Ort der Meditation und Entspannung:

Graue Dämmerungen hängen
überm weiten Wiesenplan, –
müd, mit rotgelaufnen Wangen
kommt der Tag im Westen an.
Atemlos dort sinkt er nieder
hinter Hängen goldumsäumt,
seine lichtermatten Lider
fallen mählich zu. – Er träumt. –
Träumt manch sonnig Traumgebilde …
Leis vom Himmel schwebt dahin
jetzt die Nacht und neigt sich milde,
Sterne lächelnd über ihn …

Nüchterner sieht das die Bibel. Ihr dient die Wiese als Lehrbeispiel, als Spiegel der menschlichen Gesellschaft: Der Mensch sei, so heißt es im 90. Psalm, »gleichwie ein Gras, das da frühe blüht und bald welk wird und des Abends abgehauen wird und verdorrt«. Was auch gleich den versteckten praktischen Hinweis mitbringt, dass Wiesenwirtschaft mit Sense und Sichel schon in biblischen Zeiten derart üblich war, dass sie zu einem allgemeinverständlichen Vergleich taugte. Wiese und Schnitter haben seitdem einen festen Platz in der Literatur, zum Beispiel bei Peter Rosegger, dem Sohn einer Bergbauernfamilie, der in »Die Sennerin und ihre Freunde« 1884 ein rundum sinnliches Elysium schilderte:

»In einer sanft gegen die Tiefe gleitenden Mulde lag die Hochwiese. Das Gras stand hoch zum Versinken. Es war aber ein reiner Blumengarten, weit hinleuchtend

> in eitel Weiß, Gelb und Blau. Da standen auf hohen Stämmlein die weißkronigen Schlüsselblumen mit ihren goldgelben Nestlein in der Mitte, da leuchteten die Strahlenrosen der Arnika, der vielzweigige Hahnenfuß mit seinen wachsig schimmernden Scheiblein, die hochwiegenden Glocken und Kelche der blauen Feldblume, die rötlichen, turmartig aufragenden Blütentrauben der Kuckucksblume, mit den schwarzgefleckten Blättern. Da waren die mattroten Blütenbüschel des Klees, die Dotterblume, der Löwenzahn, da hob der langstengelige Kümmel seine weißen Schleierblüten empor, da wiegten die Rispengräser ihre grauen Ähren, an denen die kleinen Blütenflöcklein zitterten. Und hinter diesem luftigen Gewebe der saftiggrüne Grund mit dem Unendlicherlei von Halmen und Blättern. Ein weicher Dufthauch ging über die Wiese her, um arglos zu grüßen. In diesem sonnigen Blumengehäge flattern wie zuckende Flämmlein die hellfarbigen Schmetterlinge, säuseln die Waldhummeln und Bienen – auch solche suchen den Honig nicht in der Frucht, sondern in der Blüte.«

Das Motiv vom entspannten, glücklichen, dem Ursprung nahen Leben in einer vom Menschen kultivierten Natur zieht sich durch die gesamte Literaturgeschichte, von der Antike über die Dichtung der römischen Kaiserzeit bis zu den frühen Legenden unserer Breiten. In einem deutschen Heldenepos aus dem 12. Jahrhundert reitet der Ritter Wolfdietrich fünf Tage durch unwirtliche Wildnis, bis er am Meeresstrand auf einen Anger trifft, der von Blumen und Gras so hoch bewachsen ist, dass sie ihm bis an den Gürtel reichen. Rosen und Klee, so hält es der Dichter stimmungsvoll fest, duften süß, doch der Ritter sieht die Idylle eher pragmatisch: »Gott hat hier meinem Ross eine Weide bereitet, mir ist es sehr angenehm, dass es sich hier ernähren kann.« Der locus amoenus als mittelalterliche Tankstelle. Sogar im Nibelungenlied, dem Inbegriff der mittelhochdeutschen Heldensage, stürzt der an einer Quelle überfallene Held Siegfried sterbend »in die Bluomen« – und verdoppelt so auch gleich den Schrecken des hinterhältigen Mordes: Der Horror, der hier eigentlich keinen Platz hätte, bricht in die Idylle ein.

Im 18. Jahrhundert wurde der klassische Topos des locus amoenus vielfach wieder aufgenommen, wurde der liebliche Ort in Barock und Rokoko als Heimat der Liebe und der Dichtung besungen. Doch mit der Aufklärung bekam die grüne Idylle Konkurrenz. Goethes »Prometheus« hatte es schon angedeutet: Unter den jungen Dichtern kam die bis dahin verschmähte, ungezähmte Wildnis plötzlich als erhabene Natur groß in Mode. Der Kult um den lieblichen Ort erlebte noch einen letzten Höhepunkt am Hof von Versailles: Hier spielten, wenige Jahre vor der Revolution, die junge Königin Marie Antoinette und ihr Gefolge »zurück zur Natur«, und natürlich spielten sie das auf blühenden Wiesen. In einem eigens angelegten Kunstdorf molken sie Kühe und führten Lämmchen an Seidenbändern über üppiges Gras. Idealisierte Landschaft als frivoles Spiel der Übersättigten, während in ganz Frankreich die Bauern hungerten. Ein letzter, schon surreal scheinender Triumph des locus amoenus, bevor die revolutionäre Wirklichkeit das

Rokokotheater zerschmettert und die Hauptakteure, darunter der Architekt dieses Dorfes und die Königin, ihre Köpfe verlieren. Die Revolution, Natur und Antike gleichermaßen idealisierend, griff das grüne Thema sofort vielsagend auf: Eine der Prachtstraßen von Paris wurde 1789 in Avenue des Champs-Élysées umgetauft, in die Allee der elysischen Felder. Sie führt vom Louvre, dem früheren französischen Königspalast, über den Arc de Triomphe du Carousel bis hin zum Arc de Triomphe – eine in politischen Anspruch übersetzte patriotische Paradiesdarstellung.

Den Mythos von der Wiese als idealem, romantischem, tief beseeltem Ort vermochte keine Revolution zu zerschlagen oder zu politisieren. Selbst der oft so spöttische Heinrich Heine zelebrierte ihn genüsslich und stimmungsvoll:

Dämmernd liegt der Sommerabend
Über Wald und grünen Wiesen;
Goldner Mond im blauen Himmel
Strahlt herunter, duftig labend.

An dem Bache zirpt die Grille,
Und es regt sich in dem Wasser,
Und der Wandrer hört ein Plätschern
Und ein Atmen in der Stille.

Dorten, an dem Bach alleine,
Badet sich die schöne Elfe;
Arm und Nacken, weiß und lieblich,
Schimmern in dem Mondenscheine.

Die vertrauten Bilder. Dabei gibt es noch so viel mehr, so viel auf den zweiten Blick: Die Wiese ist einer der wenigen Orte, an denen die Realität jede Dichtung übertrifft. Jeder glaubt sie zu kennen: als Lebensumfeld, als vorbeifliegendes Stück Grün neben der Straße, als bunte Kulisse für Kinderspiel und Sommerflirt. Doch die oberflächliche Vertrautheit täuscht. Es ist eine fremde, aufregende Welt. Der Artenreichtum dieser Lebensgemeinschaften steht dem des Regenwaldes kaum nach – und leider sind sie auch ebenso gefährdet wie er, wenn nicht sogar noch mehr. Haben Künstler unter »Wiese« noch so ziemlich alles verstanden, was weit und grün ist, so ist die Wirklichkeit etwas komplizierter und das grüne Revier vielseitiger als es aussieht. Zunächst einmal gibt es Wiesen und Weiden. Auf Wiesen, dauerhaft oder vorübergehend angelegt, wird Grünmasse gemäht, getrocknet oder siliert und abgefahren, meist als Stall- oder Winterfutter fürs Vieh. Die Ausnahme sind da Streuwiesen, deren Bewuchs als Einstreu verwendet wurde.

Auf Weiden entfällt dieser Umweg über den Schnitt. Sie werden, wie der Name schon sagt, beweidet, also vom Vieh direkt abgefressen und höchstens nachgemäht. Sie sind oft fest oder vorübergehend eingezäunt und in Koppeln, einzelne Weidestücke, eingeteilt. Die Unterscheidung ist fließend: ein Stück, das in einem Jahr gemäht wurde, kann in der nächsten Saison beweidet werden, und umgekehrt. Eine Sonderform der Weiden sind die Almen, extensive Sommerweiden für Rinder, Pferde und Kleintiere am Berg, oft überquellende Naturparadiese voller Blumen, Insekten und Wildtiere.

Wie eine ihrer Zeit weit vorauseilende Hymne auf solche Artenvielfalt klingt da die Schwärmerei, die Johann Wolfgang von Goethe 1774 seinem von Sturm und Drang gebeutelten jungen Werther mitgibt:

> »Wenn ich dann im hohen Grase am fallenden Bache liege … wenn ich das Wimmeln der kleinen Welt zwischen Halmen, die unzähligen unergründlichen Gestalten der Würmchen, der Mückchen näher an meinem Herzen fühle, und fühle die Gegenwart des Allmächtigen, der uns nach seinem Bilde schuf, das Wehen des All-Liebenden, der uns in ewiger Wonne schwebend trägt und erhält … Mein Freund – Aber ich gehe darüber zugrunde, ich erliege unter der Gewalt der Herrlichkeit dieser Erscheinungen.«

Selbst wenn der junge Mann nicht buchstäblich todsterbensverliebt und deshalb ziemlich high gewesen wäre – wie soll man sich angesichts einer solchen Lebensfülle, eines solchen Reichtums an Form und Farbe, den Überschwang verkneifen? Und warum sollte man auch? Schon die vielen verschiedenen Wiesentypen tragen verbal regelrecht aufblühende Namen wie Goldhaferwiesen, Kohldistel-Glatthaferwiesen, Dotterblumenwiesen, Bürstlingsrasen oder Pfeifengras-Streuwiesen. Zu besonders großer Artenvielfalt trug oft auch eine Bewirtschaftungsform bei, deren Namen ebenso malerisch klingt, sich heute aber fast nur noch in vielen Flurbezeichnungen wiederfindet: Es sind Wässerwiesen, Flößwiesen oder Rieselwiesen, eine frühe Form intensivierter Landwirtschaft. Bei dieser sehr aufwendigen Kulturtechnik, die ins Mittelalter zurückreicht, wurde die Landschaft in der Nähe eines Flusses in Wiesenrücken und Gräben modelliert. Entlang der gewölbten Wiesenstücke lagen die Be- und Entwässerungsgräben, Schleusen regulierten den Wasserzufluss aus dem und in den Fluss. Das gestaute Flusswasser wurde über ein Rinnensystem auf die Scheitel der gewölbten Wiesen geleitet, rieselte an den Seiten hinab und floss über die Gräben wieder zurück. Ein dreifacher Bonus: die Wiese wurde gleichzeitig bewässert, von Mäuseplagen befreit und oft noch mit fruchtbarem Schlamm gedüngt.

Eine Wirtschaftsform, die wieder einen Landschaftstyp mit speziell angepasster Flora und Fauna hervorbrachte: Wiesen voller Schaumkraut und Kiebitze, Grabenränder, überwuchert von himmelblauen Vergissmeinnicht, Minzen und knallgelbem Hornklee, aber auch botanischen Raritäten wie dem Kriechenden Sellerie, der sich nur entwickeln kann, wenn sein Standort abgeweidet und möglichst noch durch Viehtritte licht gehalten wird. »Hier kunstvoll berieselt, dort noch in ihrer vollsten Ursprünglichkeit«, beschreibt »Unsere Landschaften«, ein Reiseführer von 1880, eine Rieselwiese in Pommern,

> »geschmückt mit zahllosen bunten Blumen. Und im tiefen, feuchten Graben davor wuchert das Vergißmeinnicht und das Tausendguldenkraut, die Spiräen und die Iris – ein wunderliches, buntes und hübsches Durcheinander. Und wo der Graben sich, wie das im tiefen Lande vorkommt, zu einem stillen kleinen Weiher ausweitet, hebt sich das junge, zarte, glänzend-

grüne Schilf, und dazwischen schwimmt träumerisch die gelbe oder weiße Wasserrose.«

Architekten und Akzente dieser Landschaft sind seit Jahrtausenden all die Weidetiere, für die und mit denen sie geschaffen wurde, und die sie bis heute bevölkern und gedeihen lassen. So viele Bilder, Gerüche und Geräusche: Massige bunte oder rehfarbene Rinder, glänzende Pferde. Wollige Schafe, die wie die verkörperte Entspannung auf grünen Deichen liegen und wiederkäuen. Das monotone, rhythmische Rupfen ihrer Mäuler gehört ebenso untrennbar wie das Grillenzirpen oder die Kuhglocken im Alpenland zur Sommermelodie. Rund um die fressenden Tiere duftet es nach frisch gerupftem Gras, Klee, zerkauter Minze und ab und zu nach Dung, um den sofort Hunderte von Insekten schwirren. Die werden dann von blitzschnellen dunklen Pfeilen, von geschickt zwischen den Weidetieren durchflitzenden Schwalben und Mauerseglern gejagt. Das Zischen, mit dem die üppigen Pferdeschweife diese Fliegen und Bremsen vom blanken Fell zu verscheuchen versuchen, die spielenden Fohlen. Der duftende, bienen- und hummelumsummte Rotklee, in dem sich oft ein Hase duckt, der blauschwarze, metallic glänzende Mistkäfer an den Pferdeäpfeln, aber auch der gelegentliche, unerwartet schmerzhafte Bremsenstich – das alles ist Sommer. Hoher blauweißer Himmel oder aufgetürmte, bleifarbene Gewitterwolken über einer Grasnarbe, die in Dürresommern vergilbt und nach einem Gewitter dampft. Wie arm wäre für Mensch und Tier ein Dasein ohne so viel geballte Sinnlichkeit in der allernächsten Umgebung. Realität geht in so einem Umfeld fließend in Illusion und in Dichtung über: Lässt man sich wirklich darauf ein, kann es mitnehmen in eine andere Dimension, bietet gleichzeitig Abenteuertrip und Meditation. »Marschendichter« Hermann Allmers schildert das sanfte, genüssliche Versinken in eine andere Welt:

Ich ruhe still im hohen grünen Gras
Und sende lange meinen Blick nach oben,
Von Grillen rings umschwirrt ohn Unterlaß,
Von Himmelsbläue wundersam umwoben.

Und schöne weiße Wolken ziehn dahin
Durchs tiefe Blau wie schöne stille Träume; –
Mir ist, als ob ich längst gestorben bin
Und ziehe selig mit durch ewge Räume.

»Ewige Räume« ist auch für die Wiese selbst eine passende Bezeichnung, scheint doch, wie Jan Haft weiß, ihr Artenreichtum unerschöpflich:

»Jedenfalls hat ein Drittel aller heimischen Blütenpflanzen, weit über tausend Arten, ihr Hauptvorkommen auf Wiesen und Weiden. Das große Spektrum an Pflanzen wiederum bietet die Grundlage für eine ebenfalls vielfältige Fauna. Rund 3500 Tierarten sind in unseren Wiesen zuhause, darunter farbenprächtige Käfer, Heuschrecken, Zikaden, Schmetterlinge, Bienen, Hummeln und Ameisen. Es gibt sogar Schnecken, die ausschließlich in Wiesen leben, und viele andere Tiere mit teils merkwürdigen Namen: Springschwänze, Beintastler oder Afterskorpione etwa. Wiesen haben darüber hinaus eine große Bedeutung für eine ganze Reihe Vogelarten, die ihre Nester am Boden bauen. Und viele Tiere wie Reh und Hirsch sind zwar keine Wiesentiere im engeren Sinne, nutzen diesen Lebensraum aber regelmäßig.«

Keine Wiese gleicht je einer anderen genau, jede ist ein spezielles Biotop. So findet auch jedes ihrer Geschöpfe irgendwo eine Nische – besuchende Menschen eingeschlossen. »Wenn man ins Gras sieht, ist es wie eine Bildergalerie mit einer Million Bildern«, schwärmt Pam Lewis, die britische Wildgärtnerin. »Sogar gewöhnliche Pflanzen wie Butterblumen zeigen in der richtigen Umgebung ihre Pracht.« Ehrlicher müsste es wohl heißen: Sie würden uns ihre Pracht zeigen, aber wir lassen sie nicht mehr. Die klassische bunte Wiese ist in Europa dramatisch bedroht, ja nahezu ausgestorben. Ihr Todeskampf begann, als sich mit den Fünfzigerjahren die Mechanisierung der Landwirtschaft allgemein durchsetzte und eine groß angelegte Flurbereinigung alle deutschen Regionen gleichermaßen maschinentauglich machte. Jetzt übernahmen die Behörden von Bonn bis Brüssel das Regiment auch über die Landschaft und haben sie seitdem nie wieder losgelassen. Das Resultat war wirtschaftlich vielleicht sinnvoll, ignorierte aber eine biologische Grundtatsache gnadenlos: Nur Strukturreichtum bedeutet Artenvielfalt.

Beides wurde der Wiese und mit ihr der gesamten Landschaft jetzt deutschlandweit im Zeitraffer ausgetrieben. Hecken, Bäume und Feldgehölze fielen, Tümpel wurden zugeschüttet, Bäche begradigt und verrohrt, Triften asphaltiert. Wiesen, die über Jahrhunderte nur zweimal im Jahr gemäht und kaum gedüngt wurden, müssen heute für Landwirte, die in einem an Absurditäten reichen europäischen Agrarsystem gefangen sind, im Akkord Hochleistungsfutter für Hochleistungstiere liefern, bis zu sechs Ernten pro Jahr. Ein permanenter Leistungsdruck, dem sich viele Bauern ebenso wenig entziehen können wie die rücksichtslos ausgepresste Landschaft. Da können die ursprünglichen Bewohner nicht mithalten. Die klassische, die bunte Wiese mit ihren Blumen, Insekten und Vögeln ist um 98 Prozent zurückgegangen und damit der bedrohteste Lebensraum Deutschlands – der stille Regenwald vor unserer Haustür.

Solche Zahlen sind nicht etwa Panikmache überbesorgter Naturschützer, sie stammen ganz offiziell vom Bundesamt für Naturschutz und finden sich im Grünland-Report des Jahres 2014. Die Abwärtsspirale ist also inzwischen längst weitergegangen. Und, vielleicht schlimmer noch: Wir wissen noch nicht einmal genau, was wir da gerade alles ausrotten und welche Folgen das haben wird. Ein europaweites Problem, und der Brite Dave Goulson steuert die Sicht eines spezialisierten Zoologen bei:

> »Auf der Wiese existieren Myriaden von Lebensformen, eine faszinierende Bandbreite von Varianten, manchmal verblüffende, oft sind sie noch nicht einmal bekannt. Ein noch größeres Mysterium besteht jedoch darin, wie alle diese Lebensformen ineinandergreifen.

> Alle sind auf irgendeine Weise in einem dynamischen Beziehungsgeflecht miteinander verbunden, das wir gerade erst zu erforschen beginnen … Die Bestäubung mag uns als simpler, idyllischer Vorgang erscheinen – Bienen, die summend von Blume zu Blume fliegen, Nektar trinken und Pollen tragen –, schaut man aber genauer hin, offenbart sich ein Geflecht aus Täuschung, Rivalität und Raub. Diese Interaktionen zwischen den Spezies bilden das kunstvoll gewirkte Gewebe der Lebensformen. Jede Blume stellt sowohl ein Werbeplakat als auch eine Handelsplattform dar.«

Für diese Eigenwerbung, mit der sich die Blumen den Fortbestand sichern, gibt es unzählige verschiedene Konzepte. Besonders verblüffendes Beispiel, ein Muster für all die stillen Wunder, die die Wiese bereithält, ist die Blume, die vorsätzlich und gezielt lügt. Die Hummel-Ragwurz, eine früher auf kalkhaltigen Magerwiesen und Halbtrockenrasen weitverbreitete Orchidee, setzt auf ein simples, aber effizientes Geschäftsprinzip: Sex sells. Ihre Blüte ist dem paarungsbereiten Weibchen einer Wildbiene nachgebaut, eine Täuschung, die die Pflanze sogar noch durch spezielle Pheromone verstärkt. Kopuliert ein getäuschtes Männchen mit der trügerischen Schönheit, bekommt es ein dickes Pollenpaket angeheftet, das es prompt zur nächsten Blüte weiterträgt.

Es färbte sich die Wiese grün
Und um die Hecken sah ichs blühn,
Tagtäglich sah ich neue Kräuter,

Mild war die Luft, der Himmel heiter:
Ich wusste nicht, wie mir geschah,
Und wie das wurde, was ich sah …

Es quoll und trieb nun überall
Mit Leben, Farben, Duft und Schall,
Sie schienen gern sich zu vereinen,
Das alles möchte lieblich scheinen.
Ich wusste nicht, wie mir geschah,
Und wie das wurde, was ich sah.

Vergangene Zeiten. Heute hätte Novalis wohl tatsächlich nicht mehr gewusst, wie ihm geschah, in wie kurzer Zeit wir Leben, Farben, Duft und Schall vertrieben und viele Ökosysteme zerstört haben, die eigentlich ein Stück unseres Kulturerbes darstellten. Besonders schlimm, weil diese Verwüstung so schnell geschehen, dann aber kaum noch rückgängig zu machen ist. Wiesen sind nicht nur über-, sondern auch unterirdisch mit wimmelndem Leben erfüllt, mit genau den Bodenorganismen, die ihre überirdischen Bewohner brauchen. Auch hier bieten die Orchideen ein gutes Beispiel: Viele benötigen die Koexistenz mit bestimmten unterirdischen Pilzarten zum Überleben. Eine einzige Gülledusche kann einer Orchideenwiese den Garaus machen, weil sie die lebensnotwendigen Bodenpilze abtötet. Und rückgängig zu machen ist da kaum noch etwas, auch nicht mit Blühstreifen: Es dauert, wie wir heute wissen, Jahrhunderte stetiger Pflege, bis sich dieser Lebensraum zu der Perfektion entwickelt hat, die wir gerade zerstören.

Das ganze Drama ist ein stiller Selbstläufer, eine Vernichtung, die nur vergleichsweise wenige überhaupt wahrnehmen, und es werden immer weniger: Was wir nicht kennen, vermissen wir auch nicht. Eine Generation, die in ihrer Kindheitslandschaft weder Vogelgesang noch Schmetterlingsfülle als selbstverständlich erlebt hat, nimmt auch deren Verlust nicht als schmerzlich wahr. Zumal er schleichend kommt:

> »Unsere Landschaft hat sich massiv verändert«, schreibt Goulson, »aber über einen so langen Zeitraum hinweg fällt das kaum auf. So wie man kaum mitbekommt, dass die eigenen Kinder allmählich größer werden, haben wir Mühe, kleine, aber stetige Veränderungen unserer Umwelt zu registrieren. Bis wir eines Tages rückblickend sagen: ›Moment mal! Ich kann mich doch erinnern, dass der Sommerfliederstrauch im Garten meiner Eltern von Schmetterlingen früher nur so wimmelte! Warum sitzt auf meinem Strauch kein einziger Schmetterling mehr?‹«

Dasselbe erlebt der amerikanische Autor James Hamilton-Paterson:

> »Genauso vermisse ich die Vielfalt anderer Schmetterlinge und Nachtfalter, die noch in den sechziger Jahren selbst den langweiligsten Reihenhausgarten bevölkerten. Man wußte, wo Hausmütter und Rote Ordensbänder steckten und wann man im Mai nach der Achateule schauen mußte, wenn sie eben geschlüpft

war und ihre Farben am frischesten waren. Die feinsten Pfirsich-, Braun- und Olivtöne schienen hauchdünn über ihren Flügeln zu schweben, als würde die pure Farbe um Staubesdicke leuchtend und samtig von den Flügeln abstehen. Es kommt einem heute ebenso wichtig wie hoffnungslos vor, anderen Menschen solche Freude und Verzückung zu wünschen, sei es beim Betrachten von Faltern oder beim Schwimmen unter springenden Delphinen.«

Immerhin: Hoffnung gibt es immer. Leben ist kein statischer, sondern ein dynamischer Prozess, und so lohnt sich dann eben doch jeder noch so kleine Versuch, neu anzufangen, das Verlorene wenigstens ein bisschen zu ersetzen. Und sei es nur für all die Glücksgefühle, die eine Wiese nun einmal transportiert. Miriam Rothschild, die große britische Wissenschaftlerin und Gärtnerin, wusste das genau:

»Während die Zeit über uns hinwegtrampelt, tendieren wir dazu, indifferent zu werden und von ›guten alten Zeiten‹ zu schwatzen, aber glücklicherweise bringen Wildblumen, wehende Samenstände von Gras auf den Heuwiesen und Glockenblumen-Flecke unter Buchen die unbeschwerte Vergangenheit und einen Sinn für vergessene Wunder und Fröhlichkeit zurück.«

Alle Wunder der Blumenwiesen verkörpert ihr Symboltier, der Schmetterling, der große Sympathieträger unter den Insekten: »Schmetterlinge gehören zu den schönsten Insektengruppen, da die Flügel der meisten Arten prächtig bunt, geschmackvoll gezeichnet oder raffiniert schattiert sind, und dies alles dermaßen symmetrisch, dass es die reinste Augenweide ist«, schreibt Goulson.

> »Wir wissen, dass manche Muster der Tarnung dienen, dass große Flecken Prädatoren abschrecken, helle Farben Paarungspartnerinnen beeindrucken oder Fressfeinde warnen sollen (Vorsicht, giftig!). Darüber hinaus aber haben wir keine Ahnung, welchem Zweck ihre Schönheit dienen mag – falls sie überhaupt irgendeinem Zweck dient.«

Schmetterlinge müssen auch keinen Zweck erfüllen, damit wir sie lieben. Sie müssen einfach nur da sein. Sie müssen fliegen als Inbegriff von Sommer und Leichtigkeit, von Heiterkeit, Buntheit und Licht. Seit es überhaupt menschliche Überlieferung gibt, stehen sie unserem Herzen derart nahe, dass sich das griechische Wort Psyche, Seele also, vom Nachtschmetterling ableitet. Denn, so glaubt man der Legende, jede im Schlaf oder Tod, zeitweise oder für immer befreite Seele fliegt auf Schmetterlingsflügeln in andere Dimensionen:

In des Papillons Gestalt
Flattr' ich, nach den letzten Zügen,
Zu den vielgeliebten Stellen,
Zeugen himmlischer Vergnügen,
Über Wiesen, an die Quellen,
Um den Hügel, durch den Wald.

… heißt das bei Goethe. Und Christian Morgenstern sah es ähnlich:

Ein Schmetterling fliegt über mir.
Süße Seele, wo fliegst du hin?
Von Blume zu Blume
von Stern zu Stern.
Der Sonne zu.

Vielleicht ist diese Seelenbeziehung einer der Gründe, aus denen die bunten Tierchen so ziemlich jedem Menschen spontan sympathisch sind. Schmetterlinge sind einfach ein fliegendes Wunder, eines, das zum Beispiel Hermann Hesse andächtig zelebriert. Genauer gesagt: Er zelebriert nahezu exhibitionistisch seine eigene Sensibilität:

> »Zum Erstaunen bin ich da. Ob ich ein Moos, einen Kristall, eine Blume, einen goldenen Käfer bewundere oder einen Wolkenhimmel, ein Meer mit den gelassenen Riesen-Atemzügen seiner Dünungen oder einen Schmetterlingsflügel mit der Ordnung seiner kristallenen Rippen oder dem Schnitt und den farbigen Einfassungen seiner Ränder. Die vielfältige Schrift und Ornamentik seiner Zeichnung und die unendlichen, süßen, zauberhaft gehauchten Übergänge und Abtönungen der Farben bringen mich zum Staunen … Und statt zu denken oder zu befehlen, statt zu erwerben oder auszubeuten, zu bekämpfen oder zu organisieren, tue ich für diesen Augenblick nichts anderes als ›staunen‹ wie Goethe, und mit diesem Erstaunen bin

ich nicht nur Goethes und aller anderen Dichter und Weisen Bruder geworden. Nein, ich bin auch der Bruder alles dessen, was ich bestaune und als lebendige Welt erlebe: des Falters, des Käfers, der Wolke, des Flusses und Gebirges, denn ich bin auf dem Weg des Erstaunens für einen Augenblick der Welt der Trennungen entlaufen und in die Welt der Einheit eingetreten, wo ein Ding und Geschöpf zum anderen sagt: ›Tat twam asi.‹ (›Das bist du.‹)«

Für Schmetterlinge könnte es allmählich heißen: »Bist du noch?« Da sieht es nicht gut aus. Schmetterlinge sind an ihre Lebensräume, an bestimmte Futterpflanzen für ihre Raupen, an sichere Plätze für ihre monatelange Puppenruhe gebunden. Dass nach langer Zeit aus einem unansehnlichen, scheinbar leblosen Kokon ein bildschöner Falter schlüpft, prächtige Flügel entfaltet und einfach davonfliegt, machte Schmetterlinge in der Antike zum Sinnbild der Wiedergeburt und Unsterblichkeit, in der christlichen Kunst zum Symbol der Auferstehung. »Wenn die Raupen wüssten, was einmal sein wird, wenn sie erst Schmetterlinge sind, sie würden ganz anders leben: froher, zuversichtlicher und hoffnungsvoller«, meinte der katholische Schriftsteller Heinrich Böll in einem etwas gewagten Vergleich.

»Der Tod ist nicht das Letzte. Der Schmetterling ist das Symbol der Verwandlung, Sinnbild der Auferstehung. Das Leben endet nicht, es wird verändert. Der Schmetterling erinnert uns daran, dass wir auf dieser Welt nicht ganz zu Hause sind.«

Das Schlüpfen gilt als Befreiung von allem, was an den Boden bindet und beengt, als Metamorphose zum Schönen, Leichten, Unbeschwerten. Das aber meist nur einen Sommer lebt. Wenn Heinrich Bölls Raupen heute voraussehen könnten, was ihnen blüht, oder vielmehr: was ihnen eben genau nicht mehr blüht, würden sie in der Tat eine Menge Zuversicht brauchen. Finden sie nämlich auf intensiv bewirtschafteten Wiesen überhaupt noch Futterpflanzen, wird ihr Lebenszyklus meist mit früher, großflächiger und häufiger Mahd brutal abgebrochen. Sogar kräftiges Düngen allein hat einen unerwarteten Nebeneffekt:

> »Viele Falter und andere Insekten sind Sonnenanbeter«, weiß Jan Haft. »Sie brauchen die Wärme, um sich auf dem Wiesenboden oder im Dschungel der Halme erfolgreich entwickeln zu können. Wachsen nun einige der Kräuter und Gräser dank Düngung stärker als zuvor, heißt das, sie bilden höhere Halme, breitere Blätter, größere und mehr Blüten aus. Und das schirmt die Sonne stärker ab als zuvor. Auf dem Boden wird es dunkler und kühler. So kommt es zu einer paradoxen Situation: Zu Zeiten des Klimawandels verschwinden viele Schmetterlinge und andere Insekten, nicht etwa, weil es ihnen zu warm wird, sondern im Gegenteil, zu kalt.«

Die zarten, fragilen Geschöpfe mit dem leichten, scheinbar kaum spürbaren Flügelschlag sind in Sprache und Literatur oft als Verkörperung von »Kleiner Anlass – große Wirkung« benutzt worden. Das fängt an mit unseren berühmten

Schmetterlingen im Bauch, die, wie jeder weiß, Lebensveränderndes, Großes ankündigen können, und setzt sich zum Beispiel bei Friedrich Hebbel fort. Der lässt einen Falter in der Unschuldsfarbe Weiß symbolisch Sommer, Liebe und Leben beenden:

Ich sah des Sommers letzte Rose stehn,
Sie war, als ob sie bluten könne, rot;
Da sprach ich schauernd im Vorübergehn:
So weit im Leben ist zu nah am Tod!

Es regte sich kein Hauch am heißen Tag,
Nur leise strich ein weißer Schmetterling;
Doch ob auch kaum die Luft sein Flügelschlag
Bewegte, sie empfand es und verging.

Seinen Höhepunkt erreicht dieses Bild in der Chaostheorie, wo der »Schmetterlingseffekt« einprägsam fragt: »Kann der Flügelschlag eines Schmetterlings in Brasilien einen Tornado in Texas auslösen?« Nicht ganz überraschende Antwort: Das ist nie vorhersehbar.

Über die letzten Jahre ist das flächendeckende Insektensterben, das dem Wiesensterben folgte, zumindest ins öffentliche Bewusstsein geraten. Blühstreifen werden angelegt, Landwirte lassen kleine Biotope unbearbeitet. Noch lange kein Ersatz für Verlorenes, aber wenigstens der Versuch eines Neuanfangs. Währenddessen sind die letzten echten Paradiese, die vielleicht noch zwei Prozent ursprünglicher, ununterbrochen gepflegter Blühwiesen, aus einer unerwarteten Ecke gefährdet: vom Naturschutz. Oder vielmehr von dem, was der meist städtische Durchschnittswähler darunter versteht: »Für viele Menschen«, weiß Zoologe Goulson,

> »dreht sich Naturschutz hauptsächlich um Pandas, Fischadler, Tiger, Rhinozerosse und Blauwale, große charismatische Säugetiere oder Vögel, die wir nur aus TV-Dokumentationen kennen. Im Gegensatz dazu sind unsere allgegenwärtigen kleinen Insekten absolut entscheidend für unser Überleben und Wohlergehen, obwohl wir ihnen meist wenig Beachtung schenken, es sei denn, wir fühlen uns durch sie belästigt.«

In Deutschland kommt diese Liebe zur virtuellen Supernatur besonders einem großen, charismatischen Säugetier zugute: dem Wolf. Dank intensiver PR-Kampagnen gilt der Wolf heute als Verkörperung aller ersehnten Idealnatur, als Symbol von Freiheit und edler, unberührter Wildnis. Ausgerechnet ein Habitatgeneralist, der an jedem Autobahnkreuz überleben kann, solange er dort genügend Futter findet, ist zum Ablasstier für unsere kollektiven Umweltsünden geadelt worden. Logische Schlussfolgerung: je mehr Wölfe, desto besser. Spötter nennen so etwas »Bambi-Syndrom«: »Natur« als rundum harmonischer, heiliger, mit tiefer Ehrfurcht zu betrachtender Idealzustand, als Fetisch, dem sich alles andere unterordnen muss. Da grüßt der locus amoenus, die uralte Paradiessehnsucht, an die wir uns in Zeiten der Entfremdung vom Lebendigen umso intensiver klammern. Heute wird das Idyll fatalerweise nicht mehr als der nie existente Idealzustand verstanden, der es nun einmal ist, sondern als anzustrebende Realität. Der biblische Idealzustand, »Wolf und Lamm sollen beieinander weiden«, jahrtausendelang als Symbol erkannt, soll plötzlich ausgerechnet in einem dicht besiedelten Kulturland Realität werden – ein beispielloser Freilandversuch.

Die Folgen sind dramatisch: Ausgerechnet angeblicher Naturschutz zerstört, was intensiver Landwirtschaft noch nicht zum Opfer gefallen ist. Die ungehindert explodierende Population eines hoch anpassungsfähigen Spitzenprädators – der Zuwachs der Wölfe beträgt etwa 30 Prozent im Jahr – droht genau die Art der Tierhaltung zu beenden, die die letzten paar Blühwiesen noch erhält. Die industrielle Landwirtschaft hat vom Wolf nichts zu befürchten. Die, denen es buchstäblich an den Kragen geht, sind die wenigen Schafe auf der alten Streuobstwiese, die Ponys hinterm Haus, die extensiv gehaltenen Robustrinder auf großer Fläche, die artgerecht draußen lebenden Pferde, die nebenher betriebene Hobby-Landschaftspflege-Tierhaltung, die alten gefährdeten Haustierrassen, kurz: die vierbeinigen Landschaftspfleger und -erhalter.

Ein Kollateralschaden der Wolfsverherrlichung sind viele Wildtiere, die mit und um die Wiese leben. Igel oder Amphibien zum Beispiel, früher selbstverständlicher Bestandteil der gemischten Wiesen- und Weidegesellschaft, haben mehrere gleichermaßen üble Optionen: Entweder sie verlieren ihr Habitat, weil die Weidetiere verschwinden, oder sie fallen dem Wolfsschutz zum Opfer. Zäunt der Tierhalter seine Weiden nämlich »wolfsabweisend« ein wie gefordert, werden all die Kleinen von Starkstromlitzen bis zum Boden regelrecht gegrillt, elektrifizierte Netze wirken als Todesfallen auch für größeres Wild, die Wechsel der bisher mitweidenden Tiere sind abgeschnitten. Wer es lebend auf die Weide schafft, ist da schlimmstenfalls auch noch durch die als Allheilmittel angepriesenen Herdenschutzhunde gefährdet. Die machen nämlich keinen Unterschied zwischen vermeintlichen Eindringlingen, die sich ihren Schutzbefohlenen nähern, und oft auch keine Gefangenen. Nur der Wolf selbst, der hat bisher noch jeden Schutz überwunden und so ziemlich jeden Experten Lügen gestraft. Für viele Tierhalter ist das teure, arbeitsaufwendige, nervenzerfetzende und letztlich doch immer vergebliche Wettrüsten mit dem cleveren Räuber daher keine Option. Sie geben die artgerechteste Form der Tierhaltung auf, und die hellen, blühenden und lebensvollen Inseln in der Agrarlandschaft wachsen zu. Dumm nur: Das, was Weidetiere für eine Landschaft leisten, lässt sich nicht durch Maschinen ersetzen. Für Deichbefestigung an der Küste oder Lawinenschutz im Gebirge sind ihr Verbiss und Tritt unersetzlich, sie nutzen das Terrain deutlich schonender und an die Vegetation angepasster. Ihr Dünger ernährt viele verschiedene Kleintiere, von denen wiederum seltene Vögel leben. Deshalb übertrifft der Artenreichtum beweideter Areale den gemähter Flächen beträchtlich. Auch der immaterielle Schaden, die Veränderung des Landschaftsbildes, das Zerschneiden des Vertrauten durch elektrifizierte Hochsicherheitstrakte, sendet vor allem in klassischen Wiesen- und Weideregionen wie dem Voralpenland oder der Marsch eine unmissverständliche Botschaft: Belagerungszustand. Vorbei ist es mit der Unschuld und der Offenheit, dem Frieden und der Idylle einer uralten Wiesenlandschaft.

Ein stilles Drama, das außer den direkt Betroffenen kaum jemanden stören wird: Ausgerechnet einer der wirksamsten CO_2-Speicher, den wir kennen, das extensiv beweidete, artenreiche Grünland, verarmt und verschwindet in Klimawandelzeiten lautlos, geopfert eben nicht nur wirtschaftlichen Erwägungen, sondern auch noch einseitigem Artenschutz, der ausschließlich eine einzige, spektakuläre Tierart berücksichtigt. Eine bittere Ironie, hat doch schon Plinius der Ältere vor fast 2000 Jahren gewusst: »Doch die Natur ist nirgends vollkommener als in den kleinsten Tieren.«

DIE SEELENLANDSCHAFT: WALD

»Der Pariser Schneider war offenbar mit hoher Intelligenz auf die Ideen der schönen Frau eingegangen. Die Toilette versinnbildlichte den Wald, in dem schweren, mit eingewebten Eicheln bedeckten grünen Stoff, der in seinem Knistern an das ferne Rauschen der heiligen Eichen erinnerte. Weniger heilig und dem keuschen Hauch des deutschen Waldes entsprechend war die Form des Gewandes, das nur mittels einer schmalen grünen Spange zusammengehalten wurde. Wohl traten die alabasterweißen, wundervollen Formen plastisch hervor – die Frau erschien hinreißend schön. Aber es war doch gut, dass sie – keinen deutschen Namen mehr trug.«

So wie diese Jutta Fleury, geborene von Zweiflingen, liebten die Leser des 19. Jahrhunderts, liebte das Publikum der Zeitschrift »Gartenlaube« die weiblichen Schurken: blendend schön, gewissenlos eitel – und von französischer Verruchtheit. Die sich in diesem Fall daran zeigte, dass sich die unkeusche Ministergattin modisch an einem Nationalheiligtum vergriff: am deutschen Wald.

Der deutsche Wald. Er bedeckt etwa ein Drittel unseres Landes und ist in seiner Vielfalt die Projektionsfläche schlechthin, für jeden von uns mit anderen Bildern, anderen Gefühlen, anderen Erinnerungen und anderen Träumen gefüllt. 1869, als Eugenie Marlitts Bestseller »Reichsgräfin Gisela« mit der betörenden »Diamantensirene« Jutta in der Schurkenrolle erschien, waren diese Träume kollektiv und national: Es gab noch kein einiges Deutschland, nur eine große allgemeine Sehnsucht danach. Für diese Sehnsucht stand ein identitätsstiftendes, verbindendes Symbol, eine Seelenlandschaft, eben der deutsche Wald. Es war eine Verbindung zwischen Menschen und Landschaft, die bis heute ungebrochen ist. Mehr als hundert Jahre später erklärte sie Bundeskanzler Helmut Kohl:

> »Für uns Deutsche ist der Wald mehr als Bäume und Holz. Seine Bedeutung und sein Wert gehen weit darüber hinaus. Wer den Wald betritt, ist in einer ganz besonderen Weise gerührt ... Was für Großbritannien, was für den Briten das Verhältnis zur See ist, ist für den Deutschen das Verhältnis zum Wald.«

Rule, Germania, rule the woods? In der Tat: Die Ursprünge dieses Beinahe-Kultes wurzeln tief im manchmal sumpfigen Untergrund politischer Ansprüche. Die deutsche Nation, so hieß es lange, sei aus einem Wald geboren, und deshalb dort für immer verwurzelt:

Das ist der Teutoburger Wald,
Den Tacitus beschrieben,
Das ist der klassische Morast,
Wo Varus steckengeblieben.

Hier schlug ihn der Cheruskerfürst,
Der Hermann, der edle Recke;
Die deutsche Nationalität,
Die siegte in diesem Drecke.

... brachte es Heinrich Heine im »Wintermärchen« auf den Punkt. Prophetischer konnte man es kaum vorhersagen: aus dem Sumpf eines Schlachtfeldes, von dem niemand auch nur wusste, wo es überhaupt lag, wucherten Jahrtausende später die üppigsten Blüten. Bei dieser nationalen Selbstfindung spielte der Wald die zentrale Rolle. Er tat dabei, was er immer tut: er schwieg dazu. Dieses sprichwörtliche Schweigen im Walde schenkt bis heute jedem von uns verschiedene Bilder, und jeder hat seinen eigenen Wald: Erinnerungen an den Ort lustiger oder langweiliger Familienausflüge, an weltentrückt verspielte Kindheitsnachmittage, an romantische Spaziergänge, an Geborgenheit und moralische Unterstützung in schwierigen Lebenslagen. Immer wieder ist er Seelentrost, Ruheort und, ja: Heimat. Es gibt auf der Welt viele Landschaften mit spektakulären Wäldern, aber kaum eine, in der das Grün so leicht zugänglich, so malerisch und so gefahrlos erlebbar ist. Die Wälder sind jedem offen, der sie sucht. Sie stehen baumhoch über jeder Ideologie, sowohl über nationalem Vereinnahmtwerden als auch über der, dass es spießig, langweilig und kitschig sei, sie zu lieben. Wälder sind, wie hier für den Surrealisten Hans Arp, einfach die Traumlandschaft schlechthin:

Im Wald! Im Wald!
Wo die großen grünen Bäume rauschen
ewig rauschen.
Die großen grünen Bäume.
Das goldgrün' Haargelock
worin das Sonnenlicht blitzt
das hängt voller Träume.
Schüttle Dich Grüner schüttle Dich
So!
Schon sinken Träume
wie roter schwerer Wein
in mich.

Wälder gab es in unseren Breiten, lange bevor es Menschen gab. Wie die Urwälder unserer Klimazonen einst ausgesehen haben könnten, ist zwar eine verlockende Spekulation, aber genau weiß das niemand. Evolution, Natur generell, bedeutet eine ständig fließende Entwicklung. Einen absoluten Anfang kann es da ebenso wenig geben wie ein Zurück zu irgendwelchen paradiesischen Urzuständen. Per definitionem ist die Sache klar: »Wald« bedeutet eine baumbewachsene Fläche, die groß genug ist, um durch Schatten und Verdunstung ein eigenes Klima aufzubauen, in dem dann wieder ein spezielles Ökosystem entsteht und lebt. Unsere Besiedlung dieses Lebensraums begann vor ungefähr 7500 Jahren und bedeutete einen der grundlegendsten Umbrüche der Menschheitsgeschichte: den Schritt zur Sesshaftigkeit, zur Landbewirtschaftung, zu Ackerbau und Viehzucht, kurz: Es war der Schritt vom archaischen Nomaden zum modernen Menschen. Dabei entstand eine bäuerliche Kultur, die große Teile Europas bis in unsere Zeit prägen sollte. Ohne den Wald, der Lebensraum, Nahrung und Kleidung lieferte, wäre das undenkbar gewesen.

Als mit den Aufzeichnungen der griechischen und römischen Antike die schriftliche Überlieferung aus unseren Breiten begann, war das spätere Deutschland weitgehend mit endlosen Buchen- und Eichenmischwäldern bedeckt. Die Bauerndörfer vieler verschiedener Stämme lagen darin wie kleine Inseln. Die Namen »Germanien« für das Land und »Germanen« für die Bewohner Mitteleuropas und Südskandinaviens brachten erst die Römer auf, um diese Fremden überhaupt irgendwie zu klassifizieren. Den Sippen und Stämmen selbst war irgendeine übergreifende Identität völlig fremd. Sie hatten, von Runen abgesehen, auch keine Schriftsprache. Für die ersten Beschreibungen unserer damaligen Landschaften sind wir deshalb auf griechisch-römische Eindrücke angewiesen. Und die fielen nicht gerade freundlich aus: »Allenthalben starrt schrecklicher Urwald, dehnen sich häßliche Sümpfe«, schrieb um 100 nach Christus Publius Cornelius Tacitus in seinem Klassiker »Germania«.

Tacitus hatte die beschriebenen Regionen zwar nie selbst gesehen, nur über reisende Kaufleute von ihnen gehört. Aber schon die Vorstellung von finsteren, kalten Wäldern, in denen man neun ganze Tage umherirren konnte, ohne einen einzigen Menschen zu sehen, war für die zivilisierten Römer ein Kulturschock. Sie garantierte wohliges Gruseln für das kultivierte, sonnenverwöhnte Großstadtpublikum. Der Gedanke an diese blonden Barbaren, die da, so schilderte sie Tacitus, ungehobelt und starrköpfig, aber irgendwie edel im tiefen Waldesdunkel hausten, erfüllte die urbanen und genüsslich dekadenten Römer mit einer Mischung aus Schauder und Faszination. Diese Inbegriffe alles Fremden brachten Menschenopfer, fraßen ganze Keulen zum Frühstück wie später der Gallier Obelix, soffen saures Bier und blieben auch noch keusch bis ins vergleichsweise hohe Alter von zwanzig, was ihnen angeblich magische Kräfte garantierte – solchen Schilderungen war der Publikumserfolg gewiss. »Germania« war für die Römer der Gegenentwurf zu ihrer urbanen Wirklichkeit: der edle, wenn auch unbezähmbare Wilde, schön weit weg, eine Mischung aus Fakt und Fiktion, eine Art früher nordischer Winnetou.

Die mangelnde Anziehungskraft der riesigen nördlichen Wälder hielt das Imperium Romanum allerdings nicht davon ab, sie sich so schnell und weit wie möglich einzuverleiben. Doch im Jahre 9 nach Christus erlitten die stolzen Römer dabei einen Schock, vergleichbar mit einer politischen Titanic-Katastrophe: Die Unsinkbare, Unbesiegbare, die militärische Supermacht auf dem Höhepunkt ihrer Weltgeltung, ging im Wald buchstäblich unter. Drei Legionen, etwa 20.000 Mann, wurden für immer von Germaniens unheimlicher Landschaft verschluckt. Nicht nur den Schlachtopfern vor Ort, auch dem schreckensstarren Publikum daheim musste das erscheinen, als habe sich das unheimliche Land selbst mit seiner ganzen Macht und Tücke gegen die Zivilisation erhoben: Orkan, sintflutartige Regenwände, herabkrachende Baumkronen, Sumpf und vor allem Wald, Wald und noch einmal Wald – das war das Szenario für das beispiellose Massaker an Roms hochgerüsteten Eliteeinheiten. Es dürfte schwer sein, irgendwo sonst in der Geschichte ein derart einprägsames Beispiel dafür zu finden, wie sehr eine Landschaft nicht nur schicksalsbestimmend wird, sondern sich dabei auch noch derart tief und lange ins kollektive Gedächtnis eingräbt: Für die Römer blieb der Wald von da an der Inbegriff der grünen Hölle, die Deutschen, die es erst Jahrtausende später überhaupt gab, identifizierten sich mit dieser, ihrer Landschaft wie mit keiner anderen.

Heimvorteil für die Eingeborenen, Falle für die Fremden – mithilfe des Waldes triumphierte David über Goliath. Die römischen Kolonialherren hatten sich in den germanischen Stammesgebieten binnen weniger Jahre derart unbeliebt gemacht, dass einem jungen Cheruskerfürsten das Unvorstellbare gelungen war: Arminius – wie er wirklich hieß, weiß niemand – schaffte es nicht nur, die notorisch streitsüchtigen Stämme zu einer gewaltigen Verschwörung zusammenzuschließen, sondern sie auch noch strategisch und zentral zu führen. Der Cherusker war damals etwa siebenundzwanzig Jahre alt, Verbindungsoffizier in direkten Diensten des römischen Statthalters in Germanien und selbst ein Beinahe-Römer. Als Freundschaftsunterpfand, genauer gesagt: als Geisel, war er als Kind aus den heimatlichen Wäldern nach Rom gebracht und dort erzogen worden. Arminius hatte eine steile Karriere in der Armee gemacht, galt als strategisches und taktisches Genie und genoss so viel Vertrauen bei seinem Vorgesetzten Publius Quinctilius Varus, dass der alle Warnungen vor drohendem Verrat seines Musteroffiziers empört zurückwies.

Varus war eher Verwaltungsbeamter als Stratege. Seine Spezialität war rabiates Steuereintreiben, was ihn naturgemäß besonders verhasst machte. Wie dieser großstädtische Römer, wie generell Außenstehende das seltsame Germanen-Biotop empfunden haben könnten, schildert der dänische Schriftsteller Poul Knudsen in seinem Roman »Der Wettkampf«: Darin soll der junge Odbjörn, als Wikinger, also Küstenbewohner, ebenfalls nicht vertraut mit großen Wäldern, den schiffbrüchigen Römer Serbulus über Land in dessen Heimat eskortieren:

> »Eines Morgens entdeckte Odbjörn, dass die Kimm von blauschwarzen Gewitterwolken verhüllt war … ›Das ist der Germanenwald‹, flüsterte Serbulus. ›Irgendwo tief drinnen in der Wildnis haben die Cherusker ihr Standquartier. Man behauptet, ein Cherusker könne nicht leben, wenn er nicht das ewige Rauschen der Baumkronen in den Ohren habe. Verläßt er die Wälder, siecht er dahin und stirbt.‹
>
> Er hatte erwartet, daß der Germanenwald jäh und ohne Übergang gleich einer grünen Mauer vor ihm liegen würde, mit abgrundtiefer Dunkelheit zwischen klafterdicken Stämmen. Aber der Weg zur Wildnis der Wälder führte über meilenweite Strecken mit Gestrüpp und Hochmooren. Die Baumwipfel begannen über seinem Kopf zusammenzuwachsen, aber ungern schloß der Wald ihn in seiner grünen Tiefe ein. Das spürte er deutlich. Es war, als lähmten Trolle und Zauberei seine Beine.«

Diese Landschaft schützt ihre Bewohner, aber sie will keine Fremden. Das, was Knudsen den frustrierten römischen

Befehlshaber Varus stöhnen lässt, könnte sehr dicht an die Wahrheit heranreichen:

»›Und was will ich hier, in diesen verwünschten Wäldern! Weshalb mußte ich auch hierher beordert werden, wo alles kalt und feucht ist, was man auch anfaßt. Hier, wo die Bäume von Nässe triefen und wo die Erde von Fäulnis stinkt.‹«

Im September, bei grausamstem norddeutschen Herbstwetter, lockte Arminius die römischen Legionen mit einem fingierten Aufstand tief in diese verwunschenen Wälder, und von da aus an einen strategisch ideal gewählten Ort, in einen schmalen Durchlass zwischen bewaldeten Hängen und einem undurchdringlichen Sumpf beim heutigen Kalkriese. Landschaft und Wetter kamen den Germanenstämmen dann gleichermaßen zu Hilfe: »Denn das Gebirge war voller Schluchten und stark zerklüftet«, überlieferte der griechisch-römische Historiker Cassius Dio,

»die Bewaldung dicht und überaus hoch, sodass die Römer auch schon vor dem Angriff der Feinde Mühe hatten, Bäume zu fällen, Wege zu bahnen und Brücken zu bauen, wie es erforderlich war. Noch dazu wurde die Kolonne durch heftigen Regen und Sturmwind weiter auseinandergezogen; der Boden war an den Wurzeln und Enden der Stämme ziemlich schlüpfrig geworden, sodass sie immer wieder ausglitten; vom Sturm zerborstene Baumkronen stürzten auf sie nieder und brachten sie in Verwirrung. Während die Römer sich in dieser schwierigen Lage befanden, umstellten die Barbaren sie plötzlich auf allen Seiten, indem sie aus dem dichtesten Gebüsch hervorbrachen, da sie ja jeden Pfad kannten. Wenn sie (die Römer) auf engem Raum dicht zusammenrückten, um in geschlossener Formation zugleich mit der Reiterei und den schwer bewaffneten Legionssoldaten die Feinde anzugreifen, brachten sie sich in dem Gedränge vielfach gegenseitig zu Fall oder glitten auf den Baumwurzeln aus. So brach der vierte Tag ihres Marsches an, und sie gerieten erneut in einen strömenden Regen mit heftigem Sturm …«

… und das war ihr Ende: In der sorgfältig als Falle präparierten Kalkrieser Senke wurden 20.000 Legionäre niedergemacht. Den Kopf des Varus sandte sein Freund Arminius als handfestes Bündnisangebot an den König der Markomannen ins heutige Böhmen, ein anderes Waldland. Glaubt man viel, viel späteren Deutungen, dann bedeutete dieses Gemetzel die Geburt deutschen Nationalgefühls, gar deutscher Einheit. Reines Wunschdenken: Die Germanen verfielen sofort nach ihrem Sieg wieder in den traditionellen mörderischen Sippenhader. Arminius, der tatsächlich versucht hatte, sie zu einen, wurde um 21 nach Christus von seinen eigenen Verwandten ermordet. Die Stämme verschwanden wieder im Dunkel ihrer Wälder und der Geschichte.

Es war also nichts mit der nationalen Identität. Dafür hatte sich die Sicht auf die Landschaft für immer verändert – das bilanzierte der britische Schriftsteller Adrian Anthony Gill in unseren Tagen:

> »Die Schlacht im Teutoburger Wald teilte Europa in den warmen Süden, der Wälder für immer als furchtbare Orte ansah, die zu vermeiden und zu roden waren, Heimat von Drachen und Trollen, Antithesen zur zivilisierten Stadt, und den Norden, der sie als heilende, beschützende, mythische und spirituelle Orte verstand. Wie du dich angesichts eines schweigenden Birkenwaldes im Zwielicht fühlst, sagt mehr über dein Blut und deine Verwandtschaft als dein Pass.«

Was bis heute gilt, jedenfalls in der Kultur. Reste dieses tief verwurzelten Zwiespalts finden sich immer noch überall in Europa, zum Beispiel bei Harry Potter: Der einzige Ort rund um das Zaubererinternat Hogwarts, der für die Schüler tabu bleibt, ist der unergründliche Verbotene Wald. Hagrid, der Wildhüter, als Halbriese mit einem teilweise dunklen Erbe belastet, ist der Grenzgänger, der zwischen Mensch und Wald vermitteln kann. Betreten Harry und seine Freunde ihn jedoch alleine, erwarten sie dort stets böse Überraschungen, denn: »Der Wald ist voller Geheimnisse.«

Der Wald ist immer beides, schützend und bedrohlich zugleich. »Die Ruhe und Stille dieser rechten schattigen Waldtiefen ist oft ganz überschwänglich; es stört euch nichts in eurem Lauschen und Träumen. Selbst die Vögel machen hier keinen Lärm, und wo hin und wieder ein einzelner laut wird, spürt ihr gerade dann die Tiefe und Weite der längs ausgebreiteten Stille«, heißt es in einer Landschaftsbeschreibung von 1880. Diese Stille erzeugt Spannung. Erst recht bei einer Dunkelheit, wie sie Anastasius Grün schildert:

Um Mitternacht, wenn Schweigen rings,
Beginnt's durch Waldesräume,
Und wo sonst Büsch' und Bäume stehn,
Zu flüstern, rascheln und zu wehn,
Denn Zwiesprach halten die Bäume.

»Der Wald steht schwarz und schweiget«, heißt es 1779 in Matthias Claudius' »Abendlied«. So ein schwarzer und schweigender Wald, scheinbar bereit, jeden Wanderer in seinen dunklen Tiefen zu verschlingen, ist vielleicht der angstbesetzteste Platz, den unsere Fantasie zu bieten hat. Der Inbegriff, der Archetypus von Furcht, von Ausgesetztsein. Allein im dunklen Wald – beängstigender geht es schlichtweg nicht.

Nüchtern betrachtet ist das natürlich Unsinn. Ein nächtlicher Wald ist kein Stück furchterregend und nicht einmal annähernd so gefährlich wie eine nächtliche Stadt. Sein Gruselfaktor entspringt allein unserer Imagination. Sein Soundtrack zum Beispiel, das »Kuwitt« des Waldkauzes, gilt als Ankündigung kommenden Unheils, sogar nahen Todes, bedeutet aber in Wirklichkeit nichts als eine freundliche Kontaktaufnahme: Es ist der Ruf des Weibchens nach seinem Partner, und das gruselfilmbewährte »Huhuhu« ist dessen ebenso freundlich gemeinte Antwort. Wald bei Nacht ist einfach ein Kontrastprogramm, ganz anders als unsere gewohnte Umgebung. Schwarz, wie ein undurchdringlicher Block, wirkt er nur von außen. Unter den Bäumen gibt es Abstufungen. Dort hat sich das goldgrüne Licht-und-Schatten-Spiel des Tages in ein monochromes, silbernes und schwarzes Tarnmuster verwandelt, in dem sich alle Umrisse auflösen. Bei hellem Mondlicht stehen die Stämme wie tiefer getönte Streifen in der Dunkelheit, und in der Nähe großer Bäume ist es spürbar, beinahe greifbar kühler. Alles riecht intensiver als am Tag, unter einem Tritt aufwirbelndes Laub ebenso wie Pilze, Schnee oder Frühling. Eine verwirrende Welt, in der plötzlich ganz andere Sinne zählen als im Großstadtdschungel. Dante Alighieri nutzte diese totale Fremdheit in seiner Göttlichen Komödie als Symbol für eine Lebenssituation, die wir heute Midlife-Crisis nennen würden:

Mittwegs auf unsres Lebens Reise fand
In finstren Waldes Nacht ich mich verschlagen,
Weil mir die Spur vom graden Wege schwand.
Wie hart ists, ach, von diesem Walde sagen,
Wie wild und rauh und dicht sein Dickicht droht:
Dran denken nur macht noch aufs neu mich zagen!
So bitter ists, daß bittrer kaum der Tod.

Dabei kann dieses »finsteren Waldes Nacht« ebenso tiefe Geborgenheit bedeuten: In samtener, dunkler Sommerstille, vielleicht getupft von romantisch flimmernden Glühwürmchen, bedeutet sie nichts als Ruhe, bringt Kühle, Entspannung und Erholung nach einem heißen Tag. Unter den großen Bäumen kann man endlich durchatmen. Aber selbst dann bleibt diese Umgebung akustisch unberechenbar. Durch die große Stille rundum rückt tagsüber kaum Wahrgenommenes in nie genau abschätzbare Nähe: ein Eulenruf, ein leises Tappeln, Huschen und Nagen, in einer Böe knackende Bäume und raschelnde Blätter. Ein erschrocken klingendes Aufbellen, ein seltsames Keckern, ein schrilles Jaulen wie ein entsetzter Aufschrei, ein tiefes Fauchen, ein Bersten und Schnaufen. Dazwischen wieder absolute Stille. Wirklich nur Reh und Fuchs, Dachs und Wildschwein?! Inzwischen könnten es auch wieder Wölfe sein, und Wölfe im nächtlichen Wald …

In so einer Umgebung fällt es nur zu leicht, zu glauben, was aktuelle Bücher uns gerade neu ins kollektive Bewusstsein rufen: Diese Landschaft hat ein Eigenleben. Der Wald ist keine Kulisse, er ist eine komplexe Persönlichkeit. All seine Geschöpfe, Pflanzen und Tiere, kommunizieren, kämpfen, koexistieren miteinander, oft auf Wegen, die uns nicht vertraut sind. Das haben die Menschen eigentlich immer gewusst, nur haben sie es lange anders ausgedrückt. Früher bekam das große Unbekannte, das, was wir am Wald nicht einordnen können, einfach Namen und damit persönliche, leichter fassbare Gestalt: Den ewigen Zwiespalt verkörperten zum Beispiel die römischen Waldgötter, der finstere Faunus und der freundlichere Sylvanus. Oder der griechische Pan, das Mischwesen aus Mensch und Ziegenbock, lüstern und tückisch zugleich. Er liebte es, auf Waldweiden ruhende Herdentiere, die seine geheiligte Mittagsruhe störten, in buchstäblich panische Flucht zu jagen – und erschuf damit das Wort »Panik«. Weiter nördlich lebten Zwerge und Gnome, Hexen und Trolle, Einhörner und Werwölfe. Es gibt kaum etwas, das es im Wald nicht gibt, und, glaubt man dem österreichischen Dichter H.C. Artmann, nichts, was dort unmöglich erscheint:

durch des waldtals feuchte schlüfte
tret ich den gewohnten steg,
atme schneckenbleiche düfte,
schlangen säumen meinen weg.
wo der alte werwolf wandelt,
rausch ich durch das blätterrund,
wo die mär von feen handelt,
öffne ich perplex den mund.

In so ein Biotop gehörten selbstverständlich auch die menschlichen Outlaws. Im Wald, da sind die Räuber: Robin Hood im Sherwood Forrest etwa, der aber gleich wieder die Ambivalenz seiner Umgebung widerspiegelt. Er ist ein Sinnbild der Gerechtigkeit und sucht den Schutz der Bäume vor der feindlichen, ungerechten Außenwelt. Der Wald ist für ihn und für die zu Unrecht Verfolgten, die sich ihm anschließen, der Inbegriff der einzigen Geborgenheit, die ihnen bleibt. Schillers idealistischer Räuber-Rebell Karl Moor oder der weit weniger idealistische, reale hessische Mörder und Wegelagerer Schinderhannes verbargen sich ebenfalls im Wald.

Wie tief diese archaische Erfahrung immer noch in unserem kollektiven Bewusstsein sitzt, wie unvermutet schnell sie wieder an die Oberfläche kommt, musste noch 1996 der Hamburger Mäzen Jan Philipp Reemtsma in einer Extremsituation erfahren. Nach wochenlanger Gefangenschaft in einem Keller wurde er von den Erpressern in einem einsamen nächtlichen Wald ausgesetzt:

> »Er ging. Normalerweise wäre ihm in einem finsteren Wald, in dem er, ohne zu wissen wohin und wie lange,

zu gehen hatte, recht unbehaglich gewesen ... Weitergehen. Der Weg senkte sich ein wenig. Dann sah er die Brücke und dahinter Lichter. Das hat man heutzutage auch selten, fiel ihm ein, das Gefühl der Geborgenheit, wenn man aus einem Wald voller Räuber kommt und plötzlich die Lichter eines Dorfes vor sich sieht. Überhaupt hat man selten Zeiten, in denen einem stets bewußt ist dass man einfach nicht weiß, was in der nächsten Minute passieren wird.«

Wer den Wald hatte, hatte die Macht – das galt im größten Teil Europas für Jahrtausende. Die Herrschaft der Outlaws erstreckte sich dabei auf verborgene Nischen und die Nacht, war also begrenzt, immer gefährdet und dauerte selten lange. Ursprünglich lag die Macht bei den Bauern, die diese Landschaft bewohnten und gemeinsam bewirtschafteten. Bald jedoch sicherte sich der Adel mit Waffengewalt Wald und Privilegien gleichermaßen, und die angestammten Rechte der Bewohner wurden Stück für Stück abgeschafft oder allerhöchster Gnade unterworfen – manchmal so brutal, dass die Entrechteten in den vertrauten Wald gingen und von dort aus rebellierten, so wie Robin Hoods Männer. Doch sie hatten keine Chance. Dem König stand ab dem 9. Jahrhundert auch das Recht des sogenannten Forstbanns zu, das Privileg, einen bestimmten Wald zu »bannen« oder zu »befrieden« – was nichts anderes hieß, als jedem anderen jede Nutzung bei schweren Strafen zu untersagen. Jagd war bald ein ausschließlich feudales Recht, ein hochherrschaftliches Vergnügen, für das der Wald später in sogenannte »Jagen« eingeteilt wurde. Ein rechtwinkliges Gitternetz aus

Wegen trennte diese einzelnen Stücke voneinander und machte die Bewirtschaftung und vor allem die Jagd einfacher – eine Einteilung, die heute noch genutzt wird.

Am wichtigsten aber: Alles, was der Wald hergab, von Holz bis Honig, gehörte dem ansässigen Feudalherren. Holz war über viele Jahrhunderte Rohstoff Nr. 1, unersetzlich zum Heizen ebenso wie zum Bauen. Die Wildnis Wald hatte sich in einen wichtigen Wirtschaftsraum gewandelt und wurde dabei derart übernutzt und geplündert, dass Holzknappheit lange eine reale Bedrohung für die gesamte Ökonomie bedeutete. Die Folgen des großen Plünderns waren anhaltend: Die Eibe zum Beispiel, einst ein häufiger Waldbaum, fiel dem mittelalterlichen Langbogen-Wettrüsten nahezu komplett zum Opfer. Die Bestände des sehr langsam wachsenden Baumes haben sich von diesem Riesenkahlschlag bis heute nicht erholt. Noch bis tief ins Mittelalter hinein war der Wald aber auch ein sakraler Ort. Mochten die christlichen Missionare ihre Machtansprüche damit demonstriert haben, dass sie die heiligen Eichen der heidnischen Stämme fällten, deren Wurzeln saßen weiter tief. Heilige – dann allerdings auch heimliche – Haine bestanden noch lange weiter. In gewissem Sinne gibt es sie sogar bis heute: Der Odenwald zum Beispiel soll seinen Namen dem germanischen Gott Odin verdanken, dem er einst geweiht gewesen war.

Über allen Gipfeln
Ist Ruh',
In allen Wipfeln
Spürest Du

Kaum einen Hauch;
Die Vögelein schweigen im Walde.
Warte nur! Balde
Ruhest du auch.

»Wanderers Nachtlied«, das berühmteste deutsche Waldgedicht, vom jungen Goethe 1780 verfasst, war nicht nur Stimmung pur, Inbegriff der Romantik, sondern auch gereimter Zeitgeist: Im 18. und 19. Jahrhundert schwelgten Literatur und Kultur in einem regelrechten Waldkult. Für dessen politischen Hintergrund griff man kurzerhand fast zwei Jahrtausende ins kollektive Gedächtnis zurück und zog die Varusschlacht hervor. Sie bestimmte nun wieder die Art, in der die Landschaft gesehen und verherrlicht wurde, und mehr noch: aus den struppigen, sumpfigen Germanenwäldern wurde »der deutsche Wald« schlechthin. In dem wurzelte eine nationale Identifikation, von der die Germanenstämme nicht die geringste Vorstellung gehabt hätten. Was niemanden störte: Arminius, dem schon Martin Luther den griffigen deutschen Namen Hermann verpasst hatte, wurde zum Volkshelden, bekam ein riesiges Denkmal hoch über der Porta Westfalica, das noch heute ein beliebtes Ausflugsziel ist, und war nun, zusammen mit seinem Wald, der Inbegriff deutscher Sehnsucht nach einem geeinten, starken Vaterland. Um die Zeit des neu erwachenden Interesses sammelten auch die Gebrüder Grimm ihre Märchen, teilweise uralte Überlieferungen, die ohne die Landschaft, in der sie spielen, nicht denkbar sind:

»Vor einem großen Walde wohnte ein armer Holzhacker mit seiner Frau und seinen zwei Kindern; das Bübchen hieß Hänsel und das Mädchen Gretel. Er hatte wenig zu beißen und zu brechen, und einmal, als große Teuerung ins Land kam, konnte er auch das täglich Brot nicht mehr schaffen. Wie er sich nun abends im Bette Gedanken machte und sich vor Sorgen herumwälzte, seufzte er und sprach zu seiner Frau: ›Was soll aus uns werden? Wie können wir unsere armen Kinder ernähren, da wir für uns selbst nichts mehr haben?‹ ›Weißt du was, Mann‹, antwortete die Frau, ›wir wollen morgen in aller Frühe die Kinder hinaus in den Wald führen, wo er am dicksten ist: da machen wir ihnen ein Feuer an und geben jedem noch ein Stückchen Brot, dann gehen wir an unsere Arbeit und lassen sie allein. Sie finden den Weg nicht wieder nach Haus und wir sind sie los.‹«

Der ultimative Verrat. Ein Märchen wie ein Blick ins Unterbewusstsein, unsere tiefsten Urängste in einprägsamen Bildern, die sich nie verlieren, bis heute nicht: »Er kam sich vor wie Hänsel« war der erste Gedanke, der dem entführten Reemtsma beim Weg in den dunklen Wald durch den Kopf schoss. Hilflose Kinder, ausgesetzt und verloren: »Sie gingen die ganze Nacht und noch einen Tag von Morgen bis Abend, aber sie kamen aus dem Wald nicht heraus, und waren so hungrig, denn sie hatten nichts als die paar Beeren, die auf der Erde standen.« Die beiden fallen einer Hexe in die Hände, die sie mit dem Knusperhäuschen freundlich anlockt, aber in Wirklichkeit schlachten und braten will.

Doch am Ende überwinden die Geschwister ihre eigene Angst und die böse Hexe und bringen aus den Waldestiefen Glück und Segen nach Hause:

> »Der Mann hatte keine frohe Stunde gehabt, seitdem er die Kinder im Walde gelassen hatte, die Frau aber war gestorben. Gretel schüttete sein Schürzchen aus, daß die Perlen und Edelsteine in der Stube herumsprangen, und Hänsel warf eine Handvoll nach der andern aus seiner Tasche dazu. Da hatten alle Sorgen ein Ende, und sie lebten in lauter Freude zusammen.«

Zusammengefasst: Hier sind Kinder durch einen schweren Wald-Weg erwachsen geworden, und die Zuhörer haben sie auf einer archetypischen Reise durch Angst zur Erlösung begleiten können.

Der reale Kern dieses Märchens wird im Dreißigjährigen Krieg vermutet, in dem Hungersnöte, Kindsmord und sogar Kannibalismus zum grausamen Alltag gehörten und der »wilde, ungeheure Wald, allwo die Wölf einander gute Nacht geben«, auch im Norden ein Ort puren Schreckens war. Eines Schreckens, den er im 19. Jahrhundert, als das Märchen dann populär wurde, längst wieder verloren hatte. Die Forste wurden zu dieser Zeit zunehmend staatlich bewirtschaftet, und viele der Wälder, wie wir sie heute kennen, stammen aus der Mitte des 19. Jahrhunderts: Fichtenstangen, akkurat angetreten wie preußische Soldaten, aber auch die großen, in ihrer Schlankheit so eleganten Buchenbestände, die wir gerne als besonders »natürlich« bewundern. Was mitunter zu komisch anachronistischen Bildern führt: etwa dann, wenn die Regisseure von Dokudramen Varus' todgeweihte Legionen durch kerzengerade Fichtenforsten oder sauber ausgehauene und aufgeräumte Buchenbestände marschieren lassen, die von der Unheimlichkeit ihrer ungezähmten Vorgänger nicht einmal mehr einen winzigen Abglanz vermitteln können.

Die Landschaft, die die Legionen verschlang, oder auch nur einen wirklich natürlichen Wald gibt es lange nicht mehr. Der Wald ist eine uralte Kulturlandschaft, aber eine, in der Kultur und Natur besonders fließend ineinander übergehen. »Aber das ist auch noch ein Wald!«, schwärmt »Unser Vaterland«, eine 1880 erschienene Sammlung von Landschaftsbeschreibungen:

> »Schon hier draußen, wo ihr ihn erreicht, hebt es an. Am Schutzgraben entlang drängen sich die wilden Rosen, die Brombeeren, die Haseln, die schlanken Stauden und krausen Büsche, die üppigen Kräuter und geschmeidigen Ranken schier undurchdringlich zusammen und durcheinander – es ist ein Kunststück, da hinein zu kommen. Hier und da hebt sich ein einzelner, auch schon alter Baum, und der Nachwuchs wird allmählich höher, und die einzelnen Stämmchen steigen zahlreicher schlank und keck über die Stauden empor, bis dann endlich der volle, hohe, stolze Wald beginnt, Stamm an Stamm, einer immer schöner, immer mächtiger als der andere, und die Kronen oben verschränkt zu einem prachtvollen Baldachin.
>
> Die Waldkräuter breiten sich überall in den dichtesten Massen aus, die Farren heben sich mit ihren zier-

lich gefiederten, graziösen Blättern in ganz ungewöhnlicher Kräftigkeit, der Epheu überspinnt den ganzen Boden und erklettert und umhüllt die Stämme bis zu den Kronen hinauf mit seinen zähen Ranken. Und wo nur irgend ein wenig Luft und Licht von oben oder seitwärts zur Hülfe kommt, wuchert das Unterholz und der junge Nachwuchs in überwältigender Fülle empor.«

Selbst die überwältigende Fülle dessen, was wir heute »Urwälder« nennen, ist nicht Urlandschaft, sondern lediglich sehr lange nicht bewirtschaftet worden. Ihren Ursprung haben diese pittoresken Riesenbäume in den alten Hute- oder Hudewäldern. In denen wurde, wie der Name sagt, das Vieh gehütet. Die malerischen »Urwald«-Baumriesen dort sind vom Verbiss geformt: Die Tiere fraßen alle Triebe ab, so hoch sie reichen konnten, lichteten konkurrierende Vegetation und ermöglichten so ein ungewöhnlich dickes Stammwachstum und beste Bedingungen für die Bäume. Der märchenhafte »Urwald Sababurg« rund um das Dornröschenschloss im hessischen Reinhardswald ist so ein Hutewald, ebenso das kleine, aber besonders eindrucksvolle Tinner Loh im Emsland mit seinen jahrhundertealten, malerischen Buchen. Das älteste Exemplar, 2018 im Sturm gestürzt, soll ungefähr 500 Jahre auf der Rinde gehabt haben und in seiner Genetik direkt auf die Bäume zurückgegangen sein, die Mitteleuropa nach der letzten Eiszeit wieder besiedelt hatten – auf den Ursprung aller unserer Wälder also. Eine Genetik, die dank schonender Bewirtschaftung sogar erhalten blieb: Die Riesenbäume haben in vielen der ehemaligen Hutewälder inzwischen Nachwuchs produziert und knüpfen damit indirekt dann doch an Jahrtausende zurückliegende Urwaldtradition an.

Der Hutewald ist ein Musterbeispiel für die ewige Dynamik in jeder Kulturlandschaft, besonders im Wald: Wo immer Menschen eingreifen, nutzt sofort anschließend die Natur ihre Chance, und oft ergibt genau diese Kombination die üppigsten, lebensvollsten Biotope, so, wie in »Unser Vaterland« geschildert:

> »Es kommt auch wohl eine kleine Lichtung, ein alter ›Hau‹, wo es dann desto sonniger und lustiger und alles sozusagen in Bewegung und voll des rührigsten Lebens ist; wo die Waldblumen sich allesamt ein Rendezvous gegeben zu haben scheinen, wie zu einer großen Ausstellung, wo die Vögel Quartier machten und die Bienen, die Käfer, die Schmetterlinge, die Grillen und alles denkbare sonstige Getier endlos durch einander gaukeln und schießen, brummen und summen und schwirren. Oder es öffnet sich eine kleine Waldwiese voll – wir können nicht anders sagen – geheimnißvoller Schönheit. Oder ihr seht es dort durch die Stämme und das Gebüsch aufblitzen und findet, wenn ihr herandringt, einen kleinen, einsamen See, in dessen unbewegter Flut sich die schweigenden Ufer spiegeln und die weißen Mummeln träumen.«

Selbst der legendäre Buchenwald in der Rüganer Stubnitz, inzwischen Nationalpark und Weltkulturerbe, ist geprägt durch jahrhundertelange Nutzung. Hier war es die seit der

Eisenzeit genutzte Niederwaldbewirtschaftung, die mehrere Holzernten von einem einzigen Baum ermöglicht: Zuerst wird der Leittrieb geschlagen. Daraufhin treibt der übrig gebliebene Baumstumpf, der Stubben, wieder an mehreren Stellen aus und liefert viel später ein zweites Mal Holz. Solche permanent genutzten Wälder hießen deshalb auch Hauwald. Im Gegensatz zu solchem Niederwald besteht der Hochwald aus großen, qualitativ hochwertigen, aus dem Kern gewachsenen Einzelstämmen. Deren Gleichmaß nutzte Reiner Kunze 1962 zu einer Parabel auf Gleichschaltung und Kollektivismus der DDR:

Der Hochwald erzieht seine Bäume.
Sie des lichtes entwöhnend, zwingt er sie,
all ihr grün in die kronen zu schicken.
Die fähigkeit,
mit allen zweigen zu atmen,
das talent,
äste zu haben nur so aus freude,
verkümmern

Den regen siebt er, vorbeugend
der leidenschaft des durstes

Er läßt die bäume größer werden
wipfel an wipfel:
Keiner sieht mehr als der andere,
dem wind sagen alle das gleiche
Holz

Genau genommen ist der Wald unserer Breiten nichts anderes als ein Feld mit beträchtlich längerer Laufzeit. Er wird angelegt und kultiviert, genutzt und geerntet – nur eben besonders nachhaltig. »Nachhaltigkeit«, eines der ganz großen Modeworte unserer Tage, stammt denn auch ursprünglich aus dem Wald. Es wurde erstmals 1560 in einer kursächsischen Forstordnung erwähnt, die dafür sorgen sollte, trotz des hohen Holzbedarfs für die Bergwerke auch weitere Nutzung der Wälder sicherzustellen und drohende Kahlschläge zu verhindern. Geschehen sollte das durch eine »nachhaltige Bewirtschaftung der Wälder«, in der immer nur so viel Holz entnommen wurde, wie nachwachsen konnte. Das war ein ganz neuer Ansatz, und der sächsische Forstwirt Hans Carl von Carlowitz prägte 1713, im ersten Lehrbuch über Forstwirtschaft, »Sylvicultura oeconomica, oder haußwirthliche Nachricht und Naturmäßige Anweisung zur wilden Baum-Zucht«, den zukunftsträchtigen Begriff. Er forderte für die hemmungslos geplünderten Wälder »eine continuierliche beständige und nachhaltige Nutzung, weil es eine unentbehrliche Sache ist.«

Das waren damals ganz neue Grundsätze, solche, die später Friedrich von Schiller im Gespräch mit einem Förster zum Umdenken bewegten:

> »Ich hielt euch für gemeine Menschen, deren Taten sich nicht über das Töten des Wildes erheben. Ihr aber seid groß. Ihr wirket unbekannt, unbelohnt, frei von des Egoismus Tyrannei und eures stillen Fleißes Früchte reifen der späten Nachwelt noch.«

Der deutsche Förster – sozusagen der Seelenberuf zur Seelenlandschaft. Auch er galt als Romantik pur, stand für ein weltentrücktes Leben mit Loden und Büchse, Dackel und Stummelpfeife und vielen geruhsamen Waldspaziergängen. Ein echter Vertreter dieses Standes hatte auszusehen, wie Marlitt ihn beschrieb: »In der offenen Tür stand ein Mann in Jagduniform, eine wahre Hünengestalt mit einem ungeheuren Barte, der ihm fast bis auf die Brust reichte, mit schalkhaftem Blicke und vergnügt in sich hineinlachend.« Bis in Heimatfilme und Fernsehserien blieben Förster Klischees in stimmungsvoller Kulisse – Klischees, die Loriot in einem Adventsgedicht der besonderen Art genüsslich verspottete:

Es blaut die Nacht.
Die Sternlein blinken.
Schneeflöcklein leise niedersinken.
Auf Edeltännleins grünem Wipfel
häuft sich ein kleiner weißer Zipfel.

Und dort, vom Fenster her durchbricht
den dunklen Tann' ein warmes Licht.
Im Forsthaus kniet bei Kerzenschimmer
die Försterin im Herrenzimmer.

In dieser wunderschönen Nacht
hat sie den Förster umgebracht.
Er war ihr bei des Heimes Pflege
seit langer Zeit schon sehr im Wege …

Im 19. Jahrhundert, als vermehrte Kohleförderung, das Aufkommen von Mineraldünger und neue Baustoffe den Druck auf den Wald als Rohstofflieferanten erstmals deutlich minderten, fasste Meyers Konversationslexikon den ewigen Zwiespalt aller Nutzung zusammen:

> »Der Wald erscheint auf den niedrigsten Kulturstufen überall als ein Kulturhindernis. Zerstörung desselben, um ackerbares und Weideland zu gewinnen, ist Vorbedingung fester Niederlassungen, des Ackerbaues, sozialer und wirtschaftlicher Gestaltungen. Diese durch die Hand des Menschen bewirkten Veränderungen der Vegetation der Erdoberfläche gehen dann in der Geschichte aller Völker den sozialen, politischen sowie den allgemein wirtschaftlichen Entwickelungen einher, wenig beachtet von der Geschichtsforschung, dennoch von tief eingreifender Bedeutung für die Geschicke der Völker. Denn nur bis zu einer gewissen Grenze ist die Waldzerstörung vernünftig und wirtschaftlich; über diese Grenze hinaus wird sie unvernünftig und gemeinschädlich.«

Das ist, schon damals auf den Punkt gebracht, der Kern eines großen, weltweiten Problems: Wo geht es noch um vertretbare Kultur, wo fängt sinnlose Zerstörung einer Landschaft an? Um diese Grenze wird in den Wäldern überall gerungen, vom Regenwald, der für den Sojaanbau zerstört wird, über die kanadischen Küstenurwälder, die rabiatem Holzeinschlag zum Opfer zu fallen drohen, bis hin zum heimischen, uralten Hambacher Forst, der einem Braunkohlentagebau weichen soll, oder dem Reinhardswald, dem klassischen deutschen Märchenwald, dessen romantischen Zauber eine riesige Windkraftanlage für immer zu zerstören droht.

Je unabhängiger die Menschen vom Wald wurden, je mehr sie aus den Zwängen harter, oft elender Schufterei im Forst entlassen wurden, desto mehr liebten sie diese Landschaft. Der Wald wurde jetzt Mittel nicht nur nationaler, sondern auch individueller Selbstfindung: »Es besteht ein solcher Einklang zwischen mir und jedem zitternden Erlen- und Pappelblatt, dass ich kaum zu atmen vermag«, schwärmte etwa der amerikanische Philosoph Henry David Thoreau 1854 in seiner frühen Aussteigerbibel »Walden«, »Leben in den Wäldern«: »Jede kleine Tannennadel dehnte sich aus, strömte über vor Sympathie und wurde mir Freund. Die unbeschreibliche Unschuld und Güte der Natur gewähren immerdar solche gute Gesundheit und solchen Frohsinn, sie haben so viel Mitgefühl mit dem Menschengeschlecht.« Nachdem das ersehnte deutsche Reich 1871 endlich Wirklichkeit geworden war, stand an seiner Spitze mit Reichskanzler Otto von Bismarck ein Mann mit ähnlicher Sensibilität: »Ich liebe die großen Bäume, das sind die Ahnen«, meinte der in diesem Punkt überhaupt nicht eiserne Kanzler, der heute als »treehugger« verspottet werden würde, denn er bekannte sich freimütig dazu, regelmäßig Bäume zu umarmen, um ihre Kraft zu spüren und zu teilen.

Mit dieser tiefen Zuneigung war Bismarck nicht allein. Die jetzt geeinten Deutschen verehrten ihren Wald wie nie zuvor. Die Romantiker hatten den literarischen und künstlerischen Trend gesetzt, jetzt folgte ihnen ein ganzes Volk. Ein sonntäglicher Ausflug in den Wald war Ersatz für Sommerferien, die sich noch kaum jemand leisten konnte, und der deutschen Seelenlandschaft wurde in jeder nur denkbaren Form gehuldigt: Von unzähligen Wohnzimmerwänden grüßten deutsche Eichen oder röhrten Hirsche in Öl, Männerchöre schmetterten hingebungsvoll und gern auf Waldlichtungen eines der populärsten Lieder jener Zeit:

Wer hat dich, du schöner Wald,
Aufgebaut so hoch da droben?
Wohl den Meister will ich loben,
Solang noch mein' Stimm' erschallt:
Lebe wohl,
Lebe wohl, du schöner Wald!

»Tief die Welt verworren schallt, oben einsam Rehe grasen«, heißt es weiter, der Wald bedeutet also Zuflucht vor der immer unübersichtlicheren modernen Welt. Eine Sichtweise, der auch viele Romane jener Tage ihren Erfolg verdankten. Kaum jemand setzte die deutsche Nationallandschaft dabei so erfolgreich ein wie Eugenie Marlitt, die heute als einer der großen bürgerlichen Autoren des 19. Jahrhunderts gilt, deren internationaler Erfolg aber lange verächtlich als »Trivialliteratur« abgetan wurde. Was weniger an ihren schriftstellerischen Fähigkeiten lag, die die vieler männlicher Zeitgenossen deutlich übertrafen, sondern an ihrem Geschlecht: Die Starautorin war ein zierliches, behindertes und fast krankhaft menschenscheues älteres Fräulein. Eugenie John, wie sie wirklich hieß, war ein Kind des

Thüringer Waldes, geboren 1825 in Arnstadt. Als junge Frau war sie sehr schön, sehr begabt und sehr ehrgeizig gewesen, wurde Opernsängerin und Favoritin einer Duodezfürstin, bis gesundheitliche Probleme ihre Karriere abrupt beendeten und sie resigniert ins Elternhaus zurücktrieben. Hier begann sie zu schreiben, und trotz aller noch so blumig erzählten Happy-End-Geschichten und der zeittypischen unglücklichen Liebe zur Metapher unterschied sich Eugenie Marlitt dabei deutlich vom trivialen Mainstream. »Es lebt in diesem Frauenzimmer etwas, das viele schriftstellernde Männer nicht haben: ein hohes Ziel«, räumte Kollege Gottfried Keller herablassend ein:

> »Diese Person besitzt ein tüchtiges Freiheitsgefühl, und sie empfindet wahren Schmerz über die Unvollkommenheit in der Stellung der Weiber. Aus diesem Drang heraus schreibt sie. In allen Romanen war immer das Grundmotiv, einem unterdrückten Frauenzimmer zu der ihr ungerechterweise vorenthaltenen Stellung zu verhelfen, damit sie menschlich frei dastände – und hierin besitzt die Marlitt eine Kraft, eine Macht der Rede, eine Wortfülle, eine Folgerichtigkeit, daß ich Respekt vor ihr bekommen habe.«

Neben den für einen Trivialroman jener Tage geradezu revolutionären Heldinnen lag ein weiteres Erfolgsgeheimnis des »schreibenden Frauenzimmers« in einer liebevoll geschilderten Natur, die es so heil eigentlich schon damals nicht mehr gab. Marlitt verehrte ihren heimatlichen Thüringer Wald ebenso sehr wie Bismarck seine Forsten, und er war für sie nicht nur Kulisse, sondern gezielt und geschickt eingesetzte Stimmungslandschaft. »Reichsgräfin Gisela«, einer ihrer frühen Bestseller, wäre fade ohne den Wald, aus dem er einen großen Teil seiner Atmosphäre bezieht. Der geheimnisvolle Held lebt dort tief zurückgezogen, der Fürstenhof vergnügt sich bevorzugt unter deutschen Eichen, und die entscheidenden Szenen spielen fast alle im Wald, der je nach Bedarf mit sonnenüberstrahlten Lichtungen oder Gewitterschwüle unter dem dichten Laubdach in die Handlung eingreift. Marlitt scheute, auch das ungewöhnlich für dieses Genre, nicht vor harter Kritik zurück, äußerte aber auch die oft durch die Blume, oder vielmehr: durch den Wald, durch den hier zum Beispiel junge Hofdamen lustwandeln:

> »Beim Eintritt in den Wald hatten sie die Hüte abgenommen, sie flochten sich Glockenblumen, rotblühende Federnelken und den wilden Hopfen mit seinen halbentwickelten, glöckchenartigen Zapfen in das Haar … Wie taubenhaft unschuldig sahen sie aus mit den jungen frühlingsfrischen Gesichtern und den nickenden Waldblumenglocken. Und doch waren diese scheinbar kindlichen, unbefangenen Herzen bereits vortrefflich geschult und einexerziert nach dem feudalen Regiment, und zwischen ihnen und der übrigen, nicht hoffähigen Menschheit lag eine nie zu überbrückende Kluft voll Eis und tödlicher Kälte.«

Waldfeste, mit Männerchor im Gebüsch, Hoforchester auf der Lichtung und aufwendig gestellten »lebenden Bildern«, gehörten zu den ganz großen gesellschaftlichen Highlights jener noch fast biedermeierlichen Vor-Fernseh-Epoche:

»Der alte deutsche Wald am See, der bisher zur Nachtzeit nur die falben Mondstrahlen auf seinen Wipfeln und über die moosige Decke zu seinen Füßen hatte tanzen sehen, sollte heute Nacht einen bunten Traum haben. Der Wink des Fürsten hatte viel Glanz, Reichtum und Schönheit auf dem kleinen Wiesenplan versammelt. Freilich die allerschönsten und jüngsten Damen waren noch nicht sichtbar; sie sollten als Elfen, Zigeunerinnen, Räuberbräute, und was sonst der Wald an poetischen und phantastischen Gestalten besitzt, im lebenden Bild erscheinen. Ein Purpurvorhang spannte sich um mehrere der prächtigen Eichstämme, um im geeigneten Moment droben unterm Laubdach zu verschwinden und das festgezauberte Bild der Jugend und Schönheit inmitten lebender naturwüchsiger Dekorationen zu zeigen.

Und nun begann die unvergleichliche Musik zum Sommernachtstraum. Der Purpurvorhang rauschte empor – da lag die ruhende Titania, bedient von ihren Elfen … Nie hatte wohl jene diamantenfunkelnde Frau einen solchen Sieg gefeiert wie in diesem Augenblick! Vergessen war das stille bleiche Mädchen, das fürstliche Huld auf den Schild gehoben hatte, vergessen das neue, jugendkeusche Gestirn über dem verführerischen Weib, dessen wundervolle Formen sich weich und hingebend auf dem blumenbesäten Moosteppich hinstreckten.«

Ein Triumph, der nicht von Dauer ist: Die diamantenfunkelnde Frau ist niemand anders als die schurkische Jutta Fleury, und das bleiche stille Mädchen die von ihr lange unterdrückte Stieftochter Gisela, Reichsgräfin von Sturm und Völdern. Die stolze Achtzehnjährige erhebt sich am Ende gegen das feudale Böse, und der Showdown findet natürlich auf einer Waldwiese statt. Millionen Frauen und Mädchen dürften den großen Auftritt zwischen der kühnen jungen Frau und ihrem bösen französischen Stiefvater genossen haben:

> »Jedes andere junge Mädchen würde in Tränen der Hilflosigkeit ausgebrochen sein, die braunen, in diesem Moment zu Schwarz sich verdunkelnden Augen feuchteten sich nicht. Sie saß nicht da droben wie eine Angeklagte – weit eher als Verurteilende; an dem ruhigen Schweigen ihrer Lippen, die sich in den Winkeln verächtlich senkten, zersplitterten die Waffen ihres Verleumders. Mit einer stolzen Gebärde neigte sie sich grüßend nach allen Seiten, während sie mit der Reitgerte das Pferd leicht berührte. Es flog wie ein Pfeil in den Laubengang zurück, und nach wenigen Augenblicken verschlang die grüne Waldesdämmerung die schwebende weiße Gestalt und das flatternde Goldhaar der Reiterin ...«

Immer ist der Wald hier die rettende und die Guten schützende Landschaft. Folgerichtig zieht sich auch Gisela am Ende dorthin zurück, nachdem sie sich vom »verderbten« Adel losgesagt hat: »Tief im Herzen des Waldes«, in den Armen ihres reichen bürgerlichen Traummannes, zwischen Efeu, Eichen und plätschernden Fontänen, findet sie Liebe und Geborgenheit. Ein idealeres Abbild deutscher Bürgersehnsüchte lässt sich kaum vorstellen. Bücher dieser Art, denen noch viele, viele Wald-Bestseller, von Karl May über Adalbert Stifter bis Ludwig Ganghofer, folgten, passten perfekt zu einer Nation, für deren Kanzler Bäume sogar gelegentlich vor Politik rangierten: »Ich kann nicht leugnen, dass mein Vertrauen in den Charakter meines Nachfolgers einen Stoß erlitten hat«, schrieb Bismarck in seinen »Gedanken und Erinnerungen«,

> »seit ich erfahren habe, dass er die uralten Bäume vor der Gartenseite seiner, früher meiner, Wohnung hat abhauen lassen, welche eine erst in Jahrhunderten zu regenerierende, also unersetzbare Zierde bildeten. Ich würde Herrn Caprivi manche politische Meinungsverschiedenheit eher nachsehen als die ruchlose Zerstörung uralter Bäume.«

»Bismarck war ein Landedelmann und kannte den Wert alter Bäume. Kennen wir ihn – ? Nein, wir kennen ihn nicht«, stimmte ihm Kurt Tucholsky noch 1930 zu.

> »Einen alten Baum umschlagen –, das ist eine Art Mord. Sie haben nicht das leiseste Gefühl, daß das, was sie da zerstören, ein Stück Leben ist – es sind übrigens grade jene, die das Wort ›Deutschland‹ ununterbrochen im Munde führen, die es am wenigsten spüren. Was aber ist Deutschland, wenn nicht seine Wiesen, seine Wäl-

der, seine Flüsse und seine Bäume? Hier ist der Urgrund jedes Landes – damit geht man nicht so um, wie sie es tun.«

Der Inbegriff all dieser alten Bäume war die deutsche Eiche. Sie war sozusagen die Kompaktfassung des deutschen Waldes. Die Eiche, knorrig, stark und tief verwurzelt, teilte sich als maskuliner Gegensatz zur sanfteren Linde mit ihr lange den Rang als deutscher Nationalbaum. Selbst ein Heinrich Heine spöttelte da nur ungewohnt gemäßigt:

Deutschland hat ewigen Bestand,
Es ist ein kerngesundes Land!
Mit seinen Eichen, seinen Linden
Werd ich es immer wiederfinden.

Eine echte deutsche Eiche hatte eine Besonderheit: Sie war nicht vollständig ohne den scheinbar so sanft, zärtlich und abhängig an ihr hochrankenden Efeu. Efeu und Eiche, die klassischen Partner im Wald, avancierten im 18. und 19. Jahrhundert zum Sinnbild der Beziehungen zwischen Mann und Frau. Der berühmte Pädagoge Joachim Heinrich Campe gab da 1789 den Ton an:

»Er ist die Eiche, sie der Efeu, der einen Teil seiner Lebenskraft aus den Lebenskräften der Eiche saugt, der mit ihr in die Lüfte wächst, mit ihr den Stürmen trotzt, mit ihr steht und mit ihr fällt – ohne sie ein niedriges Gesträuch, das von jedem Vorübergehenden zertreten wird.«

Botanisch zwar völlig falsch, denn Efeu saugt nicht und kommt auch bestens alleine klar, dafür aber wunderbar griffig und damit eine Aussage, die sich lange hielt: »Der uralte Schatz an Gleichnissen, Bildern und Sprichworten des Volkes, Lyrik und Epik, dieser Niederschlag männlicher Auffassung, hatte auch den Frauen selbst den rankenden Efeu am festen Stamm als Symbol für die Geschlechter fest eingeprägt«, urteilte später die Frauenrechtlerin Helene Lange. Doch schon 1897 hieß es in einem pädagogischen Handbuch:

> »Das allbeliebte und viel mißbrauchte Bild von der Eiche, an der liebevoll der Efeu sich emporrankt, hat die Poesie in unseren Tagen eingebüßt: es fehlt die genügende Anzahl sicherer und starker Eichen in deutschen Landen.«

Die deutschen Eichen waren also schon damals nicht mehr das, was sie einmal gewesen waren, und die Frauen wurden ihrer Rank-Rolle ohnehin langsam überdrüssig: »Ich habe das abgenutzte Bild vom Efeu und der Eiche noch nie leiden können!«, trumpft schon 1866 die selbstbewusste junge »Goldelse« auf – und wieder stammt dieser kleine, aber bemerkenswerte weibliche Konventionsbruch aus der Feder von Eugenie Marlitt.

Doch noch Anfang des 20. Jahrhunderts forderte Wilhelm II., Deutscher Kaiser und König von Preußen, seine Untertanen im »Kampfe für Religion, für Sitte und Ordnung, gegen die Parteien des Umsturzes« zum kollektiven Klettern auf: »Wie der Efeu sich um den knorrigen Eichenstamm legt, ihn schmückt mit seinem Laub und ihn schützt, wenn Stürme seine Krone durchbrausen, so schließt sich der preußische Adel um Mein Haus.« Heinrich Mann griff diesen allerhöchsten Ausspruch satirisch auf, wenn sein prototypischer »Untertan« bei einer Denkmalsweihe den Souverän anhimmelt: »Seine Persönlichkeit ist stark genug, dass wir allesamt und efeuartig an ihr emporranken können!«

Im Dritten Reich verlor sich sogar noch dieser irgendwie liebenswerte Rest von unfreiwilliger Komik aus dem Landschaftsbild, und es wurde richtig bizarr: Der Wald war jetzt nicht mehr zeitlos tröstende Seelenlandschaft, sondern erstrebenswertes Gesellschaftsmodell: »Herrschende Oberschicht, kämpfende Mittelschicht, dienender Unterstand.« Der deutsche Wald wurde zwar mit »Ewiger Wald – ewiges Volk« propagandistisch eingespannt, interessierte aber um seiner selbst willen niemanden mehr. Im Gegenteil: Nach 1933 war alle Nachhaltigkeit vergessen, und es wurde rücksichtslos eingeschlagen. Die angestrebte Autarkie und nicht zuletzt die Kriegsvorbereitungen benötigten Rekordmengen an Holz. Dass die gefeierten »Straßen des Führers«, die Autobahnen, gezielt durch dichte, ursprüngliche Waldgebiete geholzt wurden, galt übrigens als rühmenswertes Zeichen urgermanischer Naturnähe: Nun konnte der deutsche Mensch seine Nationallandschaft bequem aus dem Autofenster genießen – ein großer Schritt hin zur virtuellen, abstrakten, schnell vorbeihuschenden Natur, an der wir uns heute festhalten.

Adolf Hitler hatte, trotz aller anderslautenden Propaganda, keinerlei Sinn für Natur. Der Wald diente ihm lediglich als Folie für seine allumfassenden Vernichtungsfantasien: »Artfremde« Bäume wie Fichten, die der »Führer« als »kommunistisch« empfand, sollten schleunigst »ausgerottet« werden. Hermann Göring setzte dieses Ausrotten dann jederzeit gern in die Praxis um: Er betrieb den Naturschutz, der dem Dritten Reich später nachgerühmt wurde, aus genau einem einzigen Grund: Er wollte möglichst viele und vor allem möglichst spektakuläre Tiere abknallen. »Kapitale und hochkapitale Hirsche werden in Zukunft nur durch mich erledigt«, dekretierte er, ganz in der Sprache seines »Führers«.

Auch nachdem sich das Dritte Reich endlich erledigt hatte, blieb dem Hirsch der Kultstatus erhalten. Der war schließlich weitaus älter und weniger vorübergehend als Göring und Konsorten: Seit der Spätromantik galt der dekorative Paarhufer als Verkörperung von Wald, Kraft und Freiheit, und unterschwellig vor allem von ungezügelter Potenz. Männliche Macht, weibliche Unterwerfung – das war auch das Thema beim röhrenden Hirsch an der Schlafzimmerwand, nur weitaus unverblümter und deutlicher als bei Efeu und Eiche. Ein anregender Schuss Sadismus wurde gern dazugenommen:

> »Zu den Füßen des Siegers, welcher ihn mit den Zacken seines Geweihs durchbohrt hat, liegt auf blutüberströmtem Waldboden der überwundene Gegner«, kommentierte zum Beispiel 1886 der Berliner Feuilletonist Ludwig Pietsch ein derartiges Kunstwerk. »Jener aber, das Haupt weit vorstreckend, lässt einen Schrei erschallen, der wie eine Fanfare des Triumphes weit über die Haide hinschmettert. Die Hindinnen und die

> anderen Thiere des Rudels vernehmen ihn, und halb scheu, halb neugierig lauschen sie dem Ton und blicken auf den Kampfplatz, auf den Sieger und den verendenden Besiegten. Dem Starken aber sind die Schönen hold und das etwaige Mitleid mit dem Getödteten wird rasch genug der Zärtlichkeit für den Mörder weichen.«

Doch vielleicht sind es weder Eiche noch Rothirsch, die Macht, Geheimnis und Faszination dieser Landschaft am besten verkörpern. Vielleicht ist es viel eher eine vergleichsweise zurückhaltende Pflanze, die es umso mehr in sich hat: der Rote Fingerhut, eine der giftigsten Pflanzen Europas. Digitalis purpurea ist ambivalent wie der Wald selbst und kann sowohl töten als auch heilen. Seit der Antike galt der Fingerhut daher als besonders mächtig und war traditionell den Frauen zugeordnet, zuerst Göttinnen, dann Elfen und Feen, die das rätselhafte Eigenleben des Waldes verkörpern. Die Verbindung zwischen dem mythologischen »kleinen Volk« und der ebenso mythologischen Pflanze ist jedenfalls so eng, dass sich die Fingerhutrispen auch heute noch sogar bei Windstille neigen: Sie verbeugen sich dann, so heißt es, höflich vor vorbeikommenden Elfen.

Fingerhut war denn auch lange mit einem der typischen Waldberufe eng verbunden, mit dem weiblichsten von allen, mit der wissenden, ihre Geheimnisse wahrenden und daher immer latent unheimlichen Kräuterfrau. Die wissenschaftliche Entdeckung des Digitalins, des Fingerhutwirkstoffs, glich denn auch den Eröffnungsbildern eines Fernsehkrimis: Eine Frau geht allein in den Wald. Ein Mann schleicht ihr nach. Als sie eine Lichtung betritt, verbirgt er sich hinter einem Baum und beobachtet sie gespannt. Was nach Thriller klingt, war Betriebsspionage anno 1775: Die Kräuterfrau wurde beschattet, weil ein Arzt dem Geheimnis ihrer erstaunlichen Heilerfolge auf die Spur kommen wollte. Das stand auf einer Waldwiese und hieß Roter Fingerhut.

Fingerhut enthält reichlich herzwirksame Digitaloide, und nur die weisen Frauen aus dem Wald trugen über Generationen das Wissen weiter, dass und wie diese gefährliche Pflanze auch heilen konnte – und zwar mit so verblüffenden Erfolgen, dass es im britischen Volksmund über den Fingerhut hieß: »Er kann die Toten aufwecken und die Lebenden töten.« Wer allerdings über derartiges Wissen verfügte, tat seit dem Sieg des Christentums über alle Waldgeister besser daran, es strikt für sich zu behalten. Fingerhut galt nun als Verbündeter der bösen Magie, der Hexen. Wer zugab, dass er dieses ominöse Gewächs näher kannte, fand sich schnell auf dem nächsten Scheiterhaufen wieder.

Der Arzt und Botaniker William Withering aus Shropshire kam dem Geheimnis erst auf den Grund, nachdem er eine Kräuterfrau rund um die Uhr beschatten ließ. Anschließend wurden er und der Fingerhut gemeinsam zu den Eltern der modernen klinischen Pharmakologie, und Digitalis purpurea schrieb Medizin-, aber auch Literaturgeschichte. Fingerhut wurde nicht nur der Star vieler Kriminalromane – allein Agatha Christie ließ fünf Mal mit ihm morden –, er wurde vor allem, als wirksamstes bekanntes Mittel gegen Herzinsuffizienz, zum Lebensretter für Millionen. Aber sein Ruf blieb der des Unheimlichen, des Ambivalenten, sogar des Todesboten. Theodor Fontanes »Stechlin« zeigt ihn in genau dieser Rolle:

> »Dubslav hielt die kleine Flasche gegen das Licht und tröpfelte die vorgeschriebene Zahl in einen Löffel voller Wasser. Als er sie genommen hatte, bewegte er die Lippen hin und her, etwa wie wenn ein Kenner eine neue Weinsorte probt. Dann nickte er und sagte: ›Ja, Engelke, nu geht es los. Fingerhut.‹«

Heute wird das lebenswichtige Medikament nicht mehr auf Lichtungen gesammelt, therapeutisch aber ist der Wald immer noch. Er verhilft uns in jeder Beziehung zum Durchatmen, bleibt grünes Gegengewicht zu Stress, Hektik und Alltag. Er ist uns verbunden als eine Landschaft, deren Macht und Eigenleben wir zwar fühlen und suchen, aber nie ganz in Worte fassen können. Kurz: Wir werden ihn immer lieben – so, wie Erich Kästner es getan hat:

Die Seele wird vom Pflastertreten krumm.
Mit Bäumen kann man wie mit Brüdern reden
und tauscht bei ihnen seine Seele um.
Die Wälder schweigen. Doch sie sind nicht stumm.
Und wer auch kommen mag, sie trösten jeden.

QUELLENVERZEICHNIS

VORWORT

Es besteht kein Grund …, Kurt Tucholsky, Deutschland, Deutschland über alles, Rowohlt TB Verlag, Hamburg 1973. Seite 226

Still ruht die Stadt. Erich Kästner, Die 13 Monate, Der Juli, zitiert nach: https://www.deutschelyrik.de/der-juli-1261.html

Und es ist das ewig Eine, Johann Wolfgang von Goethe, Parabase, zitiert nach: https://www.projekt-gutenberg.org/goethe/gedichte/chap421.html

BERGE

Man steht am Ende der Welt …, Carl Zuckmayer, Als wär's ein Stück von mir, S. Fischer Verlag, Frankfurt 1966, Seite 569

Die Berge machten nicht den Eindruck …, Betty MacDonald, Das Ei und ich, Rowohlt Verlag, Hamburg 1951, Seite 41

Die Tür, aus der sie herausgetreten waren …, Jörg Maurer, Föhnlage, Fischer TB, Frankfurt 2009, Seite 76

Ja, dies ist Sommer. Klaus Mann, Der Wendepunkt, Rowohlt TB, Hamburg 1984, Seite 45

Wenn man sich gen Westen wendet …, Elisabeth von Arnim, zitiert nach: Florence Hervé (Hrsg), Sehnsucht nach den Bergen, Seite 64

Wir gingen diesen Weg zum erstenmal …, Zuckmayer, Seite 567

Falls es einen trostloseren, unwirtlicheren Ort …, Jon Krakauer, In eisige Höhen, Piper TB, München 2000, Seite 213

Ein majestätisches Schweigen herrschte. Edward Whymper, Mein erster Versuch mit dem Matterhorn, in: Der Kampf ums Matterhorn, Morisel Verlag, München 2015, Seite 183

Es ist nicht so, dass ich die Berge hasse. aus: »Bedrückende Wände, nagende Kälte«, Neue Zürcher Zeitung, 20. 02. 2005, Autor nicht namentlich genannt

Die schiere Unzugänglichkeit …, Dave Goulson, Wenn der Nagekäfer zweimal klopft, Hanser Verlag, München 2015, Seite 203

Ich aber gedenke dieser Almwiese …, Peter Altenberg, Märchen des Lebens, aus: Reprint Salzwasser Verlag, Frankfurt 2020, Seite 114

Wie oft schon …, zitiert nach: https://gedichte.xbib.de/Lingg_gedicht_070.+Die+Alpenrose+-+II..htm

ein wunderlich verwegenes und geschwindes Thier, zitiert nach: https://www.zootier-lexikon.org/index.php?option=com_k2&view=item&id=4174:brandauer-m-2012&Itemid=217

Ich komme schon durch manche Land, Johann Wolfgang von Goethe, zitiert nach: https://www.deutschland-lese.de/streifzuege/lieder/kunstlieder/ich-komme-schon-durch-manche-land/#:~:text=Die%20Inspiration%20zu%20dem%20auch,und%20wiederkehrenden%20Fl%C3%BCchtlingswellen%20aus%20Savoyen.

zahlreich ausgegraben …, zitiert nach: https://www.graubuendenviva.ch/terroir/eintrag/murmeltier

Glimmerschiefer und Quarz durchzogen …, Goethe, zitiert nach: https://scilogs.spektrum.de/geschichte-der-geologie/goethe-und-die-geologie-der-alpen/

Nicht die Schwierigkeit des Unternehmens …, Edward Whymper, Berg- und Gletscherfahrten, in: Der Kampf ums Matterhorn, Morisel Verlag, München 2015, Seite 168

Du grüner Berg, Martin Opitz, An einen Berg, zitiert nach: https://www.gedichte-fuer-alle-faelle.de/allegedichte/gedicht_3231.html

Bedecke deinen Himmel, Zeus, Johann Wolfgang von Goethe,

Prometheus, zitiert nach: https://goetheindia.files.wordpress.com/2014/08/prometheus.pdf

Dort oben glänzt Mont Blanc, Percy Bysshe Shelley, Mont Blanc, zitiert nach: https://www.bergwelten.com/a/percy-bysshe-shelley-mont-blanc

Die gewaltigen Berge und Steilwände…, Mary Shelley, Frankenstein, zitiert nach: https://www.projekt-gutenberg. org/shelley/frankens/chap004.html

Wir haben es beschlossen …, Heinrich Hoffmann von Fallersleben, zitiert nach: https://www.gedichte-fuer-alle-faelle.de/allegedichte/gedicht_3223.html

…ein Anblick, der einem wohl…, Hermann Allmers, In Tirol und Oberitalien, aus: Werke, Sachse & Pohl Verlag, Göttingen 1965, Seite 387

Vielleicht zog ich ehemals das Gebirge nur vor…, Thomas Mann, Buddenbrooks, Fischer TB, Frankfurt am Main 1996, Seite 671

Du, Berg, bist gut. Christian Morgenstern, Einem Berge, zitiert nach: http://www.gedichte.eu/71/morgenstern/einkehr/einem-berge.php

Wer wie wir glaubte, Diccon Bewes, Immer schön langsam: Eine Zeitreise durch die Schweiz auf den Spuren von Thomas Cook, Piper Verlag, München 2014, Seite 116

Wir dürfen erwähnen, ebenda, Seite 225

Steig, o Seele, mit diesen…, Friedrich Theodor Vischer, Im Hochgebirg, zitiert nach: https://www.bergwelten.com/a/friedrich-theodor-vischer-im-hochgebirg

So kann denn nicht geleugnet werden…, Damenzeitschrift »Bazar«, Berlin 1878, zitiert nach: https://www.alpenverein.de/geschichte/blog/frauen-alpinismus-dav-gender/

Ich will hinaus, Gerrit Engelke, Ich will heraus aus dieser Stadt, zitiert nach: https://www.literatur-niedersachsen.de/landgang/detailansicht/ich-weiss-dass-berge-auf-michwarten.html?tx_literaturportalnds_pi1%5Bsword%5D=worpswede&tx_literaturportalnds_pi1%5Bpointer%5D=0&cHash=0c846a7033ed05d75f89768732620f22

Eine arme Fischerfamilie…, Hermann von Barth, zitiert nach: https://de-academic.com/dic.nsf/dewiki/376372
Wir begegneten keinem Menschen…, Zuckmayer, Seite 568
Überall verkohlter Grund…, Peter Rosegger, zitiert nach: https://www.projekt-gutenberg.org/rosegger/waldbaur/chap001.html
Ich kann ein Bergsteiger werden, Richard Dehmel, Ein Bergführer, zitiert nach: https://www.gedichte-fuer-alle-faelle.de/alle-gedichte/gedicht_3217.html
Die beiden Männer fingen an zu rufen…, Carl Haensel, Der Kampf ums Matterhorn, Morisel Verlag, München 2015, Seite 119
Jetzt fiel ein roter Schimmer…, Johanna Spyri, Heidis Lehr- und Wanderjahre, zitiert nach: https://www.projekt-gutenberg.org/spyri/heidi1/heidi13.html
Das Moos des Waldbodens…, Peter Rosegger, zitiert nach: https://www.projekt-gutenberg.org/rosegger/waldbaur/chap001.html
Die Berge sind nur Schatten, und sie weichen, Alfred Lord Tennyson, In Memoriam, englisches Original unter: https://victorianweb.org/authors/tennyson/im/123.html
Nebel tragen die Berge fort, Max Dauthendey, Das Herz wiegt schwerer Tag für Tag, zitiert nach: http://www.gedichte.eu/71/dauthendey/die-ewige-hochzeit/nebel-tragen-die-ber ge.php
Es war längst schon finstere Nacht…, Peter Rosegger, zitiert nach: https://www.projekt-gutenberg.org/rosegger/waldbaur/chapo01.html
Es regnete und regnete! Betty MacDonald, Seite 42
Als Föhn wurde ursprünglich ein warmer, trockener…, Deutscher Wetterdienst, zitiert nach: https://www.dwd.de/DE/service/lexikon/begriffe/F/Foehn.html#:~:text=Als%20F%C3%B6hn%20wurde%20urspr%C3%BCnglich%20ein,zu%20hohe%20Temperaturen%20bringt.
In Mittenwald eingetroffen. Johann Wolfgang von Goethe, Italienische Reise, zitiert nach: https://www.projekt-gutenberg.org/goethe/italien/ital111.html

Ihr naht euch wieder, schwankende Gestalten, Goethe, Faust, zitiert nach: https://www.projekt-gutenberg.org/goethe/faust1/faust1.html

»Sind Sie gereizt?« Jörg Maurer, Föhnlage, Seite 5

Bayerische Enziane, David Herbert Lawrence, zitiert nach: https://www.literaturportal-bayern.de/themen?task=lpbtheme.default&id=538

Beim Krystallgeschiebe, Josephine von Knorr, Edelweiß, zitiert nach: https://gedichte.xbib.de/Knorr%2C+Josephine+von_gedicht_090.+Edelwei%DF.htm

Hoch auf den Alpenstirnen, Ernst von Wildenbruch, Das Edelweiß, zitiert nach: https://gedichte.xbib.de/Wildenbruch_gedicht_059.+Das+Edelwei%DF.htm

Vom Tale drunten singend, Kurt Geucke, Nächte, zitiert nach: https://www.projekt-gutenberg.org/geuckenaechte/chap010.html

Es war allerliebst …, Arthur Conan Doyle, Das letzte Problem, zitiert nach: https://www.projekt-gutenberg.org/doyle/5apfel/chap007.html

Diese machen mit ihrer Umgebung …, Doyle, ebenda

Der Vater stand …, Klaus Mann, Der Wendepunkt, Seite 48

Eines schönen Abends wurden alle …, Erich Kästner, Maskenball im Hochgebirge, zitiert nach: http://www.djung.de/rundbrief/rb_01/0112/gedichte/maskenball.html

FELDMARK

In dieser Einförmigkeit …, Edmund Hoefer, Unser Vaterland, Küstenfahrten an der Nord- und Ostsee, 1880, Reprint Weltbild Verlag, Augsburg 1998, Seite 240

Was flüstern nun diese schwankenden …, Hermann Masius, Norddeutsche Landschaft, tredition GmbH, Hamburg, Seite 138

Ist in dem schachbrettartigen Getäfel …, ebenda, Seite 136

Ostpreußen war voll von reifendem Korn …, Arno Surminski, Jokehnen, Rowohlt Verlag, Reinbek 1976, Seite 264

Gehört zu den herrlichsten Vogelliedern …, Karl Russ, Einheimische Stubenvögel, Treutzsche Verlagsbuchhandlung, Magdeburg 1904, Seite 175
Willst du schon gehn? William Shakespeare, Romeo und Julia, zitiert nach: http://www.zeno.org/Literatur/M/Shakespeare,+William/Trag%C3%B6dien/Romeo+und+Julia/Dritter+Aufzug/F%C3%BCnfte+Szene
Zwischen Gräben und grauen Hecken, Arno Holz, Berlin 1898, zitiert nach: https://www.deutschestextarchiv.de/book/view/holz_phantasus01_1898?p=15
Und dann – vielleicht ist das der Höhepunkt dieser Tage …, Marion Gräfin Dönhoff, Namen, die keiner mehr nennt, Deutscher Taschenbuch Verlag, München 1962, Seite 37
Im Märzen der Bauer, zitiert nach: https://www.deutschland-lese.de/streifzuege/lieder/fruehlingslieder/im-maerzen-der-bauer/
Für uns heute ist Boden weit weg …, Peter Laufmann, Der Boden, Bertelsmann Verlag, München 2020, Seite 15
Onkel Franz hielt oft an …, Surminski, Jokehnen, Seite 33
Boden atmet, Laufmann, Der Boden, Seite 14
Vielleicht wirkt das bizarr …, Dave Goulson, Wildlife Gardening, Carl Hanser Verlag, München 2019, Seite 195
Man kann wohl bezweifeln …, Charles Darwin, zitiert nach: https://books.google.de/books?id=gVhhAAAAIAAJ&pg=PA70&hl=de&source=gbs_selected_pages&cad=2#v=onepage&&f=false
›Jauche!‹ dachte ich …, Beverley Nichols, Große Liebe zu kleinen Gärten, Rowohlt TB, Reinbek 1987, Seite 99
Alles fügt sich und erfüllt sich, Christian Morgenstern, Stilles Reifen, zitiert nach: http://www.gedichtsuche.de/gedicht/items/Stilles%20Reifen%20-%20Morgenstern,%20Christian.html
Bald schießt der Halm hervor …, Hermann Masius, Seite 137
Und blüht der Weizen, so reift er auch, Johann Wolfgang von Goethe, zitiert nach: https://www.spruechetante.de/sprueche-sammlung/index.php/und-bluht-der-weizen-kurzes-gedicht-von-goethe/

Und er hat seine Wurfschaufel in der Hand …, Bibel, Matthäus 3, Vers 12, zitiert nach: https://bibeltext.com/matthew/3-12.htm

Solch ein Halmenfeld ist schön …, Hermann Masius, Seite 137

Es war, als hätt' der Himmel, Joseph von Eichendorff, Mondnacht, zitiert nach: https://de.wikipedia.org/wiki/Mondnacht_(Eichendorff)

Der Acker leuchtet weiß und kalt, Georg Trakl, Im Winter, zitiert nach: https://www.deutschestextarchiv.de/book/view/trakl_gedichte_1913?p=29

Ein Kornfeld anzuzünden …, Arno Surminski, Jokehnen oder Die Stimmen der Anderen, Ellert & Richter Verlag, Hamburg 2013, Seite 117

Ein Gang durch ein Kornfeld am Mittag …, Hermann Masius, Seite 139

Laß stehn die Blume, Georg August Kopisch, Die Roggenmuhme, zitiert nach: https://gedichte.xbib.de/Kopisch_gedicht_132.+Die+Roggenmuhme.htm

Das Mägdlein spielt auf grünem Rain, Jakob Loewenberg, zitiert nach: https://www.mumag.de/gedichte/loe_j.html

Frucht und Äcker sind geweiht und unverletzlich …, Masius, Seite 133

In Flanders fields the poppies blow, John McCrae, zitiert nach: https://de.wikipedia.org/wiki/In_Flanders_Fields

Wo gestern noch der Felder Meer, Christian Morgenstern, zitiert nach: https://www.mumag.de/gedichte/mor_c103.html

Erntezeit in Jokehnen, Arno Surminski, Jokehnen, Seite 265

Alles fügt sich und erfüllt sich, Christian Morgenstern, zitiert nach: http://www.gedichtsuche.de/gedicht/items/Stilles%20Reifen%20-%20Morgenstern,%20Christian.html

Und wenn ihr die Ernte eures Landes erntet …, Bibel, 3. Mose, 19,9

Wer bist du, Fürst, daß ohne Scheu, Gottfried August Bürger, zitiert nach: https://de.wikipedia.org/wiki/Der_Bauer_an_seinen_durchlauchtigen_Tyrannen

Alle sprechen von Bauern …, Justus Moser, aus: Niedersächsi-

sches Lesebuch, Gerstenberg Verlag, Hildesheim 1984, Seite 221
Städter waren in Vaters Augen …, Ilse Gräfin Bredow, Kartoffeln mit Stippe, Scherz Verlag, Bern und München 1979, Seite 5
… eine langweilige, baum- und buschlose Grassteppe, Hermann Löns, aus: Rainer Kaune, Hermann Löns in Hannover, Schaumburg-Lippe und der Lüneburger Heide, Sutton Verlag, Erfurt 2014, Seite 93
Es geht ein Mann durch das bunte Land …, Hermann Löns, aus: Rainer Kaune, Seite 93
Die Sonne schleudert unbarmherzige Hitze, Sarah Kirsch, Katzenleben, DVA, München 1984
Niemand hat die wirklichen Höhepunkte …, Marion Gräfin Dönhoff, Bilder, die langsam verblassen, Siedler Verlag, Berlin 2000, Seite 76
Es schlug mein Herz, geschwind zu Pferde! Johann Wolfgang von Goethe, Willkommen und Abschied, zitiert nach: https://www.deutschelyrik.de/willkommen-und-abschied.540.html
Ganz leicht und beschwingt fühlt man sich …, Marion Gräfin Dönhoff, Namen, die keiner mehr nennt, dtv, München 1964 Seite 40
Noch einmal erlebte Ostpreußen …, Surminski, Jokehnen, Seite 265
Nun hebt das Jahr die Sense hoch, Erich Kästner, Die 13 Monate, Der August, zitiert nach: https://www.deutschelyrik.de/der-august.html

FLUSS

Draußen vor dem Bahnhof …, Erich Maria Remarque, Im Westen nichts Neues, Ullstein Verlag, Berlin 1928 zitiert nach: https://archive.org/details/in.ernet.dli.2015.168305/page/n7 mode/2up
Fast einen Tag lang sitze ich nun so …, Siegfried Lenz, Deutschstunde, Hoffmann und Campe Verlag, Hamburg 1968, Seite 19

Flussmündungen, die den Gezeiten ausgesetzt sind …, Joseph Conrad, Der Spiegel der See, Koehlers Verlagsgesellschaft, Hamburg 1968, Seite 68

Der spiegelt ab das menschliche Bestreben …, Johann Wolfgang von Goethe, Faust II, zitiert nach: https://www.projekt-gutenberg.org/goethe/faust2/faust2.html

Im tobenden und schäumenden Meere …, Wilhelm Heinrich Wackenroder, zitiert nach: https://www.deutschestextarchiv.de/book/view/wackenroder_herzensergiessungen_1797?p=164

Der Rhein ist der Fluss …, Victor Hugo, zitiert nach: https://www.regionalgeschichte.net/fileadmin/Superportal/Bibliothek/Autoren/Aversano-Schreiber/Rheinreise-Victor-Hugos.pdf

Ihr Dome ungesehen, Paul Celan, Köln, am Hof, zitiert nach: https://www.babelmatrix.org/works/de/Celan%2C_Paul-1920/K%C3%B6ln%2C_Am_Hof

Die Sprache springt in ihm auf, Carl Zuckmayer, Als wär's ein Stück von mir, Seite 133

Waagrecht diese Wasser, Christian Morgenstern, Vor einem Gebirgsbach, zitiert nach: https://reimsuche.de/lyrik/christian-morgenstern/vor-einem-gebirgsbach

Das sind grünschwarze Tümpel, Georg Britting, Brudermord im Altwasser, zitiert nach: http://www.britting.de/prosa/32-020.pdf

Die nicht regulierten Ufer …, Konrad Lorenz, So kam der Mensch auf den Hund, dtv, München 1965, Seite 109

Die Uferscenerie, - geradlinige Deiche …, Edmund Hoefer, Unser Vaterland, Küstenfahrten an der Nord- und Ostsee, Reprint Weltbild Verlag, Augsburg 1998, Seite 73

Diese liegt in der reizenden …, Hermann Allmers, Werke, Seite 71

Auch das Tierleben der Rohrfelder …, ebenda, Seite 72

Der Fang des Lachses …, ebenda: Seite 89

Ich bin ein Strom, Ingeborg Bachmann, Aufblickend, zitiert nach: http://www.lyrik-lab.de/Mit-und-Uber/Anstoss/Knusperhauschen/Fluidum/Der-Halt-der-Ufer/der-halt-der-ufer. html

Der Fluss ist voller Geheimnisse …, Michael Obert, Regenzauber, zitiert nach: https://books.google.de/books?id=rKcVAwAAQBAJ&hl=de

Ich kann oft stundenlang am Strome stehen, Georg Herwegh, zitiert nach: https://www.gedichte-lyrik-online.de/ich-kann-oft-stundenlang-am-strome-stehen.html

Oft lief ich dann noch eine Stunde…, Carl Zuckmayer, Seite 182

Jetzt aber erblickt man das Wunder…, ebenda: Seite 127

Plötzlich stehen wir am Rand…, Heinz Piontek, zitiert nach: http://www.heinz-piontek.de/Projekte/HP_im_Unterricht/Kurzinterpretation+Oderab/details=286

Drunten aber, in einer Tiefe…, Zuckmayer, Seite 126

An einem Strom geboren zu werden…, ebenda, Seite 129

In der Mitte der Brücke…, ebenda. Seite 124

Ich weiß, ich werde alles wiedersehn, ebenda, Seite 539

Die Oder, der Fluss, Günter Eich, Oder, mein Fluss, Günter Eich, Gesammelte Werke, Suhrkamp Verlag, Berlin 1991, Seite 192

Wir, die wir verstreut sind, seit unserer Kindheit…, Olga Tokarczuk, aus: Uwe Rada, Die Oder, Siedler Verlag, Berlin 2009, Seite 39

Am Grunde der Moldau wandern die Steine, Bertolt Brecht, zitiert nach: https://www.deutschelyrik.de/das-lied-von-der-moldau.html

Ich sah die Oder im Sommer 1968…, Olga Tokarczuk, aus Rada, Die Oder, Seite 56

Es braust ein Ruf wie Donnerhall, Schneckenburger/Wilhelm, zitiert nach: https://de.wikipedia.org/wiki/Die_Wacht_am_Rhein

Sie sollen ihn nicht haben, Nikolaus Becker, zitiert nach: https://de.wikipedia.org/wiki/Nikolaus_Becker

Das dumme Lied…, Heinrich Heine, Deutschland. Ein Wintermärchen, Caput V, zitiert nach: https://www.projekt-gutenberg.org/heine/wintmrch/wintmr05.html

Der Fluß glitt einsam hin…, Joseph von Eichendorff, Am Strom, zitiert nach: https://www.deutschestextarchiv.de/book/view/eichendorff_gedichte_1837?p=338

Ich weiß nicht, was soll es bedeuten, Heinrich Heine, Buch der Lieder, zitiert nach: https://de.wikisource.org/wiki/Ich_wei%C3%9F_nicht,_was_soll_es_bedeuten

Ohne Wort, ohne Wort, Christian Morgenstern, Das Wasser, zitiert nach: https://de.wikisource.org/wiki/Das_Wasser_(Christian_Morgenstern)

Jetzt aber halfen keine Patronen …, Zwei Männer, Günther Weisenborn, zitiert nach: http://mypage.netlive.ch/demandit/files/M_28361CC4DCE2F910943/dms/File/88964217-APUG2009SprachprfungText.pdf

In der Regel sollten …, zitiert nach: https://www.planet-wissen.de/natur/fluesse_und_seen/der_rhein/pwiejohanngottfriedtullabegradigerdesrheins100.html#:~:text=Sein%20Credo%3A%20%22In%20der%20Regel,die%20Seuchengefahr%20eindC3%A4mmen%20und%20die

Der Wasserstrom soll allenthalben …, Michael Pye, Eine Geschichte der Nordsee, S. Fischer Verlag, Frankfurt am Main 2014, Seite 231

Ah, da reißt du deine Kinderaugen auf, wie? Wolfgang Borchert, Draußen vor der Tür, zitiert nach: https://www.projekt-gutenberg.org/borchert/draussen/chap004.html

Der Uferweg, die Böschung …, Thomas Rosenlöcher, Die Elbe, zitiert nach: https://www.deutschlandfunkkultur.de/eine-lange-nacht-entlang-der-elbe-du-schoener-fluss-mit-102.html

Gleich mit jedem Regengusse, Johann Wolfgang von Goethe, Dauer im Wechsel, zitiert nach: https://www.textlog.de/18423.html

HEIDE

Mit einem Male wurde das anders, Hermann Löns, Das Naturdenkmal, aus: Timur Schlender (Hrsg), Die Heide, Knaur TB, München 1987, Seite 138

Wo der Saum der Hügelketten, Rainer Maria Rilke, zitiert nach: https://gedichte.xbib.de/Rilke_gedicht_Auf+der+Heide.htm

Dann aber dehnt sich das Blühend-Braunviolette, Alfred Kerr, aus: Timur Schlender, Seite 12

Marsch, Geest und Moor vergegenwärtigen …, Hermann Allmers, Werke, Seite 60

Es träumte mir von einer weiten Heide …, Heinrich Heine, Buch der Lieder, Die Nordsee, zitiert nach: https://www.staff.uni-mainz.de/pommeren/Gedichte/BdL/Nordsee-07.html

Die Eile war das Beste von der Reise …, Caroline Schlegel, zitiert nach: Niedersächsisches Lesebuch, Seite 217

Hier lebt die Erde …, Nikolaus Lenau, Ahasver, der ewige Jude, zitiert nach: https://www.zgedichte.de/gedichte/nikolaus-lenau/ahasver-der-ewige-jude.html

Und rings statt duft'ger Gärten ein ödes Heideland, Ludwig Uhland, Des Sängers Fluch, zitiert nach: https://www.deutschelyrik.de/des-saengers-fluch.674.html

Über die Heide hallet mein Schritt, Theodor Storm, Über die Heide, zitiert nach: https://www.staff.uni-mainz.de/pommeren/Gedichte/Storm/heide.htm

Ein wunderbar gemischtes Gefühl ergreift den Fremden …, Hermann Masius, Seite 61

Am Waldessaume träumt die Föhre, Theodor Fontane, Mittag, zitiert nach: https://gedichte.xbib.de/—64450_25086_67660_43678_44443_32536—.htm

Es steht gekrümmt ein Birkenstamm, Paul Celan, Landschaft, zitiert nach: Hartmut Merkt, Poesie in der Isolation, Seite 95

Mir fehlt ein Wort, Kurt Tucholsky, Peter Panter: Mir fehlt ein Wort, Die Weltbühne, 17. 09. 1929, Nr. 38, S. 459

Ich möchte diese Birke sein, Yvan Goll, zitiert nach: https://ukrainian-poetry.com/ivan-goll/ich-mochte-diese-birke-sein/

Wie mag in einem rechten Sturm, Christian Morgenstern, Natur, zitiert nach: https://www.projekt-gutenberg.org/morgenst/stufen/chap003.html

Mein Mutter der mich schlacht, Von dem Machandelboom, Gebrüder Grimm, zitiert nach: https://www.projekt-gutenberg.org/grimm/khmaerch/chap049.html

Im kalten Norden …, Alexander von Humboldt, aus: Die Heide, Seite 325

Das Gefühl der Einsamkeit ergreift die Seele …, Hermann Masius, Seite 95

Laß deine Augen …, Hermann Löns, zitiert nach: https://www.aphorismen.de/zitat/105757

Wenn die Natur zum Tode verurteilt wird, Eugène Fromentin, zitiert nach: https://www.motivsuche.info/lesest%C3%BCbchen/erlebniswelt-moor/volksglauben-und-kunst/

Aber träum deinen Traum, Hans Børli, zitiert nach: https://www.literaturhaus-hamburg.de/programm/veranstaltungen/2017-11-30/nordische-literaturtage-no-ljodahatt

Die Zivilisation war ihr Feind …, Thomas Hardy, Die Rückkehr, Manesse Verlag, Zürich 1955, Seite 15

Der einsame Dierkhof …, Eugenie Marlitt, Das Heideprinzesschen, Fischer TB, Frankfurt am Main 1975, Seite 62

Ich erzählte und ließ Heinz …, ebenda, Seite 169

Es ist so still, Theodor Storm, Abseits, zitiert nach: https://www.deutschelyrik.de/abseits.html

Den Mond untergehen sehen …, Arno Schmidt, zitiert nach: https://www.arno-schmidt-stiftung.de/

Jetzt aufgeschaut! Friedrich Ludwig Jahn, Denknisse eines Deutschen, aus: Die Heide, Seite 319

Und dann seufzt sie und weint …, Hermann Sudermann, Jons und Erdme, aus: Die Reise nach Tilsit, Seite 224

Ha! welche Sehnen wälzten diesen Stein? Annette von Droste-Hülshoff, zitiert nach: https://www.droste-portal.lwl.org/de/ werk/lyrik/ausgabe-1844/haidebilder/der-hunenstein/

Ich sehe es noch vor mir …, Ludwig Bräutigam, Ein Herbstausflug, aus: Die Heide, Seite 200

Der Sumpf, vor allem die Heide …, Ernst Bloch, zitiert nach: https://www.motivsuche.info/lesest%C3%BCbchen/erlebnis welt-moor/volksglauben-und-kunst/

Überhaupt, man muss es sich ganz abgewöhnen …, Rainer Kaune,

Hermann Löns in Hannover, Schaumburg-Lippe und der Lüneburger Heide, Sutton Verlag, Erfurt 2014, Seite 47

Ist das Heidekraut längst abgeblüht …, Hermann Löns, Goldene Heide, aus: Die Heide, Seite 279

Pritzelkram ist der Naturschutz …, Hermann Löns, Der Naturschutz und die Naturschutzphrase, zitiert nach: http://www.umweltunderinnerung.de/index.php/kapitelseiten/geschuetzte-natur/54-das-naturdenkmal#nr15

Es steht auf blankem Heidebrink …, Hermann Löns, Die Letzten, aus: Kaune, Seite 94

Ich bin ja nun mal ein Heidedichter, Arno Schmidt, zitiert nach: https://www.bomann-museum.de/Dauerausstellung/Gemalt-besungen-bereist-Die-Entdeckung-der-Heide-/

Gegen Morgen wurde unsere Fahrt reißender, Arno Schmidt, Rollende Nacht, Seite 122

Belegter Himmel (wie ne Zunge), Arno Schmidt, Brand's Haide, Fischer TB, Frankfurt/Main 1974, Seite 129

Durchzähl'n! (triefende Bäume …, Arno Schmidt, Das steinerne Herz, Fischer TB Frankfurt 1970, Seite 7

Sie wußten nicht …, Hermann Löns, Goldene Heide, aus: Die Heide, Seite 279

Die nass'n braun'n Farrne, Arno Schmidt, KAFF auch Mare Crisium, Fischer TB Verlag, Frankfurt, Seite 314

Zu Pfingsten wurde …, Hermann Löns, Das Naturdenkmal, aus: Die Heide, Seite 140

Ich hab' ein Lämmchen weiß wie Schnee, Heinrich Hoffmann von Fallersleben, Mein Lämmchen, zitiert nach: https://www.medienwerkstatt-online.de/lws_wissen/vorlagen/showcard.php?id=17088&edit=0

Die Lämmer sind an' ganzen Leib …, Arno Schmidt, Das steinerne Herz, Seite 49

Ruhig fliegt ein Rabe übers Heideland, Snorri Hjartarson, Herbstabend, zitiert nach: https://www.deutschlandfunk.de/brennend-fliegt-ein-schwan-100.html

MEER UND KÜSTE

Auf einer Seite Sumpf und Binsen …, Hermann Allmers, Marschenbuch, aus: Werke, Seite 24

Ans Haff nun fliegt die Möwe, Theodor Storm, Meeresstrand, zitiert nach: https://www.staff.uni-mainz.de/pommeren/Gedichte/Storm/meeresst.htm

Es dämmerte. Die Küstenlinie …, Erskine Childers, Das Rätsel der Sandbank, Diogenes Taschenbuch, Zürich 1975, Seite 129

Nur mit größter Umsicht …, Hermann Allmers, Werke, Seite 189

Würde der alte Tacitus …, Allmers, Seite 264

Der interessante Blasentang …, Allmers, Seite 75

Es gibt Gezeiten …, William Shakespeare, Julius Caesar, zitiert nach: http://www.william-shakespeare.de/julius_caesar/julius_caesar_4.htm

Jenseits der Suionen …, Publius Cornelius Tacitus, Germania, zitiert nach: https://www.gutenberg.org/files/39573/39573-pdf.pdf

Unter dem Donner hoher Meeresflut, Alfred Lord Tennyson, The Kraken, zitiert nach: https://de.wikipedia.org/wiki/The_Kraken

Die Mystiker Deutschlands …, Michael Pye, Eine Geschichte der Nordsee, Seite 28

Jeder unbefestigte Gegenstand …, Childers, Rätsel der Sandbank, Seite 131

Bäume wagen kaum …, Allmers, Seite 74

Eine Gegend, von der …, Plinius der Ältere, zitiert nach: https://www.wikiwand.com/de/Chauken

Heut bin ich über Rungholt gefahren, Detlev von Liliencron, Trutz, blanke Hans, zitiert nach: https://www.deutschelyrik.de/trutz-blanke-hans-1883.html

In jenen Tagen erhob sich …, zitiert nach: https://www.deutschlandfunkkultur.de/vor-850-jahren-die-erste-dokumentierte-sturmflut-an-der-100.html

Wie das Geklirr der Spaten …, Johann Wolfgang von Goethe,

Faust II, zitiert nach: https://www.projekt-gutenberg.org/goethe/faust2/faust2.html

Nur Berge von Wasser…, Theodor Storm, Der Schimmelreiter, zitiert nach: https://www.projekt-gutenberg.org/storm/schimmel/schimm20.html

Jeder (hat) sein eigenes Privat-Deutschland…, Kurt Tucholsky, Deutschland, Deutschland über alles, Rowohlt TB, Hamburg 1973, Seite 228

Nicht einmal der heftige Wind…, Childers, Rätsel der Sandbank, Seite 55

Eine Stunde später stand ich…, Erich Kästner, Als ich ein kleiner Junge war, aus: Gesammelte Schriften für Erwachsene, Bertelsmann, Gütersloh 1969, Seite 139

Am schönsten war die Welt…, Kästner, Seite 141

Die Ländereien leiden…, Edmund Hoefer, Küstenfahrten an der Nord- und Ostsee, Reprint Weltbild Verlag, Augsburg 1996, Seite 250

Ihre Bewohner waren…, zitiert nach: https://www.stadt-barth.de/kulturelle-sehenswuerdigkeiten-in-barth/vinetastadt-barth/vineta-sage/

Man sagt, wo jetzt nichts…, Heinrich Heine, Reisebilder, zitiert nach: https://www.projekt-gutenberg.org/heine/reisebld/reise223.html

Gegen das Licht gehalten…, W. G. Sebald, Die Ringe des Saturn, aus: Holger Teschke, Heringe, Matthes & Seitz, Berlin 2014, Seite 19

dass auch in die Mitte…, zitiert nach: https://www.travestreifzug.de/

Sie suchen auch im Meer…, Tacitus, Germania, zitiert nach: https://www.gutenberg.org/files/39573/39573-8.txt

Eine niedrige Linie von Sanddünen…, Childers, Rätsel der Sandbank, Seite 141

Mitten in der duftigen…, Heinrich Heine. Reisebilder, Die Nordsee, zitiert nach: https://www.projekt-gutenberg.org/heine/reisebld/reise221.html

Ich liebe das Meer wie meine Seele, Heinrich Heine, Reisebilder, zitiert nach: https://www.projekt-gutenberg.org/heine/reisebld/reise223.html

Sie gingen, das rhythmische …, Thomas Mann, Buddenbrooks, zitiert nach: https://www.hellenicaworld.com/Germany/Literature/ThomasMann/de/Buddenbrooks.html

Die See war dem Menschen niemals …, Joseph Conrad, Der Spiegel der See, Seite 87

Das schlichte Wissen …, James Hamilton-Paterson, Seestücke, Goldmann TB, 1998, Seite 205

Gar besonders wunderbar …, Heinrich Heine, Reisebilder, Die Nordsee, zitiert nach: http://www.zeno.org/Literatur/M/Heine,+Heinrich/Reisebilder+und+Reisebriefe/Reisebilder.+Zweiter+Teil/Die+Nordsee.+1826.+Dritte+Abteilung

Die Dünen waren leer …, Erich Kästner, Seite 140

In den Dünen sitzen …, Günter Kunert, Auf der Schwelle des Hauses, zitiert nach: http://anthologie.de/014.htm

MOOR

Mit einem Male ist man …, Hermann Allmers, Werke, Seite 61

In einer Sturmnacht …, Friedrich Engels, Schriften der Frühzeit, zitiert nach: https://books.google.de/books?id=XZfKBgAAQBAJ&pg=PA122&lpg=PA122&dq

O schaurig ist's übers Moor zu gehen, Annette von Droste-Hülshoff, Der Knabe im Moor, zitiert nach: https://www.droste-portal.lwl.org/droste-download/texte/Web-Text-Der-Knabe-im-Moor-Swan-LV.pdf

Und die Landschaft liegt …, Rainer Maria Rilke, Worpswede, zitiert nach: https://www.projekt-gutenberg.org/rilke/worpswed/chap006.html

Wanderer im schwarzen Wind …, Georg Trakl, Am Moor, zitiert nach: http://www.zeno.org/Literatur/M/Trakl,+Georg/Gedichte/Sebastian+im+Traum/Sebastian+im+Traum/Am+Moor

Die Moorflora ist …, Hermann Allmers, Werke, Seite 63

Obgleich wir uns …, Johann Georg Kohl, Nordwestdeutsche Skizzen, zitiert nach: https://books.google.de/books?id=_PU-QAQAAMAAJ&printsec=frontcover&source=gbs_atb&redir_esc=y #v=onepage&q&f=false

Das Moor liegt ausgeschüttet …, aus: Moor im Emsland, Ernst Franke u.a., Emsländischer Heimatbund 1979, Seite 42

Auch in ihm spricht sich …, Hermann Allmers, Seite 62

Man sagt, das Teufelsmoor …, Hermann Allmers, Seite 57

Diese Dobben sind freundliche Oasen …, Hermann Allmers, Seite 56

›*Kommen Sie zurück Mylord!*‹ Dorothy Sayers, Diskrete Zeugen, Rowohlt TB, Reinbek 1995, Seite 172

Unter den großen Himmeln …, Rainer Maria Rilke, Worpswede, zitiert nach: https://www.projekt-gutenberg.org/rilke/worpswed/chap001.html

Die ganze Gegend …, Maria von Schaumburg-Lippe, aus: Eyssen/Storch (Hrsg), Niedersächsisches Lesebuch, Gerstenberg Verlag, Hildesheim 1984, Seite 157

Dann allmählich verändert …, Hermann Sudermann, Jons und Erdme, aus: Die Reise nach Tilsit, Rautenberg, Würzburg 2009, Seite 169

Soll ein wildes Mohr …, Niedersächsisches Lesebuch, Seite 332

Die oberste Schicht des Moores …, Sudermann, Seite 176

Wohin auch das Auge blickt: zitiert nach: Wolfgang Langhoff, Die Moorsoldaten, Verlag Neuer Weg, Essen 2014, Seite 177

›*Hier kommt keiner lebendig heraus*‹, Langhoff, Seite 124

Und manchmal findet man Blänken …, Sudermann, Seite 232

Er behauptete, im Moor …, Arno Surminski, Kudenow, Hoffmann und Campe, Hamburg 1978, Seite 71

Da birst das Moor …, Droste-Hülshoff, zitiert nach: https://www.droste-portal.lwl.org/droste-download/texte/Web-Text-Der-Knabe-im-Moor-Swan-LV.pdf

zahlreiche Flämmchen …, Friedrich Wilhelm Bessel, in: Neue Notizen aus dem Gebiete der Natur- und Heilkunde, Band 1838, Ausgabe 8

Professor Lupin hatte…, Joanne K. Rowling, Harry Potter und der Gefangene von Askaban, Carlsen Verlag, Hamburg 1999, Seite 195

Vom Ufer starret Gestumpf hervor, Droste-Hülshoff, zitiert nach: https://www.droste-portal.lwl.org/droste-download/texte/Web-Text-Der-Knabe-im-Moor-Swan-LV.pdf

Bis an den Horizont…, Fritz Overbeck, zitiert nach: https://assets.deutschlandfunk.de/FILE_7b841dde8237db9d44d26a890436bf64/original.pdf

Birken, Birken, Kiefern…, Paula Modersohn-Becker, aus: Timur Schlender (Hrsg) Das Moor, Knaur TB, München 1987, Seite 37

So wate ich durch die Finsternis, Manfred Hausmann, Auf dem Torfschiff, aus: Niedersächsisches Lesebuch, Seite 470

Woran unsere Väter…, Rainer Maria Rilke, Worpswede, zitiert nach: https://www.projekt-gutenberg.org/rilke/worpswed/chap001.html

Stimmung bis in die kleinste…, Paula Modersohn-Becker, aus: Das Moor, Seite 37

Etwas von der Traurigkeit…, Rilke, Worpswede, https://www.projekt-gutenberg.org/rilke/worpswed/chap001.html

Und was wollen die Maler…, Rilke, Worpswede, https://www.projekt-gutenberg.org/rilke/worpswed/chap001.html

Denn gestehen wir es nur, Rilke, Worpswede, https://www.projekt-gutenberg.org/rilke/worpswed/chap001.html

So long Thy power…, zitiert nach: https://en.wikipedia.org/wiki/Lead,_Kindly_Light

›Hören Sie mal, Watson…‹, Arthur Conan Doyle, Der Hund von Baskerville, Lingen Verlag, Köln o. J., Seite 116

Je länger man hierbleibt …, Doyle, Seite 92

Das Moor wird niemals langweilig, Doyle, Seite 82

Der alte Petschelies liebte das Moor, Arno Surminski, Kudenow, Seite 71

Für ihn war es der vertrauteste Ort, Surminski, Seite 352

Es war im Frühling…, Peter Vilhelm Glob, Die Schläfer im Moor, Winkler Verlag, München 1966, Seite 7

Fälle von Ehebruch …, Tacitus, Germania, zitiert nach: https://www.projekt-gutenberg.org/tacitus/germania/ chap019.html

WIESE

Für eine Wiese …, Emily Dickinson, aus: Dave Goulson, Und sie fliegt doch, Hanser Verlag, München 2006, Seite 247

Ein Händeineinanderlegen …, Rainer Maria Rilke, zitiert nach: https://de.wikisource.org/wiki/Ein_H%C3%A4ndeineinanderlegen

Falls die Insekten einmal …, Bill Vaughan, aus: Goulson, Wenn der Nagekäfer zweimal klopft, Hanser Verlag, München 2014, Seite 35

Natur ist so unbequem, Oscar Wilde, zitiert nach: https://www.bestenzitate.com/zitat/oscar-wilde-365

Warum erfüllen uns Gräser, Christian Morgenstern, Stufen, zitiert nach: https://www.projekt-gutenberg.org/morgenst/stufen/chap003.html

Was dem Naturfreund …, Jan Haft, Die Wiese, Penguin Verlag, München 2019, Seite 80

Die ebne Wiese, William Shakespeare, König Heinrich der Fünfte, zitiert nach: https://www.projekt-gutenberg.org/shakespr heinrch5/hein552.html

Eine mitteleuropäische Urlandschaft, Jan Haft, Die Wiese, Seite 93

Der Raum ist mit Stangen eingefriedigt, Edmund Hoefer, Unser Vaterland, Küstenfahrten an der Nord- und Ostsee, Seite 241

Frei empfängt mich die Wiese …, Friedrich Schiller, Der Spaziergang, zitiert nach: https://de.wikisource.org/wiki/Der_Spaziergang_(Friedrich_Schiller)

Bedecke deinen Himmel, Johann Wolfgang von Goethe, Prometheus, zitiert nach: https://goetheindia.files.wordpress.com/2014/08/prometheus.pdf

Graue Dämmerungen hängen, Rainer Maria Rilke, Stimmungsbild, zitiert nach: https://www.zgedichte.de/gedichte/rainer-maria-rilke/stimmungsbild.html

In einer sanft gegen die Tiefe…, Peter Rosegger, Die Sennerin und ihre Freunde, zitiert nach: https://www.projekt-gutenberg.org/rosegger/sennerin/chap001.html

Gott hat hier…, Wolfdietrich, zitiert nach: https://digi.ub.uni-heidelberg.de/diglit/cpg365

Dämmernd liegt der Sommerabend, Heinrich Heine, Buch der Lieder, zitiert nach: https://de.wikisource.org/wiki/D%C3%A4mmernd_liegt_der_Sommerabend

Wenn ich dann im hohen Grase…, Johann Wolfgang von Goethe, Die Leiden des jungen Werthers, zitiert nach: https://www.deutschestextarchiv.de/book/view/goethe_werther01_1774?p=9

Hier kunstvoll berieselt…, Hoefer, Seite 241

Ich ruhe still im hohen grünen Gras, Hermann Allmers, Feldeinsamkeit, Werke, Seite 341

Jedenfalls hat ein Drittel…, Jan Haft, Seite 34

Wenn man ins Gras sieht…, Pam Lewis, Making Wildflower Meadows, Frances Lincoln Unlimited, London 2003, Seite 106

Auf der Wiese existieren Myriaden…, Dave Goulson, Wenn der Nagekäfer zweimal klopft, Hanser Verlag, München 2016, Seite 169

Es färbte sich die Wiese grün, Novalis, zitiert nach: https://www.deutschelyrik.de/es-faerbte-sich-die-wiese-gruen.html

Unsere Landschaft…, Dave Goulson, Seite 232

Genauso vermisse ich…, James Hamilton-Paterson, Seestücke, btb Taschenbücher, München 1998, Seite 319

Während die Zeit…, Miriam Rothschild, aus: Pam Lewis, Making Wildflower Meadows, Frances Lincoln Unlimited, London 2003, Seite 7

Schmetterlinge gehören…, Dave Goulson, Seite 122

In des Papillons Gestalt, Johann Wolfgang von Goethe, Schadenfreude, zitiert nach: https://www.projekt-gutenberg.org/goethe/gedichte/chap035.html

Ein Schmetterling fliegt über mir. Christian Morgenstern, Vor-

mittags-Skizzenbuch, zitiert nach: http://www.gedichte.eu/71 /morgenstern/ein-sommer/vormittag-skizzenbuch.php
Zum Erstaunen bin ich da, Hermann Hesse, Ermutigungen, Insel Taschenbuch, Berlin 2017, Seite 10
Wenn die Raupen wüssten, Heinrich Böll, zitiert nach: https:// www.omega90.lu/?com=1I78IoI2I&olefabasepage=22
Viele Falter und andere …, Jan Haft, Die Wiese, Seite 85
Ich sah des Sommers …, Friedrich Hebbel, Sommerbild, zitiert nach: https://www.deutschelyrik.de/sommerbild-2121.html
Für viele Menschen dreht sich Naturschutz …, Dave Goulson, Seite 48
Doch die Natur …, Plinius der Ältere, Historia Naturalis, aus: Anne Sverdrup-Thygeson, Libelle, Marienkäfer & Co, Goldmann TB, München 2019

WALD
Der Pariser Schneider …, Eugenie Marlitt, Reichsgräfin Gisela, Fischer TB, Frankfurt am Main 1974, Seite 181
Für uns Deutsche ist der Wald …, Helmut Kohl, aus: Johannes Zechner, Der Deutsche Wald, Philipp von Zabern Verlag, Darmstadt 2016, Seite 343
Das ist der Teutoburger Wald, Heinrich Heine, Deutschland. Ein Wintermärchen, zitiert nach: https://www.deutschestextarchiv.de/book/view/heine_wintermaehrchen1_1844?p=52
Im Wald! Hans Arp, Im Wald, zitiert nach: https://monoskop.org/images/2/22/Arp_Hans_Gesammelte_Gedichte_I_1903-1939.pdf
Allenthalben starrt schrecklicher Urwald, Tacitus, Germania, zitiert nach: https://www.gutenberg.org/files/39573/39573-pdf.pdf
Eines Morgens entdeckte Odbjörn, Poul Knudsen, Der Wettstreit, Blanvalet Verlag, Berlin 1965, Seite 72
›*Und was will ich hier!*‹ ebenda, Seite 106
Denn das Gebirge war voller Schluchten, Cassius Dio, zitiert nach:

https://www.lwl.org/westfaelische-geschichte/portal/Internet/finde/langDatensatz.php?urlID=1231&url_tabelle=tab_quelle

Die Schlacht im Teutoburger Wald…, Adrian Anthony Gill, aus: Adrian Murdoch, Rome's Greatest Defeat, The History Press, Stroud 2008, Seite 7

Die Ruhe und Stille…, Edmund Hoefer, Küstenfahrten an der Nord- und Ostsee, Seite 243

Um Mitternacht…, Anastasius Gün, Baumpredigt, zitiert nach: https://www.zgedichte.de/gedichte/anastasius-gruen/baumpredigt.html

Mittwegs auf unsres Lebens Reise, Dante Alighieri, Die göttliche Komödie, zitiert nach: https://www.projekt-gutenberg.org/dante/goettk02/chap001.html

durch des waldtals…, H. C. Artmann, zitiert nach: https://wald.lauftext.de/waldromantik/wald-in-der-dichtung/

Er ging. Jan Philipp Reemtsma, Im Keller, Hamburger Edition, Hamburg 1997, Seite 152

Über allen Gipfeln…, Johann Wolfgang von Goethe, Wanderers Nachtlied, zitiert nach: https://de.wikipedia.org/wiki/Wandrers_Nachtlied

Vor einem großen Walde…, Gebrüder Grimm, zitiert nach: https://www.projekt-gutenberg.org/grimm/maerchen/chap069.html

Er kam sich vor wie Hänsel. Reemtsma, Im Keller, Seite 151

Aber das ist auch noch ein Wald! Edmund Hoefer, Seite 242

Es kommt auch wohl eine kleine Lichtung, Edmund Hoefer, Seite 243

Der Hochwald…, Reiner Kunze, zitiert nach: https://wald.lauftext.de/waldromantik/wald-in-der-dichtung/

Sylvicultura oeconomica, Hans Carl von Carlowitz, zitiert nach: https://www.digitale-sammlungen.de/en/view/bsb10214444?page=,1

Ich hielt euch für gemeine Menschen, Friedrich von Schiller, aus: Viktoria Urmersbach, Im Wald, da sind die Räuber, Vergangenheitsverlag, Berlin 2009, Seite 65

In der offenen Tür stand …, Eugenie Marlitt, Goldelse, Fischer TB, Frankfurt am Main 1974, Seite 21

Es blaut die Nacht, Loriot, Advent, zitiert nach: http://up.picr.de/33318006.pdf

Der Wald erscheint, Meyers Konversationslexikon, 4. Auflage, zitiert nach: https://www.lexikon-und-enzyklopaedie.de/Meyers-Konversations-Lexikon-4-Auflage/

Es besteht ein solcher Einklang …, Henry David Thoreau, Walden, Nikol Verlag, Hamburg 2020, Seite 188

Jede kleine Tannennadel …, ebd, Seite 92

Ich liebe die großen Bäume …, Otto von Bismarck, aus: John Booth, Persönliche Erinnerungen an den Fürsten Bismarck. Verlagsanstalt und Druckerei, Hamburg 1899, S. 3

Wer hat dich, du schöner Wald, Joseph von Eichendorff, Der Jäger Abschied, zitiert nach: https://www.deutschestextarchiv.de/book/view/eichendorff_gedichte_1837?p=179

Es lebt in diesem Frauenzimmer …, Gottfried Keller, zitiert nach: https://de.wikisource.org/wiki/Seite:Die_Gartenlaube_(1899)_0146.jpg

Beim Eintritt in den Wald …, Eugenie Marlitt, Reichsgräfin Gisela, Seite 204

Der alte deutsche Wald am See …, ebenda, Seite 262

Jedes andere junge Mädchen …, ebenda, Seite 210

Ich kann nicht leugnen …, Otto von Bismarck, Gedanken und Erinnerungen, aus: Über die Natur, Ullstein TB, Frankfurt/Main 1979, Seite 63

Bismarck war ein Landedelmann, Kurt Tucholsky, Alte Bäume, zitiert nach: http://www.zeno.org/Literatur/M/Tucholsky,+Kurt/Werke/1930/Alte+B%C3%A4ume

Deutschland hat ewigen Bestand, Heinrich Heine, Nachtgedanken, zitiert nach: https://de.wikisource.org/wiki/Nachtgedanken_(Heine)

Er ist die Eiche, sie der Efeu, Joachim Heinrich Campe, Kulturgeschichte, zitiert nach: http://www.zeno.org/Kulturgeschichte/M/Campe,+Joachim+Heinrich/Vaeterlicher+Rath+f%C3%

BCr+meine+Tochter/Erster+Theil/2.+Ueber+die+ung%C3%BCnstigen+Verh%C3%A4ltnisse+des+Weibes

Der uralte Schatz an Gleichnissen, Helene Lange, Lebenserinnerungen, zitiert nach: https://www.projekt-gutenberg.org/langeh/lebenser/chap012.html

Das allbeliebte und viel mißbrauchte Bild …, Wilhelm Rein, zitiert nach: Karin Hausen, Geschlechtergeschichte als Gesellschaftsgeschichte, Vandenhoeck & Ruprecht, Göttingen 2013, Seite 103

Ich habe das abgenutzte Bild …, Marlitt, Goldelse, Seite 52

Wie der Efeu …, Emil Ludwig, Wilhelm der Zweite, Rowohlt Verlag, Berlin 1925, zitiert nach: https://www.projekt-gutenberg.org/ludwige/wilhelm2/chap005.html

Seine Persönlichkeit ist stark genug …, Heinrich Mann, Der Untertan, zitiert nach: https://www.projekt-gutenberg.org/mannh/untertan/untertan.html

Herrschende Oberschicht …, aus: Urmersbach, Seite 99

Kapitale und hochkapitale Hirsche …, aus: Urmersbach, Seite 95

Jener aber …, Ludwig Pietsch, zitiert nach: https://de.wikipedia.org/wiki/R%C3%B6hrender_Hirsch

Dubslav hielt die kleine Flasche …, Theodor Fontane, Der Stechlin, zitiert nach: http://www.zeno.org/Literatur/M/Fontane,+Theodor/Romane/Der+Stechlin/Sonnenuntergang/36.+Kapitel

Die Seele wird vom Pflastertreten krumm, Erich Kästner, Die Wälder schweigen, zitiert nach: https://www.deutschelyrik.de/die-waelder-schweigen.html